LES
PERVERSIONS
les chemins
de traverse

LES PERVERSIONS
les chemins de traverse

Dorey
Freud
Abraham
Ferenczi
Pasche
Stoller
Chasseguet-Smirgel
Klein
Mijolla
Shentoub
Gillespie
Greenacre
Joseph
Mc Dougall

LAFFONT
TCHOU

Les
grandes
découvertes
de la
psychanalyse
Collection
dirigée par
Bela Grunberger
et Janine
Chasseguet-Smirgel
avec le concours
de Claire Parenti

SOMMAIRE

PRÉFACE

Professeur Roger DOREY

PREMIÈRE PARTIE
Psychanalyse et perversions

DEUXIÈME PARTIE
La perversion : une vue d'ensemble

Pour les Grecs, l'homosexualité n'était pas condamnable dans la mesure où elle représentait un culte rendu à la Beauté, et, par là, permettait d'accéder au divin. (Zeus transformé en aigle afin de séduire le jeune et beau Ganymède. Gravure du XVIIᵉ siècle. Bibl. des Arts décoratifs.)

Préface

« Je suis prêt de croire qu'il faudrait considérer les perversions, dont le négatif est l'hystérie, comme les traces d'un culte sexuel primitif qui fut peut-être même, dans l'Orient sémitique, une religion (Moloch, Astarté).

« Les actes sexuels pervers sont d'ailleurs toujours les mêmes, ils comportent une signification et sont calqués sur un modèle qu'il est possible de retrouver.

« Je rêve ainsi d'une religion du diable extrêmement primitive dont les rites s'exercent en secret et je comprends maintenant la thérapeutique rigoureuse qu'appliquaient les juges aux sorcières. »

C'est à son ami Wilhelm Fliess que Freud confiait ces réflexions, dans une lettre en date du 24 janvier 1897 [1], à une époque où il mûrissait déjà lentement le projet d'écrire une étude psychologique approfondie de la vie amoureuse. Réflexions que d'aucuns jugeront surprenantes, tandis que d'autres les considéreront comme relativement anodines. Sans doute, vaut-il mieux se laisser surprendre et leur accorder suffisamment d'intérêt pour remarquer que, d'emblée, Freud pose la question de la perversion de telle manière qu'il lui reconnaît la place tout à fait à part qu'elle occupe dans le champ de la psychopathologie; mieux encore, par la perspective ainsi esquissée, nous sommes invités à donner au problème de la perversion une portée véritablement anthropologique. Folie originaire, écrit Freud à un autre moment de sa correspondance pour désigner l'ensemble des aberrations de notre vie sexuelle. La formule, évidemment très vague, n'a pas été conservée par la suite; elle avait cependant le mérite d'établir une relation étroite entre ces manifestations et la question des origines, et, tout particulièrement, l'origine propre de la sexualité, de toute sexualité, par nature même perverse en tant qu'elle se constitue comme déviation, c'est-

---

1. S. Freud, *La Naissance de la psychanalyse*, P.U.F., 1956, p. 167.

à-dire comme perversion de l'ordre biologique. C'est là la thèse principale qui sera développée en 1905 dans les *Trois Essais sur la théorie de la sexualité;* dans le premier chapitre de cet ouvrage, nous en soulignons toute l'importance en montrant comment cette conception proprement révolutionnaire a beaucoup plus fortement choqué les consciences que, comme on le croit habituellement, le fait de reconnaître à l'enfant une activité sexuelle même précoce – constatation qui, en vérité, ne surprenait que ceux qui voulaient bien se laisser surprendre.

Folie originaire en effet donc, car la perversion est l'expression directe, brute, privilégiée, selon des modalités fort diverses, du désir le plus originaire, celui qui, pour tout humain, est à l'œuvre dans la relation la plus archaïque qu'il établit avec celle qui lui a donné naissance, sa mère. Confronté à de telles manifestations, nul ne saurait évidemment rester indifférent. La perversion nous fascine autant qu'elle nous effraye, la séduction qu'elle exerce sur nous est à la mesure même de la condamnation que nous sommes toujours prêts à porter; on brûle encore les sorcières de notre temps.

LES ANCIENS ET LA PERVERSION

L'attitude réprobatrice qui, dans une certaine mesure, nous met à l'abri de l'angoisse, a prévalu jusqu'à l'aube du xxᵉ siècle, pas seulement dans la conscience commune mais tout aussi sûrement dans les milieux « scientifiques » lorsqu'on y cherchait à rendre compte de la sexualité perverse. Gardons-nous cependant de la facilité qui pourrait être la nôtre de condamner trop aisément les condamnateurs, nous y trouverions un confort très illusoire. Des théories anciennes, disons prépsychanalytiques, mais dont notre temps porte encore la marque, on pourrait avancer ce que Freud soutenait à propos de tout délire; ces constructions, aussi extravagantes qu'elles puissent nous paraître parfois, contiennent toujours en elles-mêmes une parcelle de vérité qu'il faut savoir découvrir et interpréter. Ainsi en va-t-il de l'interprétation magico-religieuse qui a longtemps prédominé, depuis l'Antiquité gréco-latine à tout le moins; Hippocrate se situait déjà dans cette perspective lorsqu'il proposait une explication à la maladie des Scythes. Une bien curieuse anomalie observée chez des hommes que l'on voyait se féminiser progressivement, avoir commerce sexuel avec d'autres hommes, se travestir, se considérer comme femmes, réalisant un état sans doute assez proche du transsexualisme[2]. Le célèbre médecin de Cos y voyait

---

2. *Cf. infra* l'article de R. Stoller sur les rapports qu'il établit entre le transsexualisme et les perversions.

d'abord une vengeance des dieux; reprenant à son compte en partie l'opinion d'Hérodote, il considérait que cette maladie résultait de l'abus des jouissances sexuelles, qu'elle était un vice acquis, un genre de débauche, une expression spéciale et *sui generis* de la lubricité et que, puni, l'homme n'avait plus qu'à s'abandonner honteusement à cette transformation [3]. Cependant, l'explication d'Hippocrate ne s'arrêtait pas là; il considérait par ailleurs que les Scythes, valeureux cavaliers, avaient trop abusé de l'équitation et qu'il fallait voir, dans l'installation progressive d'une impuissance sexuelle suivie de féminisation, les effets physiques d'un traumatisme génital constamment répété. Cette « théorie », bien que rudimentaire, est un exemple de la coexistence de deux perspectives apparemment complémentaires que nous retrouvons fréquemment au cours des siècles ultérieurs. Une interprétation que l'on dirait maintenant de type organiciste et une interprétation magico-religieuse construite à partir de la notion de faute de nature sexuelle, un mal qui entraîne avec lui son châtiment. Au cours de l'Histoire, la plupart des conceptions que l'on a eues des perversions comportent ce double aspect paradoxal. D'une part, il semble bien qu'elles aient toujours été considérées comme des manifestations pathologiques et en tant que telles elles ressortissaient alors de la médecine; mais d'autre part et dans le même temps, elles étaient rangées au nombre des conduites marginales, voire même délictueuses, faisant alors l'objet de condamnations morales et souvent même judiciaires.

UN « VICE PUNISSABLE » AU XVIIᵉ SIECLE

Au xviiᵉ siècle, Paul Zacchias, qui fut expert près le tribunal de la Rote au Vatican, est généralement considéré comme le père de la médecine légale. Dans son ouvrage célèbre, *Questions médico-légales*, il ne traite pas directement des perversions sexuelles mais il parle, en médecin légiste, des « passions et des vices ». « Tous ceux qui ont un vice quelconque ne raisonnent plus clair dès qu'il s'agit de la satisfaction de ce vice et, sur ce domaine, leur liberté d'action doit être restreinte. Mais, si les mauvaises mœurs diminuent la capacité, elles ne diminuent pas la responsabilité et ne doivent pas atténuer la rigueur des lois criminelles. » Ainsi voit-on apparaître, à partir du problème juridique de la responsabilité, une position médicale bien souvent répressive et qui s'enferme dans ses contradictions [4]. Les perversions sexuelles entrent dans la nosographie psychiatrique; elles sont tour à

---

3. Cf. A. Semelaigne, *Etudes historiques sur l'aliénation mentale dans l'Antiquité*, Paris, 1869.

4. C'est dans cette même perspective médico-légale que s'inscrit le célèbre *Psychopathia sexualis* de Kraft-Ebing paru dès 1869.

tour : manies sans délire, manifestations de dégénérescence ou de déséquilibre mental, formes de personnalité psychopathique, aberrations de la conscience morale, etc. Le médecin psychiatre reconnaît le caractère pathologique des manifestations auxquelles il a affaire, mais son jugement devient jugement de valeur. Le grand aliéniste Dupré, par son important rapport de 1912 sur les *Perversions instinctives*, nous donne de cette position une illustration exemplaire. Voici comment il conclut un exposé fort détaillé dans lequel d'ailleurs il ne fait pas la moindre allusion au travail de Freud, les *Trois Essais*, paru sept années auparavant. « Il faut substituer, dit-il, à la notion métaphysique et arbitraire de la responsabilité, la notion positive et objective de la nocivité, de la témébilité du pervers et du criminel et créer des établissements spéciaux, intermédiaires à l'asile et à la prison, des asiles de sûreté pour les anormaux dangereux, les psychopathes vicieux, les imbéciles moraux, dangereux, difficiles, etc., en un mot, pour les sujets atteints de perversions instinctives [5]. »

UNE ÉVOLUTION DANS LA PERSPECTIVE PSYCHIATRIQUE

Sommes-nous en droit de prétendre que la psychiatrie contemporaine a suffisamment évolué et qu'elle est maintenant parvenue à se débarrasser de tout jugement de valeur dans son appréciation des déviations sexuelles? Sans doute faut-il être prudents et savoir rester sensibles à une opinion telle que celle qui est exprimée par Henri Ey dans son étude n° 13 intitulée *Perversité et perversions* [6]. Il y démontre à l'évidence que la position psychiatrique à l'égard des perversions reste foncièrement médico-légale en ce sens que la pratique de l'internement et celle de l'expertise judiciaire auxquelles le psychiatre hospitalier ne saurait totalement échapper, le placent en face de responsabilités qui sont celles qui lui sont confiées par la société. Certes, mais il n'en demeure pas moins que du point de vue thérapeutique, comme du point de vue théorique, cette position rend les perspectives de progrès assez aléatoires.

L'EXPRESSION BRUTALE D'UNE SEXUALITÉ ARCHAÏQUE

Dès le début du xxᵉ siècle, l'avènement de la psychanalyse a, comme on le sait, considérablement influé sur les esprits, tout particulièrement dans leur attitude à l'égard de la sexualité et de ses déviations. Personne n'ignore que ces changements, souvent profonds, ne se sont accomplis que fort lentement en suscitant des réactions de défense d'autant plus efficaces qu'elles sont subtilement méconnues et de la sorte se pérennisent. Ainsi que l'a clairement remarqué Serge Moscovici [7], c'est dans les milieux scientifiques que les résistances à la psychanalyse sont les plus fortes. Reprenant une constatation déjà faite par Freud, il montre que, pour le public non cultivé, psychanalyse veut dire « refoulement » et « sexualité », alors que pour les hommes de science c'est précisément cette dimension-là qui, généralement, est occultée. Ils s'intéressent davantage à la psychologie psychanalytique, celle des mécanismes et des processus, afin de mieux ignorer l'essentiel, l'essentiel étant précisément la sexualité normale et pathologique. Mais que dire alors des psychanalystes eux-mêmes? A coup sûr qu'il serait bien imprudent de prétendre qu'ils ont su, en eux, éradiquer toute trace de jugement de valeur alors que la résistance sait, lorsqu'il le faut, revêtir les formes les plus subtiles et les plus sophistiquées. Joyce Mac Dougall, dans le texte qu'elle présente dans cet ouvrage, sait, entre autres réflexions, nous rendre particulièrement attentifs à cette dimension. On ne saurait en effet l'ignorer et l'on se doit même de chercher à la comprendre. Les résistances que suscite l'approche de la perversion tiennent à la nature même de son objet. En tant qu'expression brutale et véritablement privilégiée du désir, la perversion nous confronte avec les formes les plus archaïques de notre sexualité et avec son corrélatif, l'interdit dont elle est, à proprement parler, inséparable. Le psychanalyste a pour tâche, en ce qui le concerne personnellement tout d'abord, de connaître à cet égard les principales entraves qui barrent son fonctionnement psychique et de poursuivre son travail de recherche et d'élaboration théoriques, afin de maintenir la perversion dans le champ d'une interrogation rigoureuse.

FREUD : UN APPORT CONSIDÉRABLE MALGRÉ UN MATÉRIEL LIMITÉ

De cette démarche, Freud nous a fourni le modèle tout au long d'une œuvre où la sexualité est constituée comme axe principal de réflexion. La perversion qui lui est coextensive, quant à elle, y occupe toutefois une place relativement limitée tant sur le plan clinique que sur le plan

---

5. Dupré, « Rapport au congrès des médecins aliénistes et neurologistes de langue française », Tunis, 1912, *in Pathologie de l'imagination et de l'émotivité*, p. 427.

6. H. Ey, *Etudes psychiatriques*, Paris, Desclée de Brouwer, 1950, t. II.

7. S. Moscovici, *La Psychanalyse, son image et son public*, Paris, P.U.F., 1976, 2ᵉ éd.

théorique. C'est que, d'une part, la névrose – et tout particulièrement l'hystérie – servait de modèle prééminent pour l'élaboration d'une psychopathologie psychanalytique. C'est que, d'autre part, Freud a considéré pendant longtemps que les perversions sexuelles devaient être tenues en dehors des indications de la cure, ce qui explique que, dans sa pratique, les faits de perversion étaient le plus souvent des éléments de rencontre dans des traitements de névrose.

Il a donc su très tôt reconnaître l'importance de la perversion sur le plan théorique, mais on est en droit de penser que c'est surtout par insuffisance de matériel clinique que Freud nous a laissé, de cette anomalie, une conception psychopathologique inachevée. Malgré cela, son apport dans ce domaine est, là aussi, considérable et nécessite que soient retracées, ici, les principales étapes d'une pensée essentiellement évolutive où se lit l'exigence d'établir, aussi précisément que possible, la véritable spécificité de la sexualité perverse.

HAVELOCK ELLIS : UNE ÉTUDE DESCRIPTIVE

Les *Trois Essais sur la théorie de la sexualité*[8] inaugurent donc une ère nouvelle dont nous avons déjà été amené à préciser le sens et la portée. Cette œuvre qui est en rupture complète avec tous les travaux antérieurs a cependant été précédée, quelques années auparavant, par la publication des *Études de psychologie sexuelle*, de Havelock Ellis. Rompant avec la perspective psychiatrique jusqu'alors dominante, Ellis se livre à un important travail à la fois psychologique et ethnologique de recherche sur la vie sexuelle normale et pathologique. Le mérite de ces études tient essentiellement à deux faits : de n'être pas dominées par une attitude condamnatrice d'une part, et, d'autre part, de représenter une enquête très riche, aux sources variées, permettant une étude comparative des différentes cultures. Ce travail cependant reste purement descriptif et, quel que soit son intérêt pour l'époque, il ne saurait évidemment être comparé à l'approche freudienne.

LA NÉVROSE, NÉGATIF DE LA PERVERSION

Dans les *Trois Essais*, Freud aborde la perversion comparativement à la névrose dans le cadre d'une opposition tranchée. Les formations névrotiques, sur le modèle de l'hystérie, sont caractérisées par l'exis-

---

8. S. Freud, *Trois Essais sur la théorie de la sexualité*, Paris, Gallimard, coll. « Idées », 1962.

tence du mécanisme de *refoulement*, lequel est considéré comme le modèle de tous les mécanismes de défense. Dans la perversion, au contraire, le refoulement est absent. Dans la perspective qui est la sienne, d'un développement libidinal en une série de stades caractérisés par l'expression de pulsions partielles spécifiques, la perversion apparaît comme le résultat d'un double processus de fixation et de régression de la libido. Dans la perversion s'expriment et se satisfont des pulsions partielles qui, dans la névrose, sont l'objet d'un refoulement. D'où sa conception d'alors selon laquelle la névrose est le négatif de la perversion.

UNE ANTITHÈSE QUI S'ATTÉNUE

Les travaux de Ferenczi (1911) et d'Abraham (1912)[9], mais surtout l'analyse qu'il fait en 1919 des fantasmes de fustigation, l'amènent à devoir reconsidérer une telle conception. Remarquons tout d'abord qu'il ne doute pas que le fantasme « un enfant est battu » s'apparente à coup sûr aux formations de type pervers; cela lui paraît même tellement évident qu'il donne comme sous-titre à son travail : « Contribution à la connaissance de la genèse des perversions sexuelles[10] ». Or ce fantasme est étudié à partir d'un matériel clinique composé pour l'essentiel de femmes névrotiques de structure obsessionnelle. Chez l'homme, dont les observations sont moins nombreuses et demeurent moins profondément analysées, on est en présence de sujets authentiquement masochistes. Ce rapprochement entre la névrose et la perversion, à propos d'une même organisation fantasmatique, ne se limite pas au seul plan clinique, il est directement présent dans la nouvelle genèse des déviations sexuelles. Tout en conservant le jeu des mécanismes de fixation et de régression, il montre en effet que la perversion, à l'image même de la névrose, n'échappe pas à la dialectique œdipienne. L'opposition tranchée, faite en 1905, tend donc à s'atténuer et Freud peut écrire en 1920 dans la quatrième édition des *Trois Essais* (note 30) : « La psychanalyse a pu, jusqu'ici, montrer par certains cas particuliers que la perversion est en quelque sorte le résidu d'un développement vers le complexe d'Œdipe, après le refoulement duquel prévaudra la composante qui, selon la constitution, était la plus importante dans la pulsion sexuelle. »

9. *Cf. infra*, chap. III et V.
10. *Cf. infra*, « Un enfant est battu », chap. VIII du présent ouvrage.

UN MODÈLE : LE FÉTICHISME

En utilisant le modèle névrotique dans cette étude de la psychogenèse des déviations sexuelles, on voit que, dans la théorisation freudienne, une dimension incontestablement nouvelle apparaît, qui tend à faire de la perversion autre chose qu'une simple manifestation brute, non refoulée, de la sexualité infantile. Mais, dans le même temps, quelque chose se perd dans la mesure où les perversions, ainsi considérées, cèdent de leur spécificité en se rapprochant davantage des formations névrotiques.

Le pas décisif, celui qui va permettre de mieux cerner la spécificité des formations perverses, ne pourra être fait qu'après la reconnaissance pleine et entière par Freud (écrits de 1923, 1924 et 1925) de l'efficacité du complexe de castration et de son articulation intime avec la problématique œdipienne saisie dans son universalité. L'assise clinique sur laquelle repose cette nouvelle construction théorique se restreint en se limitant, pour l'essentiel, à l'étude du fétichisme considéré comme modèle et en quelque sorte comme prototype. Utilisant cette formation privilégiée, Freud tend à se détourner de la perspective génétique qui était la sienne jusqu'alors pour se consacrer désormais à une approche métapsychologique devenue possible, et même nécessaire après l'introduction de la deuxième théorie de l'appareil psychique. Il convient toutefois de remarquer que cette approche nouvelle du fétichisme avait été amorcée dès 1910 dans *Un souvenir d'enfance de Léonard De Vinci* [11], travail dans lequel Freud avait déjà reconnu d'une part la signification du fétiche et, d'autre part, toute l'importance de la relation primaire entre l'enfant et sa mère. C'est dans cet écrit aussi que le mécanisme de sublimation est abordé pour la première fois dans un développement qui porte à la fois sur la créativité et sur l'homosexualité.

LE FÉTICHE, FORMATION DE COMPROMIS

« Fetischismus [12] », en 1927, marque le premier jalon de cette nouvelle évolution qui va le conduire progressivement à considérer que cette anomalie ainsi que toutes perversions, représentent un ensemble de formations pathologiques hautement différenciées, dans la mesure où leur détermination dépend du jeu de mécanismes de défense d'une grande spécificité. La *Verleugnung* (le déni) s'exerce à l'égard de la réa-

---

11. *Cf. infra,* chap. II, les extraits donnés de cet ouvrage.
12. *Cf. infra,* chap. III du présent volume.

Le fétiche : un substitut du pénis maternel manquant.

lité extérieure, d'une réalité bien particulière : celle de la perception du manque de pénis chez la femme (la mère), réalité perceptive qui est refusée par l'enfant lorsqu'il fait la découverte de la différence des sexes. Cependant, dans le temps même où cette réalité est contestée, la croyance fantasmatique en l'existence du phallus maternel demeure, de telle manière qu'à l'intérieur du Moi se produit un clivage correspondant à la coexistence de deux courants psychiques contradictoires concernant la réalité de la castration féminine. Ainsi s'est constituée, à l'intérieur de l'appareil psychique, une formation de compromis entre la perception non souhaitée et la croyance fantasmatique que le sujet parvient à conserver du fait même qu'un substitut est désigné au pénis féminin manquant, à savoir : le fétiche.

UNE RÉALITÉ DÉNIÉE : L'INTERDIT PATERNEL

Reprenant le problème dix ans plus tard dans « Le clivage du Moi dans le processus de défense », Freud va tenter de préciser la nature de la réalité qui est directement concernée par le mécanisme de déni. En effet, lorsqu'on parle de réalité de la castration ou de sa perception, de quoi s'agit-il? On ne saurait se contenter de dire que ce qui est dénié, c'est le manque de pénis chez la femme, cette absence ne pouvant se constituer comme réalité que dans la mesure où elle est mise en relation avec une présence possible, ainsi que le font justement remarquer J. Laplanche et J.-B. Pontalis. On ne saurait dire non plus que c'est la castration elle-même qui est rejetée, car alors « le déni porterait non sur une perception (la castration n'étant jamais perçue comme telle) mais sur une théorie explicative des faits (« une théorie sexuelle infantile ») [13]. Une lecture attentive du texte freudien tend à montrer que la réalité qui est en cause est désignée comme « réalité du danger (ou de la menace) de castration », expression au-delà de laquelle il faut entendre la réalité de l'Interdit paternel, c'est-à-dire la réalité même de la parole du père. Nous sommes donc introduits à un type très spécifique de réalité, qui n'est ni la réalité objective, concrète, d'ordre matériel, à laquelle appartient le fait anatomique de la différence des sexes, ni la réalité intérieure du désir et du fantasme, mais une réalité d'ordre culturel, celle de la prohibition de l'inceste, c'est-à-dire la réalité de la Loi. Certes, dans ce texte de 1938, Freud n'utilise jamais expressément la formule : « déni de la réalité du danger (ou de la

---

13. J. Laplanche et J.-B. Pontalis, *Vocabulaire de la psychanalyse*, Paris, P.U.F., 1970, p. 116.

menace) de castration », mais il est tout à fait évident qu'il ne se contente plus de parler en termes de déni d'une réalité perceptive. Toute la démonstration qui est la sienne, et qui tourne autour de la notion de « réalité du danger de castration », montre à l'évidence qu'au-delà du fait perceptif, ce qui est fondamentalement contesté par le féti-chiste, c'est le *danger réel* auquel il est soumis du fait même de la satis-faction pulsionnelle qu'il s'accorde.

UN MOI CLIVÉ

Cette interprétation que nous proposons semble justifiée par la remarque préliminaire par laquelle Freud introduit cet article. Il note en effet : « Je me trouve dans cette position intéressante de ne pas savoir si ce que je veux communiquer doit être considéré comme connu depuis longtemps et allant de soi, ou comme tout à fait nouveau et déconcertant. Tel est, je crois, plutôt le cas », dit-il [14]. Si nous nous in-terrogeons sur le sens de cette déclaration, nous remarquons que ce qui est connu depuis longtemps c'est, à n'en pas douter, le clivage déterminé à l'intérieur de l'appareil psychique par l'action du méca-nisme de refoulement. Ce qui est nouveau et déconcertant pour Freud, c'est d'abord de découvrir que le Moi lui-même, dont on connaît bien la fonction synthétique, puisse être à son tour le siège d'une scission; c'est-à-dire que l'on puisse constater dans cette instance la coexistence de deux attitudes opposées à l'égard de la réalité. Mais s'agit-il vérita-blement d'une découverte? Pas à proprement parler, puisqu'un tel phé-nomène a déjà été décrit, par lui, antérieurement. Ce qui le déconcerte le plus, selon nous, c'est de constater que dans le fétichisme le Moi se clive lorsqu'il est confronté avec une forme *spécifique* de réalité; d'une réalité qui s'en vient remettre en question l'opposition fondamen-tale : dedans-dehors, monde intérieur-monde extérieur, réalité psychi-que-réalité matérielle, un troisième terme donc, qui médiatise ces oppo-sitions binaires et qui est le registre propre de la Loi.

LA SPÉCIFICITÉ DU FÉTICHISME

Il faut croire que cette question de la relation du Moi à la réalité préoccupait Freud de façon insistante puisqu'il en a traité une nouvelle et dernière fois dans l'*Abrégé de psychanalyse* [15]. Cependant, s'il

14. S. Freud, « Le clivage du Moi dans le processus de défense », *Nouvelle revue de psychanalyse*, t. II, p. 25-28.
15. S. Freud, *Abrégé de psychanalyse*, Paris, P.U.F., 1970.

revient sur l'exemple privilégié du fétichisme, c'est pour dire que le mécanisme de défense qui le caractérise, le déni, n'a en soi rien de véritablement spécifique puisqu'on peut l'observer dans d'autres états pathologiques et au cours même du processus de maturation du Moi. Il en va de même pour le clivage du Moi qui s'observe tout aussi bien dans la plupart des psychoses. Ce texte nous confirme donc dans le sentiment que la spécificité du fétichisme, comme celle de toute perversion, ne doit pas seulement être recherchée dans la nature des mécanismes de défense en jeu, mais tout autant dans le type même de réalité sur laquelle ils s'exercent, cette réalité que nous avons tenté de préciser plus haut.

UNE CONCEPTION FREUDIENNE ÉVOLUTIVE

Cependant, dans l'*Abrégé*, Freud ne manque pas de comparer ce clivage du Moi à une autre forme de partage de l'appareil psychique, celle qui résulte de l'action du mécanisme de refoulement telle que nous l'observons dans les états névrotiques, faisant remarquer que la différence entre les deux « est essentiellement d'ordre topographique ou structural ». De ces derniers travaux de Freud se dégage donc une nouvelle orientation, la perspective structurale, dans laquelle vont s'engager de nombreux auteurs qui, à sa suite, complémentairement à la perspective psychogénétique, vont tenter de rendre compte de la structure spécifique propre aux déviations sexuelles. S'appuyant de façon privilégiée, sinon excluive, sur ce dernier état de sa pensée, leurs études vont porter essentiellement sur les modes de défense élaborés par le Moi dans sa relation à la réalité. Or il nous est apparu qu'il s'agissait là d'une vue partielle des choses et que l'on ne pouvait véritablement saisir l'originalité de la position freudienne concernant les perversions, qu'à la seule condition de restituer ses dernières propositions dans le cours même de sa pensée, de les remettre en quelque sorte en perspective avec les élaborations théoriques qui les ont précédées [16]. La conception qu'avait Freud de la sexualité perverse est une conception essentiellement évolutive qui ne saurait être réduite à son état dernier, mais qui doit être saisie dans son dynamisme propre. Ainsi, nous avons été amené à concevoir que la complexité du mécanisme de déni de la réalité du danger (ou de la menace) de castration ne pouvait être appréhendée qu'à la seule condition de reconnaître à l'intérieur même de ce

---

16. *Cf. infra*, le travail de Jeanine Chasseguet-Smirgel qui sait redonner toute son importance à la problématique sadique-anale qui ne fait jamais défaut dans les différentes perversions.

*La perception du manque de pénis
chez la femme est refusée par l'enfant.
(La Grenouille, par Marianne van Hirtum, 1975, coll. part.)*

processus défensif l'action du mécanisme de refoulement, d'abord conçu comme l'antagoniste même d'une formation perverse, puis sans cesse réintroduit dans la théorisation, pour marquer à la fois sa différence et sa promixité.

NÉVROSE ET PSYCHOSE COMPLÉMENTAIRES?

L'étude essentiellement métapsychologique que nous avons personnellement conduite part donc de la constatation évidente selon laquelle le recours à la notion de déni de la réalité de la castration, dans son acception habituelle, et à celle, corrélative, de clivage du Moi, s'avère tout à fait insuffisant pour rendre compte de la formation d'une conduite perverse [17]. Elle se fonde sur l'hypothèse que, dans l'organisation même d'une perversion, il n'y a pas seulement coexistence du refoulement et du déni – et des formes de clivage que respectivement ils déterminent – mais qu'entre ces deux mécanismes fondamentaux, dont l'un concerne la réalité intérieure et l'autre, le monde extérieur, il existe une véritable relation de complémentarité, un lien dialectique profond, dans la mesure même où l'un détermine l'autre et réciproquement. Le déni de la réalité extérieure ne peut donc se comprendre qu'à être articulé avec le mécanisme de refoulement et c'est, nous semble-t-il, de ce jeu complexe d'interrelations entre refoulement et déni que l'organisation perverse tire sa spécificité structurale. C'est dire que l'on se saurait continuer à opposer radicalement ces deux types d'organisations : la névrose et la perversion. Cliniquement, d'ailleurs, les faits sont contraignants; il n'existe guère de formation perverse pathologique sans qu'avec elle coexiste une formation de type névrotique. Une étude attentive et approfondie de chaque cas tend à montrer qu'il ne s'agit pas d'une simple juxtaposition mais d'une intrication véritable de symptômes, de mécanismes et de processus qui conduit à penser que, chez un même sujet, les deux problématiques ne sont pas indépendantes mais profondément liées à l'intérieur d'une même structure pathologique.

DES QUESTIONS MULTIPLES

Dans l'ouvrage que l'on va lire se trouvent rassemblés un certain nombre de textes classiques que, dans cette préface, nous avons le plus

---

17. R. Dorey, « La problématique perverse masculine. Essai psychanalytique sur la perte de l'objet ». Thèse de doctorat ès lettres et sciences humaines, Université Paris X-Nanterre, 1975.

souvent essayé de situer dans l'évolution générale des idées. Plusieurs sont donnés *in extenso*, les extraits qui ont été retenus pour les autres permettent généralement au lecteur de mesurer assez justement l'intérêt psychanalytique de chacun d'entre eux, mais il aura toujours avantage, bien sûr, à se reporter au texte d'origine. Parallèlement à ces travaux figurent plusieurs contributions de psychanalystes contemporains français et anglo-saxons. La diversité des thèmes abordés, celle des perspectives adoptées, ainsi que la richesse des observations cliniques permettront au lecteur d'apprécier mieux encore la complexité de la problématique perverse et de constater qu'elle reste soumise à une interrogation continue, sans cesse nourrie par la pratique.

PROFESSEUR ROGER DOREY

PREMIERE PARTIE

Psychanalyse et perversions

La gérontophilie est une perversion dans la mesure où la satisfaction sexuelle n'est possible qu'avec un vieillard. (La Vieille amoureuse, *par Lucas Cranach Le Vieux. Budapest, musée des Beaux-Arts.)*

Chapitre I

Les racines infantiles

En découvrant la sexualité infantile, la psychanalyse a étendu par là même la notion de sexualité au-delà de la seule génitalité[1]. *Or, la théorie freudienne de la sexualité infantile se situe au cœur de la pensée psychanalytique; Freud n'écrit-il pas qu'il s'agit là, en fait, « d'une question de vie ou de mort pour la psychanalyse*[2] *»? Et le pivot de la théorie de la sexualité telle que Freud l'expose en 1905 dans les* Trois essais sur la théorie de la sexualité[3] *est celui de l'étayage : les pulsions sexuelles*[4] *s'appuient sur des fonctions biologiques, où elles trouvent leur source, leur direction et leur objet, et ne s'en détachent que secondairement.*

Ces deux points sont essentiels pour notre propos : ainsi, en partant de la notion d'étayage, le docteur Roger Dorey, dans l'élégant commentaire aux Trois essais *présenté ci-dessous, en vient à montrer que la sexualité humaine peut être considérée comme « perverse » en son essence. La sexualité infantile se détache en effet de l'ordre biologique, pour y retourner, il est vrai, au moment où s'instaure le primat génital, lorsque apparaît le nouveau but sexuel et que « toutes les pulsions partielles agissent ensemble pour l'atteindre, tandis que les zones érogènes se subordonnent au primat de la zone génitale ». Selon Freud, ce primat n'est acquis dans les deux sexes qu'à la puberté; l'organisation génitale infantile est dominée, elle, par le phallus – le vagin demeurant inconnu tant pour la fille que pour le garçon*[5].

---

1. C'est-à-dire de l'accouplement des organes génitaux des deux sexes, accouplement susceptible d'aboutir à la procréation.

2. Voir la préface aux *Stades de la libido : de l'enfant à l'adulte*, dans la même collection.

3. Elle connaîtra des ajouts et des modifications au fil des rééditions successives : 1910, 1915, 1920, 1922, 1924.

4. Voir *Les Pulsions : amour et faim, vie et mort*, dans la même collection.

5. Sur le problème de l'ignorance du vagin, voir la troisième partie de *L'Œdipe : un complexe universel*, dans la même collection, et, plus particulièrement, le chapitre intitulé « Freud et la féminité ».

Notons d'ailleurs que les Trois essais *s'ouvrent sur une première partie intitulée « Les aberrations sexuelles », précisément consacrée à la perversion. Pour Freud, il y a donc une relation étroite entre la perversion et la sexualité infantile, l'enfant possédant ce qu'il appelle une « disposition perverse polymorphe », puisque la sexualité infantile est dominée par les pulsions partielles* [6] *et qu'elle est liée à une diversité de zones érogènes.*

Dans cette perspective, la perversion représenterait, purement et simplement, une régression à des modes de satisfaction infantile – ou encore leur persistance –, avec mise en jeu des pulsions partielles. Freud en vient par là à formuler cet aphorisme fameux : « La névrose est le négatif de la perversion. » C'est en effet le refoulement qui domine la sexualité du névrosé alors que le pervers, lui, « agit » les désirs propres au stade où régression et fixation se sont produites.

Au reste, la perversion et son étude étaient pour ainsi dire à l'ordre du jour au moment même où Freud découvrait la sexualité infantile et la psychanalyse : les Studies in the Psychology of Sex, *de Havelock Ellis, datent de 1897, année où Freud découvre l'existence du complexe d'Œdipe. Neuf ans avant la première parution des* Trois essais, *le 12 décembre 1896, Freud aborde très longuement le problème de la perversion dans une lettre à Fliess. Or, dans cette lettre aussi bien que dans nombre d'écrits ultérieurs, c'est de l'hystérie que Freud fait le négatif de la perversion : « Il s'agit en fait, dans l'hystérie, plutôt du* rejet *d'une perversion que d'un* refus *de la sexualité* [7]. *» Il évoque aussi le choix de la perversion comme étant proprement masculin, par rapport à celui de la névrose; il reviendra d'ailleurs à plusieurs reprises sur cette idée, en particulier dans un article de 1908 intitulé « La morale sexuelle "civilisée" et la maladie nerveuse des temps modernes* [8] *»; il la relie au fait que la pulsion féminine serait « moins forte », ce qui en permettrait le refoulement.*

Dans ce même texte du 12 décembre 1896, Freud parle, à propos de l'hystérie – et, peut-on penser, de la névrose en général – de « zones érogènes abandonnées [9]. *». « Au cours de l'enfance, en effet, la réaction sexuelle s'obtient, semble-t-il, sur de très nombreuses parties du corps », écrit-il; cette phrase préfigure bien, nous le voyons, la notion*

---

6. Pulsions fonctionnant en premier lieu de façon indépendante, pour ensuite fusionner dans les diverses organisations libidinales. Chez l'enfant, elles apparaissent dans des activités sexuelles qui, pour la plupart, peuvent être reliées à telle ou telle zone érogène, et, chez l'adulte, dans les jeux précédant le coït – ou dans la perversion, comme nous allons le voir. *Cf. Les Pulsions, op. cit.,* dans la même collection.

7. C'est Freud qui souligne.

8. *In La Vie sexuelle,* P.U.F. édit.

9. C'est lui qui souligne.

de disposition perverse polymorphe propre à la sexualité infantile.

Plus tard, il modifiera implicitement le contenu de sa formule selon laquelle la névrose serait le négatif de la perversion. La perversion n'apparaîtra plus alors comme corrélative à l'absence de refoulement, mais comme possédant des mécanismes spécifiques dont il sera question à propos du fétichisme.

Après les commentaires des Trois essais, *nous présentons ci-dessous un extrait d'*Introduction à la psychanalyse, *publié en 1917 et dans lequel Freud synthétise ses idées sur la perversion et sur son rapport à la sexualité infantile.*

C'est une œuvre majeure, véritablement novatrice, à laquelle Freud songeait depuis plusieurs années déjà puisque, nous le savons, dès 1899 il projetait d'écrire une théorie de la vie sexuelle. Les *Trois Essais sur la théorie de la sexualité* qu'il nous propose forment les principaux éléments de cette construction dont la clé de voûte est constituée par l'étude des perversions sexuelles. Celles-ci ne représentaient pas pour Freud, en 1905, un problème clinique ou thérapeutique comme pouvaient l'être les psychonévroses [10]; il ne pensait d'ailleurs pas, à cette époque, qu'elles puissent relever d'un traitement psychanalytique, mais il les considérait en tant que problème théorique dont la résolution devrait lui permettre de comprendre la vie sexuelle normale. Les perversions constituaient donc, en quelque sorte, un instrument de travail et un matériel privilégiés dans l'édification d'une théorie générale de la sexualité. C'est pourquoi, bien que le premier essai leur soit entièrement consacré, on est amené à constater qu'il est avant tout une présentation et une classification des aberrations sexuelles, et qu'il nous apporte peu sur le plan théorique. C'est, en effet, dans les deux autres parties de l'ouvrage, respectivement consacrées à la sexualité infantile et aux transformations de la puberté, que nous recueillons, de manière quasi marginale, l'essentiel de l'apport freudien.

De façon générale, nous pouvons considérer que la conception que Freud avait des perversions en 1905 se ramène schématiquement à deux thèses principales, dont l'une est devenue si classique qu'elle masque presque entièrement la seconde, de caractère plus général, mais de portée beaucoup plus fondamentale quant à la nature même des perversions. Nous allons les examiner successivement.

---

10. Sur les psychonévroses et les névroses, voir *Les Névroses : l'homme et ses conflits*, dans la même collection. (N.d.E.)

DES RAPPORTS ENTRE LA CRÉATION, LA PERVERSION ET LA NÉVROSE

La première thèse peut être condensée dans la formulation suivante : *la perversion résulte d'un arrêt dans le développement de la pulsion sexuelle.* Freud se place en effet dans une perspective résolument génétique, celle d'une sexualité qui se développe en une série d'étapes successives, chacune d'elles étant marquée par le dégagement d'une pulsion partielle liée à une zone érogène spécifique qui en constitue la source. Dans le développement sexuel normal, ces pulsions partielles voient leur cours endigué par ces barrières que sont : le dégoût, la pudeur, la douleur et les aspirations morales et esthétiques. Celles-ci en tracent la voie, les conduisant vers une synthèse qui se fait à la puberté sous le primat des zones génitales, la sexualité ainsi unifiée ayant alors pour but la procréation. Cependant, plusieurs éventualités peuvent se présenter qui correspondent à des détournements de ce cours, empêchant l'intégration finale des différentes composantes de la pulsion sexuelle. C'est donc du destin de celles-ci que dépendra la forme définitive prise par la sexualité. Trois possibilités, essentiellement, sont envisagées par Freud. La première s'intègre dans le cadre d'une évolution sexuelle normale et correspond au mécanisme de sublimation. Des pulsions partielles constitutionnellement excessives sont dérivées et utilisées dans d'autres domaines que celui de la sexualité proprement dite; elles changent de but, produisant ainsi « une augmentation appréciable dans les aptitudes et activités psychiques » du sujet. Pour Freud, « c'est là une des sources de la production artistique, et l'analyse du caractère d'individus curieusement doués en tant qu'artistes indiquera des rapports variables entre la création, la perversion et la névrose, selon que la sublimation aura été complète ou incomplète » (Freud, 1905). Nous aurons l'occasion de revenir à plusieurs reprises sur la parenté qui existe entre sublimation et perversion, et tout particulièrement, dans ce chapitre, à propos de l'étude que Freud a consacrée à Léonard de Vinci.

EN 1905, LA SEXUALITÉ PERVERSE RÉSULTE D'UNE FIXATION

La deuxième éventualité envisagée par Freud concerne précisément la perversion. Il suppose là aussi que les pulsions partielles sont, à l'origine, d'une intensité excessive. L'aberration sexuelle résulte d'un maintien de ces différentes composantes dans leur intensité et leurs rapports réciproques. Elles tendent à se renforcer par la maturité et ne se laissent pas coordonner par la zone génitale qui ne parvient donc pas à établir sur elles sa primauté. C'est ainsi que prévaudra, sous forme de perversion, la plus forte des composantes sexuelles. Dans cette perspective, on voit que pour Freud, en 1905, la sexualité perverse résulte d'une fixation, d'un arrêt dans le développement; c'est donc une sexualité de caractère infantile, Freud définissant par ailleurs la sexualité de l'enfant avant la puberté comme étant de nature perverse polymorphe.

« LA NÉVROSE EST LE NÉGATIF DE LA PERVERSION »

Il existe enfin une troisième éventualité dans les désordres de la vie sexuelle; elle conduit à la solution névrotique. Certaines composantes toujours « supposées excessives » subissent un *refoulement* [11]. Les excitations sont alors détournées de leur but et « dirigées sur d'autres voies jusqu'au moment où elles s'extériorisent sous la forme de symptômes morbides » (*ibid.*). La névrose qui est ainsi constituée se substitue donc à une activité perverse antérieure, elle est le fruit d'une inhibition survenant dans le développement; cette conception conduit Freud à une formulation que l'on a commodément rendue célèbre, bien souvent d'ailleurs en la déformant : « La névrose est pour ainsi dire le négatif de la perversion. » (*Ibid.*) Dans cette opposition en négatif et positif – Freud ne l'a-t-il pas d'ailleurs encouragée en parlant parfois de « perversions positives » d'une part, et de « perversions négatives » pour les névroses d'autre part – on a voulu pendant longtemps voir une déclaration sur la nature propre des perversions. En parlant de la sorte, il ne s'agissait en fait, pour Freud, que de comparer les deux grandes entités morbides sur deux points essentiellement. La névrose comme la perversion résulte d'un trouble dans le développement de la pulsion sexuelle; mais chez l'une intervient le mécanisme de refoulement, alors qu'il est totalement absent chez l'autre. Freud ne dit rien de plus et ne semble nullement vouloir rendre compte de la spécificité des perversions par cette comparaison avec les névroses. Cette spécificité, en 1905, c'est ailleurs qu'il en fera l'approche, comme nous le verrons bientôt, essentiellement lorsqu'il traite de la naissance de la sexualité. Disons, pour conclure ce paragraphe, que cette formule qui a fait fortune, « la névrose est le négatif de la perversion », semble avoir eu avant tout dans la recherche

---

11. Voir *Refoulement, défenses et interdits*, dans la même collection. (N.d.E.)

*« Les rapports de l'enfant avec les personnes qui le soignent
sont pour lui une source continue d'excitations
et de satisfactions sexuelles partant des zones érogènes. »
(Illustration de Bayard, XIXᵉ siècle).*

analytique une fonction défensive; l'usage qui a été fait de cette opposition comparative a correspondu en effet pendant plusieurs décennies à une fermeture à toute interrogation véritable.

LES FACTEURS PRÉDISPOSANTS

Il nous reste maintenant à préciser quels sont les déterminants de ces différentes évolutions que nous venons d'envisager successivement. On peut considérer très schématiquement qu'il y a pour Freud deux grandes séries de facteurs. La constitution tout d'abord, à laquelle il accorde un rôle capital. « Il faut citer ici, en premier lieu, écrit-il, les *différences* congénitales *des constitutions sexuelles,* probablement d'une importance décisive, mais dont les caractères ne peuvent être saisis que par déduction en partant des manifestations ultérieures, et encore sans que nous puissions arriver à une certitude absolue. Nous croyons que ces différences consistent en une prépondérance de telle ou telle source de l'excitation sexuelle... » (*Ibid.*) Ces « variations dans la disposition originale », lorsqu'elles conduisent à une vie sexuelle anormale, sont désignées par lui sous le nom de « dégénérescences » et considérées comme « les symptômes d'une détérioration héréditaire ». (*Ibid.*) Elles peuvent conduire aussi bien à l'apparition d'une névrose qu'à l'établissement d'une perversion; c'est là, pour lui, une preuve supplémentaire de l'étroitesse des liens existants entre ces deux entités morbides. Toutefois, si « la forme définitive prise par la vie sexuelle est, avant tout, le résultat d'une constitution congénitale » (*ibid.*), il convient néanmoins de prendre aussi en considération les facteurs accidentels dont le rôle n'est pas négligeable dans la genèse de tels troubles.

UN ROLE D'OBJET SEXUEL
TROP TÔT ASSIGNÉ PAR LA MÈRE

Il fait ici référence à des expériences fortuites survenant pendant l'enfance ou à un âge plus avancé et au premier rang desquelles Freud range la séduction. Elle peut être exercée sur l'enfant par d'autres enfants, mais davantage encore par des adultes, et principalement par la mère ou son substitut qui, au cours des soins corporels qu'elle lui donne, déclenche chez l'enfant une excitation « impressionnante ». « Les rapports de l'enfant avec les personnes qui le soignent sont pour lui une source continue d'excitations et de satisfactions sexuelles partant des zones érogènes. Et cela, d'autant plus que la personne chargée des soins (généralement la mère) témoigne à l'enfant des sentiments dérivant de sa propre vie sexuelle, l'embrasse, le berce, le considère sans aucun doute comme le substitut d'un objet sexuel de plein droit. » (*Ibid.*) Gardons-nous de réduire la portée d'une telle affirmation, en assimilant ce fait de constatation clinique si fréquent, avec ce que fut la théorie de la séduction, particulièrement dans la détermination de l'hystérie. Il s'agit ici d'un phénomène bien différent qui met l'accent sur la sexualité maternelle, sur le rôle d'objet sexuel attribué par elle à l'enfant et sur l'apparition trop précoce pour celui-ci de satisfactions d'une intensité parfois démesurée. Nous serons amené à insister davantage encore par la suite sur cette dimension dont on peut dire raisonnablement qu'elle ne fait jamais défaut dans l'histoire d'une perversion; nous verrons alors quelle signification on peut lui donner dans la constitution d'une problématique perverse.

LA SEXUALITÉ EST LA DÉVIATION D'UN BESOIN PHYSIOLOGIQUE

L'examen des principales modifications du cours normal de la sexualité vient de nous montrer à l'évidence que la perversion comme telle y occupe un rôle central; elle apparaît comme le pivot autour duquel s'organise toute la vie sexuelle de l'individu. Cependant, une telle conception n'est possible qu'en fonction d'une hypothèse de base qui mérite d'être longuement explicitée, car on tend généralement à la sousestimer, voire même à la méconnaître. C'est à son examen que nous allons consacrer la suite de notre développement.

Au début de ce chapitre, nous avons mentionné que l'apport le plus original des *Trois Essais* était de nous fournir une définition nouvelle de la sexualité. Dans son ouvrage intitulé *Vie et Mort en psychanalyse* [12], J. Laplanche en fait une étude rigoureuse, montrant que Freud apporte à la notion de sexualité un double et considérable élargissement. *En extension* tout d'abord, ainsi que nous l'avons noté précédemment, « puisque la sexualité recouvre désormais, non seulement le petit secteur de l'activité génitale, non seulement les perversions, non seulement les névroses, mais toute activité humaine, comme le démontre par exemple l'introduction du concept de sublimation » (J. Laplanche, p. 46). La seconde modification du concept de sexualité qui nous est proposée par Freud consiste en un élargissement du concept *en*

12. 1970.

compréhension et c'est là la thèse la plus originale des *Trois Essais* puisqu'elle correspond à une « véritable mutation de sens (...) apportée au terme de sexualité ». (*Ibid.*) C'est aussi celle qui retiendra le plus notre attention, car il semble s'opérer là, dans la pensée de Freud, une sorte de renversement épistémologique tout à fait fondamental, pour ce qui est de la compréhension des perversions. Freud en effet, par sa théorie de la naissance de la sexualité, dépasse la conception d'une perversion comme simple *déviation* de la pulsion sexuelle, pour faire de la sexualité elle-même une *déviation* d'un besoin physiologique; c'est-à-dire qu'il en vient à se servir du concept même de perversion pour définir la sexualité. Ce processus que, en France, J. Laplanche et J.-B. Pontalis ont décrit en 1967 sous le nom de théorie de l'étayage, en raison de son importance majeure, mérite d'être abordé avec une grande précision.

UTILISER LA NOTION DE PERVERSION POUR DÉFINIR LA SEXUALITÉ

Freud nous en fait une description *princeps* au début du deuxième essai consacré à la sexualité infantile, en prenant comme modèle de base le besoin alimentaire. C'est un besoin instinctuel inné, qui vise un objet spécifique : le lait, seul à pouvoir le satisfaire, c'est-à-dire capable de faire disparaître l'état de tension intérieure. Ce but est atteint, on le sait, par un comportement agencé ayant tous les caractères d'un comportement instinctif, la succion du sein maternel. Partant de cette fonction physiologique fondamentale, Freud décrit la naissance de la sexualité de la façon suivante. Outre la satisfaction du besoin alimentaire proprement dit, il se crée, précise-t-il, un effet de plaisir purement marginal, qui est un supplément, une sorte de prime à la satisfaction d'ordre physiologique. Ce plaisir à lui seul n'est pas encore véritablement la sexualité. Mais il va secondairement être recherché pour lui-même, par le nourrisson, qui donc reproduira le comportement instinctuel de la succion du sein même lorsqu'il est repu, c'est-à-dire lorsque toute tension intérieure propre au besoin a disparu.

LE SUÇOTEMENT, PROTOTYPE DES CONDUITES SEXUELLES

Ce comportement mimé, à vide, sans le lait comme objet, reproduit uniquement pour le plaisir, c'est le *suçotement* proprement dit qui peut être considéré comme le prototype de toutes les conduites sexuelles ultérieures [13]. « En suçant de manière rythmique une partie d'épiderme ou de muqueuse, l'enfant se satisfait. Il est aisé de voir dans quelles circonstances l'enfant a, pour la première fois, éprouvé ce plaisir qu'il cherche maintenant à renouveler. C'est l'activité initiale et essentielle à la vie de l'enfant qui le lui a appris, la succion du sein maternel, ou de ce qui le remplace. Nous dirons que les lèvres de l'enfant ont joué le rôle de *zone érogène* et que l'excitation causée par l'afflux du lait chaud a provoqué le plaisir. Au début, la satisfaction de la zone érogène fut étroitement liée à l'apaisement de la faim. L'activité sexuelle s'est tout d'abord étayée sur une fonction servant à conserver la vie, dont elle ne s'est rendue indépendante que plus tard [14]. Quand on a vu l'enfant rassasié abandonner le sein, retomber dans les bras de sa mère, et, les joues rouges, avec un sourire bienheureux, s'endormir, on ne peut manquer de dire que cette image reste le modèle et l'expression de la satisfaction sexuelle qu'il connaîtra plus tard. Mais bientôt le besoin de répéter la satisfaction sexuelle se séparera du besoin de nutrition, et la séparation sera devenue inévitable dès la période de dentition. » (Freud, 1905.) Le processus dynamique qui est le moteur de cette toute première manifestation sexuelle, c'est la pulsion sexuelle proprement dite. On voit donc qu'elle s'origine dans l'instinct; dans un langage plus moderne, nous dirions dans le besoin physiologique, en l'occurrence le besoin alimentaire, avec lequel elle est initialement confondue.

C'EST LE SEIN FANTASMATIQUE QUE VISE LA PULSION SEXUELLE

Mais elle s'en dégage progressivement pour prendre son entière autonomie et se constituer comme sexualité. L'objet du besoin, dont le trait le plus marquant était la spécificité, est alors abandonné; ce n'est plus le lait mais le sein qui est visé par la pulsion sexuelle. Freud le dit très nettement : « A l'époque où la satisfaction sexuelle dans ses tout premiers commencements était liée à l'absorption des aliments, la pulsion sexuelle avait son objet sexuel au dehors du corps propre, dans le sein de la mère. » (*Ibid.*) Il ne s'agit pas, naturellement, du sein en tant qu'organe anatomique, la phénoménologie même du suçotement montre à l'évidence que cette activité sexuelle se passe de tout objet objectif,

---

13. *Cf. Les Stades de la libido : de l'enfant à l'adulte*, « Une préhistoire qui s'appelle l'enfance ». Dans la même collection. (N.d.E.)

14. Cette dernière phrase ne figurait pas dans la première édition des *Trois Essais*. Elle n'y a été ajoutée qu'en 1915.

c'est-à-dire concret, matériel. Le tout premier objet de la pulsion sexuelle est bien le sein, mais en tant que *fantasmatique,* c'est-à-dire en quelque sorte halluciné et donc présent dans n'importe quelle recherche érotique du registre de l'oralité. Il ne doit en aucun cas être confondu avec les supports matériels de cette première conduite sexuelle qui, distincte des zones érogènes qui donnent naissance à l'excitation, ne sont en quelque sorte que les *instruments* dans la recherche de la satisfaction et non ses *objets.* Ainsi en va-t-il des lèvres elles-mêmes dans l'activité de suçotement proprement dit, ou du pouce, ou même de toute autre partie du corps lorsqu'elle est utilisée dans une activité de succion.

LA SEXUALITÉ COMME PERVERSION DE L'ORDRE BIOLOGIQUE

Dans ce processus de naissance de la pulsion sexuelle, nous constatons donc que celui-ci *s'étaye* sur le besoin avec lequel elle est initialement confondue et trouve son autonomie grâce à un changement d'objet; on passe du lait au sein par un double déplacement, à la fois métonymique (par contiguïté) et métaphorique (par analogie), ce qui donne à la sexualité sa profonde spécificité et la constitue dans la *déviation* même du besoin physiologique comme une sorte de dégénérescence ou d'aberration de l'instinct, c'est-à-dire fondamentalement comme *perversion.* Cependant, en parlant des toutes premières manifestations sexuelles du nourrisson, nous n'avons pas quitté le registre de l'oralité qui nous a servi de modèle. Ce que Freud, en outre, met en évidence, c'est qu'au-delà du besoin alimentaire et par le processus même de l'étayage, toute fonction physiologique est « productrice » de sexualité et à la limite, toute activité d'organe. Il précise en effet : « Il semble que l'excitation sexuelle de l'enfant dérive de sources diverses : avant tout des zones érogènes qui produisent une satisfaction dès qu'elles sont excitées d'une manière appropriée. Selon toutes probabilités, peuvent faire fonction de zones érogènes toutes les régions de l'épiderme, tout organe sensoriel (Freud ajoutera en 1915 : « et probablement tout organe quelconque »), mais il existe certaines zones privilégiées dont l'excitabilité est assurée dès le début, par certains dispositifs organiques. D'autre part, l'excitation sexuelle se produit, pour ainsi dire, comme produit marginal d'un certain nombre de processus internes... » (*Ibid.*)

La sexualité comme déviation, c'est-à-dire comme perversion de l'ordre biologique, c'est bien là la thèse révolutionnaire que Freud soutient dans les *Trois Essais,* celle aussi qui a le plus choqué les consciences, car il est encore plus difficile d'admettre que *la sexualité est par nature même perverse* que de reconnaître que cette sexualité est présente dans la vie infantile et dans toute activité humaine. C'est aussi, pour nous, la thèse la plus précieuse dans notre essai de compréhension de la perversion; par ce retournement, nous comprenons en effet que la problématique perverse se confond avec la problématique de la sexualité, de toute sexualité.

LA RECHERCHE DU PLAISIR EN TANT QUE TEL

Dans ces conditions, on est amené à poser une double question : qu'est-ce qu'une sexualité normale? et, en corollaire : qu'est-ce qu'une perversion pathologique? Ces questions ont-elles même encore un sens après ce que nous venons de dire sur la nature propre de la pulsion sexuelle? Freud répond à cette interrogation en décrivant dans une perspective génétique « les transformations qui amèneront la vie sexuelle infantile à sa forme définitive et normale ». Il introduit le troisième essai qui leur est consacré de la manière suivante : « La pulsion sexuelle était jusqu'ici essentiellement autoérotique; elle va maintenant découvrir l'objet sexuel. Elle provenait de pulsions partielles et de zones érogènes qui, indépendamment les unes des autres, recherchaient comme unique but de la sexualité un certain plaisir. Maintenant, un but sexuel nouveau est donné, à la réalisation duquel toutes les pulsions partielles coopèrent, tandis que les zones érogènes se subordonnent au primat de la zone génitale. » (*Ibid.*) Ce but sexuel, il nous le précise un peu plus loin pour l'homme qu'il prend pour type de description, « consiste dans l'émission des produits génitaux. Loin d'être étranger à l'ancien but qui était le plaisir, le nouveau but lui ressemble en ce que le maximum de plaisir est attaché à l'acte final du processus sexuel. La pulsion sexuelle se met maintenant au service de la fonction de reproduction; elle devient pour ainsi dire altruiste ». (*Ibid.*) Nous comprenons maintenant comment Freud construit sa représentation de la vie sexuelle normale et pathologique. Par son origine même, la pulsion sexuelle est déviation de l'ordre biologique; c'est en se séparant de la fonction physiologique par déplacement de son objet qu'elle se constitue dans sa spécificité. Son but est alors uniquement la recherche du plaisir, on pourrait même dire : du plaisir pour le plaisir et comme telle, elle est fondamentalement et originairement de nature perverse. Mais, au terme de son développement, elle adjoint à la recherche du plaisir une autre finalité qui en quelque sorte transcende le vécu individuel, c'est la procréation. C'est-à-dire que la sexualité ne devient normale qu'en rejoignant une fonction physiologique : la fonction de reproduction dont elle adopte le but et l'objet.

LA SEXUALITÉ PERVERSE PATHOLOGIQUE : UNE SÉPARATION D'AVEC L'ORDRE VITAL

Ainsi, la sexualité est tout entière dans ce « décollement », cette déviation par rapport à l'ordre biologique auquel elle est liée aux deux extrémités de sa course, aux pulsions d'autoconservation d'une part, à la conservation de l'espèce d'autre part. Quant à la sexualité perverse pathologique, pour Freud, en 1905, et il aura la même position encore en 1917, elle résulte d'inhibitions survenant dans le cours de ce développement, empêchant la pulsion sexuelle de coïncider à nouveau avec la fonction physiologique, c'est-à-dire une sexualité dont la finalité exclue la procréation. On pourrait donc dire que la perversion sexuelle pathologique est une sorte de séparation définitive d'avec l'ordre vital, encore qu'il soit nécessaire de bien préciser que nous parlons là de manière métaphorique, et que c'est en fonction de la finalité et par rapport à l'objet que se constitue la perversion. Freud, en effet, n'a jamais voulu dire de manière naïvement réaliste qu'une sexualité qui n'est pas procréatrice est perverse, ni inversement qu'une sexualité perverse ne puisse pas être éventuellement procréatrice.

ROGER DOREY [15]

UN MOMENT IMPORTANT DE L'ENFANCE : LA DÉCOUVERTE DES ZONES ÉROGÈNES

Je vais vous exposer ce qui apparaît avec le plus de netteté lorsqu'on étudie la vie sexuelle de l'enfant. Pour plus de clarté, je vous demanderai la permission d'introduire à cet effet la notion de la *libido*. Analogue à la *faim* en général, la libido désigne la force avec laquelle se manifeste l'instinct sexuel, comme la faim désigne la force avec laquelle se manifeste l'instinct d'absorption de nourriture. D'autres notions, telles qu'excitation et satisfaction sexuelles, n'ont pas besoin

---

15. « La problématique perverse masculine. Essai psychanalytique sur la perte de l'objet. » Thèse de doctorat ès lettres, Université de Paris X-Nanterre, 1975.

d'explication. Vous allez hoir, et vous en tirerez peut-être un argument contre moi, que les activités sexuelles du nourrisson ouvrent à l'interprétation un champ infini. On obtient ces interprétations en soumettant les symptômes à une analyse régressive. Les premières manifestations de la sexualité qui se montrent chez le nourrisson se rattachent à d'autres fonctions vitales. Ainsi que vous le savez, son principal intérêt porte sur l'absorption de nourriture; lorsqu'il s'endort rassasié devant le sein de sa mère, il présente une expression d'heureuse satisfaction qu'on retrouve plus tard à la suite de la satisfaction sexuelle. Ceci ne suffirait pas à justifier une conclusion. Mais nous observons que le nourrisson est toujours disposé à recommencer l'absorption de nourriture, non parce qu'il a encore besoin de nelle-ci, mais pour la seule action que cette absorption comporte. Nous disons alors qu'il suce; et le fait que, ce faisant, il s'endort de nouveau avec une expression béate, nous montre que l'action de sucer lui a, comme telle, procuré une satisfaction. Il finit généralement par ne plus pouvoir s'endormir sans sucer. C'est un pédiatre de Budapest, le docteur Lindner, qui a le premier affirmé la nature sexuelle de cet acte. Les personnes qui soignent l'enfant et qui ne cherchent nullement à adopter une attitude théorique, semblent porter sur cet acte un jugement analogue. Elles se rendent parfaitement compte qu'il ne sert qu'à procurer un plaisir, y voient une « mauvaise habitude », et lorsque l'enfant ne veut pas renoncer spontanément à cette habitude, elles cherchent à l'en débarrasser en y associant des impressions désagréables. Nous apprenons ainsi que le nourrisson accomplit des actes qui ne servent qu'à lui procurer un plaisir. Nous croyons qu'il a commencé à éprouver ce plaisir à l'occasion de l'absorption de nourriture, mais qu'il n'a pas tardé à apprendre à la séparer de cette condition. Nous rapportons cette sensation de plaisir à la zone bucco-labiale, désignons cette zone sous le nom de *zone érogène* et considérons le plaisir procuré par l'acte de sucer comme un plaisir *sexuel*. Nous aurons certainement encore à discuter la légitimité de ces désignations.

Si le nourrisson était capable de faire part de ce qu'il éprouve, il déclarerait certainement que sucer le sein maternel constitue l'acte le plus important de la vie. Ce disant, il n'aurait pas tout à fait tort, car il satisfait par ce seul acte deux grands besoins de la vie. Et ce n'est pas sans surprise que nous apprenons par la psychanalyse combien profonde est l'importance psychique de cet acte dont les traces persistent ensuite la vie durant. L'acte qui consiste à sucer le sein maternel devient le point de départ de toute la vie sexuelle, l'idéal jamais atteint de toute satisfaction sexuelle ultérieure, idéal auquel l'imagination aspire dans des moments de grand besoin et de grande privation. C'est ainsi que le sein maternel forme le premier objet de l'instinct sexuel;

et je ne saurais vous donner une idée assez exacte de l'importance de ce premier objet pour toute recherche ultérieure d'objets sexuels, de l'influence profonde qu'il exerce, dans toutes ses transformations et substitutions, jusque dans les domaines les plus éloignés de notre vie psychique. Mais bientôt l'enfant cesse de sucer le sein qu'il remplace par une partie de son propre corps. L'enfant se met à sucer son pouce, sa langue. Il se procure ainsi du plaisir, sans avoir pour cela besoin du consentement du monde extérieur, et l'appel à une deuxième zone du corps renforce en outre le stimulant de l'excitation. Toutes les zones érogènes ne sont pas également efficaces; aussi est-ce un événement important dans la vie de l'enfant lorsque, à force d'explorer son corps, il découvre les parties particulièrement excitables de ses organes génitaux et trouve ainsi le chemin qui finira par le conduire à l'onanisme.

FREUD ETABLIT UN RAPPORT ENTRE LES ACTIVITES SEXUELLES ET LES PERVERSIONS

En faisant ressortir l'importance de l'acte de sucer, nous avons dégagé deux caractères essentiels de la sexualité infantile. Celle-ci se rattache notamment à la satisfaction des grands besoins organiques et elle se comporte, en outre, d'une façon *auto-érotique,* c'est-à-dire qu'elle trouve ses objets sur son propre corps. Ce qui est apparu avec la plus grande netteté à propos de l'absorption d'aliments, se renouvelle en partie à propos des excrétions. Nous en concluons que l'élimination de l'urine et du contenu intestinal est pour le nourrisson une source de jouissance et qu'il s'efforce bientôt d'organiser ces actions de façon qu'elles lui procurent le maximum de plaisir, grâce à des excitations correspondantes des zones érogènes des muqueuses. Lorsqu'il en est arrivé à ce point, le monde extérieur lui apparaît, selon la fine remarque de Lou Andreas, comme un obstacle, comme une force hostile à sa recherche de jouissance et lui laisse entrevoir, à l'avenir, des luttes extérieures et intérieures. On lui défend de se débarrasser de ses excrétions quand et comment il veut; on le force à se conformer aux indications d'autres personnes. Pour obtenir sa renonciation à ces sources de jouissance, on lui inculque la conviction que tout ce qui se rapporte à ces fonctions est indécent, doit rester caché. Il est obligé de renoncer au plaisir, au nom de la dignité sociale. Il n'éprouve au début aucun dégoût devant ses excréments qu'il considère comme faisant partie de son corps; il s'en sépare à contrecœur et s'en sert comme premier « cadeau » pour distinguer les personnes qu'il apprécie particulièrement. Et après même que l'éducation a réussi à le débarrasser de ces penchants, il transporte sur le « cadeau » et l'« argent » la valeur qu'il avait accordée aux excréments. Il semble en revanche être particulièrement fier des exploits qu'il rattache à l'acte d'uriner.

Je sens que vous faites un effort sur vous-mêmes pour ne pas m'interrompre et me crier : « Assez de ces horreurs! Prétendre que la défécation est une source de satisfaction sexuelle, déjà utilisée par le nourrisson! Que les excréments sont une substance précieuse, l'anus une sorte d'organe sexuel! Nous n'y croirons jamais; mais nous comprenons fort bien pourquoi pédiatres et pédagogues ne veulent rien savoir de la psychanalyse et de ses résultats. » Calmez-vous. Vous avez tout simplement oublié que si je vous ai parlé des faits que comporte la vie sexuelle infantile, ce fut à l'occasion des faits se rattachant aux perversions sexuelles. Pourquoi ne sauriez-vous pas que chez de nombreux adultes, tant homosexuels qu'hétérosexuels, l'anus remplace réellement le vagin dans les rapports sexuels? Et pourquoi ne sauriez-vous pas qu'il y a des individus pour lesquels la défécation reste, toute leur vie durant, une source de volupté qu'ils sont loin de dédaigner? Quant à l'intérêt que suscite l'acte de défécation et au plaisir qu'on peut éprouver en assistant à cet acte, lorsqu'il est accompli par un autre, vous n'avez, pour vous renseigner, qu'à vous adresser aux enfants mêmes, lorsque, devenus plus âgés, ils sont à même d'en parler. Il va sans dire que vous ne devez pas commencer par intimider ces enfants, car vous comprenez fort bien que, si vous le faites, vous n'obtiendrez rien d'eux. Quant aux autres choses auxquelles vous ne voulez pas croire, je vous renvoie aux résultats de l'analyse et de l'observation directe des enfants, et je vous dis qu'il faut de la mauvaise volonté pour ne pas voir ces choses ou pour les voir autrement. Je ne vois aucun inconvénient à ce que vous trouviez étonnante l'affinité que je postule entre l'activité sexuelle infantile et les perversions sexuelles. Il s'agit pourtant là d'une relation tout à fait naturelle, car si l'enfant possède une vie sexuelle, celle-ci ne peut être que de nature perverse, attendu que, sauf quelques vagues indications, il lui manque tout ce qui fait de la sexualité une fonction de procréation. Ce qui caractérise, d'autre part, toutes les perversions, c'est qu'elles méconnaissent le but essentiel de la sexualité, c'est-à-dire la procréation. Nous qualifions en effet de perverse toute activité sexuelle qui, ayant renoncé à la procréation, recherche le plaisir comme un but indépendant de celle-ci. Vous comprenez ainsi que la ligne de rupture et le tournant du développement de la vie sexuelle doivent être cherchés dans sa subordination aux fins de la procréation. Tout ce qui se produit avant ce tournant, tout ce qui s'y soustrait, tout ce qui sert uniquement à procurer de la jouissance, reçoit la dénomination peu recommandable de « pervers » et est, comme tel, voué au mépris.

LA DÉCOUVERTE
DES ORGANES GÉNITAUX FÉMININS

Laissez-moi, en conséquence, poursuivre mon rapide exposé de la sexualité infantile. Tout ce que j'ai dit concernant deux systèmes d'organes pourrait être complété en tenant compte des autres. La vie sexuelle de l'enfant comporte une série de tendances partielles s'exerçant indépendamment les unes des autres et utilisant, en vue de la jouissance, soit le corps même de l'enfant, soit des objets extérieurs. Parmi les organes sur lesquels s'exerce l'activité sexuelle de l'enfant, les organes sexuels ne tardent pas à prendre la première place; il est des personnes qui, depuis l'onanisme inconscient de leur première enfance jusqu'à l'onanisme forcé de leur puberté, n'ont jamais connu d'autre source de jouissance que leurs propres organes génitaux, et chez quelques-uns, même, cette situation persiste bien au-delà de la puberté. L'onanisme n'est d'ailleurs pas un de ces sujets dont on vient facilement à bout; il y a là matière à de multiples considérations.

Malgré mon désir d'abréger le plus possible mon exposé, je suis obligé de vous dire encore quelques mots sur la curiosité sexuelle des enfants. Elle est très caractéristique de la sexualité infantile et présente une très grande importance au point de vue de la symptomatologie des névroses. La curiosité sexuelle de l'enfant commence de bonne heure, parfois avant la troisième année. Elle n'a pas pour point de départ les différences qui séparent les sexes, ces différences n'existant pas pour les enfants, lesquels (les garçons notamment) attribuent aux deux sexes les mêmes organes génitaux, ceux du sexe masculin. Lorsqu'un garçon découvre chez sa sœur ou chez une camarade de jeux l'existence du vagin, il commence par nier le témoignage de ses sens, car il ne peut pas se figurer qu'un être humain soit dépourvu d'un organe auquel il attribue une si grande valeur. Plus tard, il recule, effrayé devant la possibilité qui se révèle à lui et il commence à éprouver l'action de certaines menaces qui lui ont été adressées antérieurement à l'occasion de l'excessive attention qu'il accordait à son petit membre. Il tombe sous la domination de ce que nous appelons le « complexe de castration », dont la forme influe sur son caractère, lorsqu'il reste bien portant, sur sa névrose, lorsqu'il tombe malade, sur ses résistances, lorsqu'il subit un traitement analytique. En ce qui concerne la petite fille, nous savons qu'elle considère comme un signe de son infériorité l'absence d'un pénis long et visible, qu'elle envie le garçon parce qu'il possède cet organe, que de cette envie naît chez elle le désir d'être un homme et que ce désir se trouve plus tard impliqué dans la névrose provoquée par les échecs qu'elle a éprouvés dans l'accomplissement de sa mission de femme. Le clitoris joue d'ailleurs chez la toute petite fille le rôle

*« D'où viennent les bébés »? Ce genre de réponse
donnée aux enfants les trompe moins souvent qu'on le pense...
(Illustration de Bayard, XIXᵉ siècle).*

de pénis, il est le siège d'une excitabilité particulière, l'organe qui procure la satisfaction auto-érotique. La transformation de la petite fille en femme est caractérisée principalement par le fait que cette sensibilité se déplace en temps voulu et totalement du clitoris à l'entrée du vagin. Dans les cas d'anesthésie dite sexuelle des femmes le clitoris conserve intacte sa sensibilité.

LE PETIT GARÇON
A LA RECHERCHE DE LA « VÉRITÉ »

L'intérêt sexuel de l'enfant se porte plutôt en premier lieu sur le problème de savoir d'où viennent les enfants, c'est-à-dire sur le problème qui forme le fond de la question posée par le sphinx thébain, et cet intérêt est le plus souvent éveillé par la crainte égoïste que suscite la venue d'un nouvel enfant. La réponse à l'usage de la *nursery,* c'est-à-dire que c'est la cigogne qui apporte les enfants, est accueillie, plus souvent qu'on ne le pense, avec méfiance, même par les petits enfants. L'impression d'être trompé par les grandes personnes contribue beaucoup à l'isolement de l'enfant et au développement de son indépendance. Mais l'enfant n'est pas à même de résoudre ce problème par ses propres moyens. Sa constitution sexuelle encore insuffisamment développée oppose des limites à sa faculté de connaître. Il admet d'abord que les enfants viennent à la suite de l'absorption avec la nourriture de certaines substances spéciales, et il ignore encore que seules les femmes sont susceptibles d'avoir des enfants. Il apprend ce fait plus tard et relègue dans le domaine des contes l'explication qui fait dépendre la venue d'enfants de l'absorption d'une certaine nourriture. Devenu un peu plus grand, l'enfant se rend compte que le père joue un certain rôle dans l'apparition de nouveaux enfants, mais il est encore incapable de définir ce rôle. S'il lui arrive de surprendre par hasard un acte sexuel, il y voit une tentative de violence, un corps à corps brutal : fausse conception sadique du coït. Toutefois, il n'établit pas immédiatement un rapport entre cet acte et la venue de nouveaux enfants. Et alors même qu'il aperçoit des traces de sang dans le lit et sur le linge de sa mère, il y voit seulement une preuve des violences auxquelles se serait livré son père. Plus tard encore, il commence bien à soupçonner que l'organe génital de l'homme joue un rôle essentiel dans l'apparition de nouveaux enfants, mais il persiste à ne pas pouvoir assigner à cet organe d'autre fonction que celle d'évacuation d'urine.

Les enfants sont dès le début unanimes à croire que la naissance de l'enfant se fait par l'anus. C'est seulement lorsque leur intérêt se détourne de cet organe qu'ils abandonnent cette théorie et la remplacent par celle d'après laquelle l'enfant naîtrait par le nombril qui s'ouvrirait à cet effet. Ou encore ils situent dans la région sternale, entre les deux seins, l'endroit où l'enfant nouveau-né ferait son apparition. C'est ainsi que l'enfant, dans ses explorations, se rapproche des faits sexuels ou, égaré par son ignorance, passe à côté d'eux, jusqu'au moment où l'explication qu'il en reçoit dans les années précédant immédiatement la puberté, explication déprimante, souvent incomplète, agissant souvent à la manière d'un traumatisme, vient le tirer de sa naïveté première.

CE QU'EST LA SEXUALITÉ
POUR LA PSYCHANALYSE

Vous avez sans doute entendu dire que, pour maintenir ses propositions concernant la causalité sexuelle des névroses et l'importance sexuelle des symptômes, la psychanalyse imprime à la notion du sexuel une extension exagérée. Vous êtes maintenant à même de juger si cette extension est vraiment injustifiée. Nous n'avons étendu la notion de sexualité que juste assez pour y faire entrer aussi la vie sexuelle des pervers et celle des enfants. Autrement dit, nous n'avons fait que lui restituer l'ampleur qui lui appartient. Ce qu'on entend par sexualité en dehors de la psychanalyse est une sexualité tout à fait restreinte, une sexualité mise au service de la seule procréation, bref ce qu'on appelle la vie sexuelle normale.

LA VÉRITABLE PERVERSION PATHOLOGIQUE :
UN RITUEL INVARIABLE

Ce qui, malgré toute l'étrangeté de son objet et de son but, fait de l'activité perverse une activité incontestablement sexuelle, c'est que l'acte de la satisfaction sexuelle comporte le plus souvent un orgasme complet et une émission de sperme. Ceci n'est naturellement que le cas de personnes adultes; chez l'enfant, l'orgasme et l'émission de sperme ne sont pas toujours possibles; ils sont remplacés par des phénomènes auxquels on ne peut pas toujours attribuer avec certitude un caractère sexuel.

Pour compléter ce que j'ai dit concernant l'importance des perversions sexuelles, je tiens encore à ajouter ceci. Malgré tout le discrédit qui s'attache à elles, malgré l'abîme par lequel on veut les séparer de l'activité sexuelle normale, on n'en est pas moins obligé de s'incliner devant l'observation qui nous montre la vie sexuelle normale entachée de tel ou tel autre trait pervers. Déjà le baiser peut être qualifié d'acte pervers, car il consiste dans l'union de deux zones buccales érogènes, à la place de deux organes sexuels opposés. Et, cependant, personne ne le repousse comme pervers; on le tolère, au contraire, sur la scène comme une expression voilée de l'acte sexuel. Le baiser, notamment, lorsqu'il est tellement intense qu'il est accompagné, ce qui arrive encore assez fréquemment, d'orgasme et d'émission de sperme, se transforme facilement et totalement en un acte pervers. Il est d'ailleurs facile de constater que fouiller des yeux et palper l'objet constitue pour certains une condition indispensable de la jouissance sexuelle, tandis que d'autres, lorsqu'ils sont à l'apogée de l'excitation sexuelle, vont jusqu'à pincer et à mordre leur partenaire et que chez l'amoureux en général l'excitation la plus forte n'est pas toujours provoquée par les organes génitaux, mais par une autre région quelconque du corps de l'objet. Et nous pourrions multiplier ces constatations à l'infini. Il serait absurde d'exclure de la catégorie des normaux et de considérer comme perverses les personnes présentant ces penchants isolés. On reconnaît

Le baiser, « plaisir préliminaire ». (Lithographie d'André Masson, 1972, coll. part.)

plutôt avec une netteté de plus en plus grande que le caractère essentiel des perversions consiste, non en ce qu'elles dépassent le but sexuel ou qu'elles remplacent les organes génitaux par d'autres, ou qu'elles comportent une variation de l'objet, mais plutôt dans le caractère exclusif et invariable de ces déviations, caractère qui les rend incompatibles avec l'acte sexuel en tant que condition de la procréation. Dans la mesure où les actions perverses n'interviennent dans l'accomplissement de l'acte sexuel normal qu'à titre de préparation ou du renforcement, il serait injuste de les qualifier de perversions. Il va sans dire que le fossé qui sépare la sexualité normale de la sexualité perverse se trouve en partie comblé par des faits de ce genre. De ces faits, il résulte avec une évidence incontestable que la sexualité normale est le produit de quelque chose qui avait existé avant elle, et qu'elle n'a pu se former qu'après avoir éliminé comme inutilisables certains de ces matériaux préexistants et conservé les autres pour les subordonner au but de la procréation.

PERVERSION ET SEXUALITÉ DE L'ADULTE : UNE TYRANNIE BIEN ORGANISÉE

Je tiens à attirer votre attention sur une importante différence qui existe entre les perversions et la sexualité infantile. La sexualité perverse est généralement centralisée d'une façon parfaite, toutes les manifestations de son activité tendent vers le même but, qui est souvent unique; une de ses tendances partielles ayant généralement pris le dessus se manifeste soit seule, à l'exclusion des autres, soit après avoir subordonné les autres à ses propres intentions. Sous ce rapport, il n'existe, entre la sexualité normale et la sexualité perverse, pas d'autre différence que celle qui correspond à la différence existant entre leurs tendances partielles dominantes et, par conséquent, entre leurs buts sexuels. On peut dire qu'il existe aussi bien dans l'une que dans l'autre une tyrannie bien organisée, la seule différence portant sur le parti qui a réussi à s'emparer du pouvoir. Au contraire, la sexualité infantile, envisagée dans son ensemble, ne présente ni centralisation, ni organisation, toutes les tendances partielles jouissant des mêmes droits, chacune cherchant la jouissance pour son propre compte. L'absence et l'existence de la centralisation s'accordent naturellement avec le fait que les deux sexualités, la perverse et la normale, sont dérivées de l'infantile. Il existe d'ailleurs des cas de sexualité perverse qui présentent une ressemblance beaucoup plus grande avec la sexualité infantile, en ce sens que de nombreuses tendances partielles y poursuivent leurs buts, chacune indépendamment et sans se soucier de toutes les autres. Ce serait des cas d'infantilisme sexuel, plutôt que de perversions.

Ainsi préparés, nous pouvons aborder la discussion d'une proposition qu'on ne manquera pas de nous faire. On nous dira : « Pourquoi vous entêtez-vous à dénommer sexualité ces manifestations de l'enfance que vous considérez vous-même comme indéfinissables et qui ne deviennent sexuelles que plus tard? Pourquoi, vous contentant de la seule description physiologique, ne diriez-vous pas tout simplement qu'on observe chez le nourrisson des activités qui, telles que l'acte de sucer et la rétention des excréments, montrent seulement que l'enfant recherche le plaisir qu'il peut éprouver par l'intermédiaire de certains organes? Ce disant, vous éviteriez de froisser les sentiments des auditeurs et lecteurs par l'attribution d'une vie sexuelle aux enfants à peine nés à la vie. » Certes, je n'ai aucune objection à élever contre la possibilité de la recherche de plaisirs par l'intermédiaire de tel ou tel organe; je sais que le plaisir le plus intense, celui que procure l'accouplement, n'est qu'un plaisir qui accompagne l'activité des organes sexuels. Mais sauriez-vous me dire comment et pourquoi ce plaisir local, indifférent au début, revêt ce caractère sexuel qu'il présente incontestablement aux phases de développement ultérieures? Sommes-nous plus et mieux renseignés sur « le plaisir local des organes » que sur la sexualité? Vous me répondriez que le caractère sexuel apparaît précisément lorsque les organes génitaux commencent à jouer leur rôle, lorsque le sexuel coïncide et se confond avec le génital. Et vous réfuteriez l'objection que je pourrais tirer de l'existence des perversions, en me disant qu'après tout le but de la plupart des perversions consiste à obtenir l'orgasme génital, bien que par un moyen autre que l'accouplement des organes génitaux.

Sigmund Freud [16]

16. *Introduction à la psychanalyse* (1917), Payot, coll. « Petite Bibliothèque », p. 292-299, 301-304.

Sainte Anne, la Vierge et l'enfant Jésus,
par *Léonard de Vinci, Paris, Musée du Louvre.*

Chapitre II

L'image des parents

Dans la succession de textes ou d'extraits que nous présentons maintenant apparaît, tantôt en filigrane, tantôt plus ouvertement, une caractéristique essentielle de la perversion : la négation de la différence anatomique entre les sexes.

Ce chapitre s'ouvre sur le résumé de la conférence intitulée « Un fantasme de Léonard de Vinci », donnée par Freud à la Société psychanalytique de Vienne, le 1ᵉʳ décembre 1909. Les notes, prises par Otto Rank, ont été reproduites dans les Minutes *de la Société. Un an plus tard, à la fin du mois de mai 1910, Freud publie* Un souvenir d'enfance de Léonard de Vinci [1], *préfiguré dans une large mesure par la conférence de décembre 1909 : nous en découvrirons ensuite certains extraits.*

Cet ouvrage de Freud anticipe sur les études contemporaines qui décrivent la constellation familiale du futur pervers : une mère séductrice, prenant son enfant comme objet érotique, et un père absent ou ne remplissant pas son rôle. Rappelons que Léonard, né en 1452 près de Florence, était un enfant illégitime. Son père et la femme de celui-ci, sans descendance, le recueillent bientôt et il est arraché à sa mère, Caterina, une pauvre paysanne. Nous verrons comment Freud éclaire quatre aspects de la vie du peintre et de son œuvre : sa tendance à créer des tableaux puis à les délaisser, l'étrange sourire de certains de ses personnages, sa passion pour la recherche scientifique et son homosexualité, toute platonique semble-t-il.

Selon Freud, le « fantasme du vautour » occupe une place prépondérante chez Léonard, puisqu'il centre son analyse sur lui. Ce fantasme relie en effet l'homosexualité du peintre à la représentation d'une mère phallique, le pénis venant prendre le relais du sein. Or, c'est dans cette

---

1. Dont certains extraits figurent dans *La Sublimation : les sentiers de la création*, paru dans la même collection. *Cf.* aussi *Un souvenir d'enfance de Léonard de Vinci*, Gallimard, coll. « Idées ».

représentation de la mère pourvue d'un pénis qu'Abraham et Freud voient l'origine du fétichisme, comme ils le montreront au chapitre suivant. Et Freud attribue une importance capitale à la fixation maternelle démesurée du peintre dans la genèse de son homosexualité : devenu la mère, il recherche dans les jeunes garçons l'image de ce qu'il était lui-même, un enfant chéri par sa mère.

Freud n'évoque pas ici l'identification à la mère. Cependant, cette identification et l'union avec la mère ainsi perpétuée, à la source de nombreux cas d'homosexualité masculine, laissent transparaître le noyau dépressif qui sous-tend cette position (devenir la mère pour ne jamais la perdre), et expliquent un certain nombre de décompensations dépressives fréquentes chez les homosexuels.

Une autre cause de l'homosexualité masculine – qui n'exclut évidemment pas la précédente – résiderait précisément dans la nécessité de trouver, dans le partenaire sexuel, l'image en miroir de ses propres attributs génitaux. Ce facteur renverrait à une fixation du sujet au stade du choix narcissique [2] de l'objet. En ce qui concerne l'homme, l'obligation de choisir un partenaire masculin est liée à la crainte de castration éveillée par la vue des organes génitaux féminins – sans pénis : c'est ainsi que pourrait s'expliquer la relation du fétichisme à l'homosexualité chez Léonard.

Séance du 1er décembre 1909

Présents : Professeur Freud, Adler, Federn, Friedjung, Furtmüller, Graf, Heller, Hitschmann, Rank, Reitler, Sadger, Steiner, Stekel, Tausk, Wittels.
Le docteur Jekels et Stein de Budapest, comme hôtes.

CONFÉRENCE
Un fantasme de Léonard de Vinci [3]

Orateur : Professeur Freud

L'attention de l'orateur a été attirée par hasard sur le fait que Léonard de Vinci pouvait devenir l'objet d'une étude psychanalytique; ce sont des particularités tout à fait définies de son caractère qui justifient cette indiscrétion psychanalytique.

---

2. Sur le narcissisme, voir *Le Narcissisme : l'amour de soi*, à paraître dans la même collection.
3. *Cf.* le travail de Freud : *Un souvenir d'enfance de Léonard de Vinci*, publié en 1910.

Léonard de Vinci naquit en 1452 et mourut en 1519 dans sa soixante-septième année. On le considère comme un des plus grands artistes qui soient, et ses contemporains le considéraient déjà comme tel. Cependant, en même temps, dès le début de sa carrière, une certaine étrangeté de sa personnalité joua contre lui; on ne le comprenait pas très bien et il passait pour un original, aussi bien en raison de son caractère que de la nature de ses occupations. En effet, il était en même temps un grand chercheur et il s'intéressait davantage aux sciences naturelles qu'à son art. C'est ainsi que cinquante ans avant Copernic, il nota les découvertes que celui-ci allait faire; il fit les meilleures planches anatomiques, fut le premier à compter en périodes géologiques, etc.

Deux traits de caractère, avant tout, motivent une étude psychanalytique de Léonard de Vinci : le premier est qu'il ne termina jamais rien, un trait qui rappelle le névrosé; le second est le manque d'égards avec lequel il traita ses créations : il ne s'intéressait pas à elles et ne se préoccupait pas de leur destin. En conséquence, la plupart d'entre elles ont été anéanties ou près de l'être.

Nous allons, bien sûr, d'abord examiner la vie sexuelle de l'homme, afin de comprendre, à partir de là, les singularités de son caractère. On ne sait pas grand-chose là-dessus; assez, cependant, pour nous mettre sur une certaine voie. Il est établi qu'aucune femme ne joua jamais de rôle dans sa vie, et c'est pourquoi les homosexuels le revendiquent. De fait, on raconte que, dans sa jeunesse, il fut accusé de rapports homosexuels. Mais d'après tout ce que nous savons de lui, il semble exclu qu'il ait été sexuellement actif.

LÉONARD DE VINCI ÉTAIT-IL UN HOMOSEXUEL INHIBÉ?

Il faut probablement le considérer comme un homosexuel inhibé ou comme quelqu'un qui n'est homosexuel qu'en pensée. Il se choisit des élèves jeunes et beaux, mais rien n'indique qu'il ait eu des relations sexuelles directes avec eux. Dans l'ensemble, il semble avoir été un homme complètement dépourvu d'activité, de pulsion d'agression et qui atteignit un haut degré de maîtrise de ses affects. Il montre un extraordinaire refoulement sexuel, que confirme une phrase de ses carnets : « L'acte de procréation et ses organes sont caractérisés par une telle déformation que, n'était la beauté du reste du corps, la race humaine se serait éteinte depuis longtemps. » Léonard de Vinci ne mangeait pas de viande. Une de ses occupations favorites était d'acheter des oiseaux, puis de les laisser s'envoler. Sa marotte principale était en effet le désir de voler et il espéra jusqu'à un âge avancé pouvoir résoudre ce problème.

Pour nous, il est manifeste que ces traits de caractère sont liés à sa *sexualité*; nous nous attendons à trouver dans le développement sexuel de Léonard de Vinci la solution des quatre énigmes de sa vie : 1) le fait qu'il était un si grand chercheur; 2) le fait qu'il ne persévérait en rien et laissa inachevées la plupart de ses œuvres; 3) le fait qu'il traitait si mal ses œuvres; et 4) le fait que ce genre particulier de sexualité inactive domina sa vie.

Nous ne nous tromperons pas non plus en supposant pouvoir expliquer à partir de son *enfance* comment s'est formé un caractère ayant précisément de telles particularités. Mais où prendrons-nous le matériel? Il semble que nous devrions nous borner à dire : cette inactivité, qu'il montre dans l'art, est liée à son inactivité sexuelle. Cependant, cette inhibition d'énergie n'était pas générale, mais limitée, puisque c'était aussi un chercheur.

De son enfance, on sait, comme nous l'avons dit, peu de chose. Il vient d'une famille de philistins; ses ancêtres avaient été notaires durant quatre générations et ne s'étaient pas particulièrement distingués. Son père l'engendra dans ses jeunes années (à l'âge de vingt-trois ans) avec une paysanne nommée Caterina : Léonard était un enfant illégitime. L'année de la naissance de Léonard, son père épousa une femme de haute naissance. Nous savons ensuite de Léonard qu'à l'âge de cinq ans il vivait dans la maison de son père, à Florence. Ce mariage étant resté sans enfants, il semble plausible que le père prît chez lui son enfant illégitime avec le consentement de sa femme. En tout, le père se maria quatre fois (avec sa troisième et quatrième femme, il eut dix enfants) et mourut à l'âge de quatre-vingts et quelques ans.

Dans son traité sur le vol des oiseaux, un mémoire scientifique, Léonard se laisse soudain aller à sa fantaisie et dit : « Il semble que j'aie depuis toujours été destiné à m'occuper du vol des oiseaux. Dans mon plus ancien souvenir d'enfance, il me semble qu'un vautour a volé jusqu'à moi, m'a ouvert la bouche de sa queue et l'a plusieurs fois battue de-ci de-là entre mes lèvres. » Cela ne peut évidemment pas être un souvenir d'enfance; c'est un fantasme touchant l'enfance. Si nous voulons appliquer à cela notre art psychanalytique, nous devons dire qu'il s'agit d'un fantasme homosexuel, dont la signification pourrait être : prendre le pénis (« la queue » en italien) dans la bouche et le sucer. Nous savons que les rêves de vol [« *Fliegeträume* »] signifient originellement toujours : je peux faire l'amour [« *vögeln* »], je suis un oiseau, je suis sexuellement mûr. Il y a aussi quelque chose de ce genre ici.

UN IMMENSE AMOUR REFOULÉ
POUR LA MÈRE

Il existe une autre voie étrange qui mène un peu plus loin dans l'histoire. Dans l'écriture hiéroglyphique, le vautour [4] représente quelque chose de tout à fait précis à savoir la mère, et ce signe se prononce *mut*. Si nous essayons d'insérer cela dans le fantasme, il signifierait que sa mère s'est penchée sur lui, lui a mis son pénis dans la bouche et l'y a remué plusieurs fois de-ci de-là. Nous savons que chez les filles, le fantasme consistant à sucer un pénis a pour origine la succion du sein maternel. Nous pourrions donc imaginer qu'un remaniement de cette succion du sein maternel sur le mode homosexuel peut éventuellement susciter un fantasme tel que celui que nous trouvons chez Léonard. Par conséquent, nous dirions que ce fantasme recouvre le souvenir d'une jouissance très intense [éprouvée en buvant] au sein maternel (l'intensité étant indiquée par le mouvement de la queue), et que ce souvenir a été remanié dans un sens homosexuel. Nous pouvons aussi tenir compte de quelque chose d'autre : les Égyptiens avaient une divinité appelée Mut et qui était représentée avec la tête d'un vautour. Or, il n'y a pas de divinité égyptienne qui n'ait été aussi souvent représentée comme androgyne (c'est-à-dire avec un pénis). Ainsi l'idée primitive de l'enfant, qui attribue un pénis à sa mère (théorie sexuelle infantile), est aussi restée vivante dans l'expérience populaire. Cela permet de comprendre plus facilement comment ce fantasme de mère a été remanié dans un sens homosexuel. Ce premier pénis perdu de la mère joue un grand rôle; et le fétichisme du pied, dont nous avons pu déceler l'origine dans la répression de certaines pulsions coprophiliques doit aussi être lié à une recherche et à un heureux recouvrement de ce pénis perdu de la mère [5]. Ainsi, nous tendons à supposer que, dans le cas de Léonard, une énorme fixation maternelle a eu lieu à un très jeune âge, que, comme Sadger l'a démontré pour les homosexuels, il adorait sa mère et qu'il est devenu homosexuel en refoulant cet amour. Le souvenir de ces deux choses serait préservé dans ce fantasme.

---

4. Après la publication d'*Un souvenir d'enfance de Léonard de Vinci,* de Freud, en 1910, on objecta que, dans ses notes, Léonard emploie un mot italien qui ne signifie pas vautour mais milan et que, pour cette raison, l'interprétation donnée par Freud du fantasme de Léonard était absurde. A part le fait que le milan, comme le vautour, est un oiseau, une réponse à cette critique, en particulier à celle émise par Meyer Schapiro, peut être trouvée dans le livre de K.R. Eissler, *Leonardo da Vinci* (New York, 1961).

5. Dans le fétichisme du pied ou de la chaussure, le fils dote aussi la mère de son propre pénis, en quelque sorte; il projette sur l'objet ce qu'il possède lui-même.

UNE LIBIDO TOUT ENTIÈRE
INVESTIE DANS LA RECHERCHE

Mais on objectera que Léonard ne peut avoir connu les hiéroglyphes, parce qu'ils ne furent déchiffrés que dans les années vingt du siècle dernier. On peut cependant démontrer que Léonard connaissait le vautour comme symbole de maternité par ses lectures des auteurs grecs, qui s'étaient occupés de très près de la civilisation égyptienne. Un de ces auteurs grecs donne aussi la raison de ce symbolisme : les Anciens croyaient qu'il n'y avait que des femelles chez les vautours et que la fécondation se passait de la façon suivante : les femelles ouvraient le vagin pendant leur vol et se faisaient féconder par le vent. Cette fable fut popularisée par les Pères de l'Église, qui voulaient confirmer par là la possibilité d'une conception immaculée. Nous pouvons donc imaginer qu'un jour, Léonard lut cette histoire des vautours et que le fantasme suivant lui vint alors à l'esprit : ma mère n'était-elle pas elle aussi un tel vautour, un pauvre oiseau sans mâle? Nous reconnaissons que son illégitimité n'était pas sans influence sur ce fantasme, qui représente un souvenir du fait que son père lui a manqué dans son enfance. Le fait qu'un enfant grandit parmi les personnes d'un seul sexe est, nous le savons maintenant, l'une des causes qui contribue le plus à la formation de l'homosexualité. Nous sommes donc en droit

Dessins de Léonard de Vinci.

de nous imaginer que, chez Léonard, cette fixation à la mère s'est produite et que, éveillée [sexuellement] à un très jeune âge par la tendresse de cette mère abandonnée, il vécut avec elle un amour bref mais très intense. Nous osons compléter ce que la tradition dit de lui en supposant qu'il a passé les premières quatre ou cinq années de sa vie chez sa mère et qu'il n'a été pris dans la maison de son père que lorsque le mariage de celui-ci s'est avéré définitivement stérile. Mais les années de deux à quatre sont décisives; c'est durant cette période que les enfants forment leurs théories. Pour Léonard, la première chose, et la plus importante, qui le tracassa fut la question de savoir pourquoi il n'avait pas de père, comme les autres enfants. C'est de cette constellation que provient son besoin passionné de recherche et de rumination; avec l'énorme capacité qui était la sienne, il avait transposé sa libido en pulsion de recherche, et cela resta ainsi. Avec cela, la plus grande partie de son activité sexuelle fut épuisée pour toujours.

L'AMOUR DES JEUNES GARÇONS VA SOUVENT DE PAIR AVEC L'ART D'ENSEIGNER

Cette première recherche de l'enfant est, bien sûr, vouée à l'échec en raison de l'insuffisance de sa capacité cognitive. Le fait que cette première recherche reste inachevée laisse un effet paralysant pour toute la vie. Le caractère inachevé des œuvres ultérieures de Léonard est le stigmate infantile et rend probable, à nos yeux, le fait que ses recherches ont effectivement pour origine cette première fixation à la mère.

Ces traits de caractère, le besoin incoercible de faire de la recherche et l'incapacité de terminer, peuvent être encore démontrés dans d'autres traces de sa vie et de son œuvre. Cela s'accorde étonnamment bien avec sa vie sexuelle. Le développement de certains cas d'homosexualité montre que, durant la première période [de la vie], une intense fixation à la mère se produit; elle est ensuite refoulée, et c'est là qu'intervient le grand changement. Les homosexuels se divisent en deux groupes, selon l'objet sexuel primaire qu'ils choisissent; ces deux objets primaires sont la femme (la mère, etc.) et le sujet lui-même. Les uns cherchent toute leur vie la femme au pénis, qu'ils peuvent naturellement trouver en l'homme; chez les autres, comme Léonard, une identification se produit en même temps que le refoulement : ils deviennent eux-mêmes féminins, ils deviennent comme la mère. C'est leur façon de se débarrasser de leur mère; puis ils se cherchent eux-mêmes, aiment leur propre moi d'enfant. Ceci est la racine de *l'amour des garçons* des véritables homosexuels. Selon ses biographes, Léonard aussi se comporte comme une mère envers ses élèves : il enseigne, donne des conseils, il les habille. Il les choisissait, comme le montre la rareté de ses succès, non pas pour leur talent, mais d'après sa sympathie personnelle.

LE JOURNAL INTIME :
UN TRAIT NÉVROTIQUE

Léonard tenait un journal intime, ce que nous pouvons considérer comme un trait névrotique. Dans les pages qui ont été préservées, il s'adresse toujours à lui-même, chose étrange, à la deuxième personne du singulier. C'est manifestement le substitut d'une relation qu'il a eue autrefois. Le précurseur et le modèle de tout journal intime semble être la confession du soir de l'enfant; dans les deux cas, on ne dit pas la vérité [*das Eigentliche »*]. Ce « toi » du journal est l'équivalent des hallucinations acoustiques des névrosés. Les voix intérieures qui leur disent quelque chose sont destinées à remplacer des personnes qui leur manquent : elles sont le père et la mère (parfois des maîtres). La conscience en fait un personnage. Le « démon » de Socrate n'est probablement rien d'autre. Dans la paranoïa, ces voix des parents sont remplacées par celles de collègues, des « autres ». Toutes les voix disent « tu » (comme chez les hystériques). Dans la paranoïa, elles utilisent la troisième personne : ce sont les frères et les sœurs envieux, les prototypes des futurs persécuteurs.

Dans le second volume de sa trilogie, *L'Antéchrist,* dont Léonard est le sujet, Merechkovski, emporté par son imagination, a tenté de deviner, au sujet de l'enfance et du reste de l'histoire de Léonard, plus que ce qui en a été rapporté. Ce qu'il dit coïncide tout à fait avec nos recherches. Dans son récit, le petit Léonard de six-huit ans s'échappe souvent le soir de la propriété des Vinci pour se rendre dans la hutte proche de sa mère, se glisser dans son lit, se blottir contre elle et lui raconter tout ce qu'il a fait dans la journée. Cela ne peut évidemment pas être considéré comme une preuve, mais jette une lumière intéressante sur l'interprétation du fait qu'il a tenu plus tard un journal intime. Dans ce journal, nous trouvons un homme qui a totalement maîtrisé ses affects normaux. Il n'en a aucun, là où nous en avons; pour lui, tout est un objet de recherche. Il commente en termes secs la chute de ses plus grands bienfaiteurs; il note tout aussi sèchement la mort de son père, citant seulement deux fois l'heure de sa mort. C'est dans de tels détails que se trahissent ces affects couverts. Parmi ces notes, nous trouvons çà et là de petits comptes, détaillés et méticuleux. Par exemple, les dépenses pour l'enterrement de Caterina, sa mère, dépenses dont il consigne, de la manière la plus ridicule, les plus petits détails. C'est manifestement la façon dont il exprime son émotion. Un autre compte se rapporte au manteau qu'il a fait faire à l'un de ses élèves. Ailleurs il dresse une liste de choses que lui a volées un autre garçon. Il est caractéristique que ces comptes de boutiquier ne se rapportent qu'à deux sortes de personnes, à savoir ses objets d'amour. Avec un tel déplacement sur les plus petites choses, il ne peut s'empêcher d'exprimer dans son journal ses affects réprimés.

LE SOURIRE DE LA JOCONDE :
LA MATERNITÉ TRIOMPHANTE

En plus de ces indications concernant la relation avec sa mère dans sa vie sexuelle, on trouve certains indices dans les œuvres du peintre; les consigner pourrait rendre valable le travail effectué jusqu'à présent et qui est, en fait, infructueux. La plus forte impression que produisent ses tableaux est le fameux sourire à la Léonard, si évident dans *La Joconde, Sainte Anne, Bacchus* (qui est probablement sa dernière œuvre), *Léda* et beaucoup d'autres. *La Joconde* est un portrait auquel il travailla durant quatre ans. Il n'est guère vraisemblable qu'il ait lui-même mis ce trait dans son visage; on peut donc imaginer que cette femme lui a laissé une profonde impression et qu'il avait pour ainsi dire retenu ce sourire. Ce sourire est le plus frappant et le plus beau chez sainte Anne, un tableau qui est pourtant de plusieurs années antérieur à *La Joconde*. Léonard peut donc seulement avoir eu des raisons intérieures d'aimer ce sourire. Vasari rapporte que, parmi les premières œuvres du jeune homme, il y avait des bustes de femmes souriant de cette façon. Ce sourire provient sans doute d'une personne de son enfance.

Le tableau *Sainte Anne, la Vierge et l'Enfant Jésus* a une curieuse composition, unique dans la Renaissance. La Vierge comme mère est assise dans la position d'un enfant sur les genoux de sainte Anne et se penche vers l'Enfant Jésus. Les deux femmes ont cet étrange sourire, mais celui de sainte Anne est plus beau. Tout le monde a remarqué que Léonard avait aboli la différence d'âge naturelle entre les deux femmes. Nous reconnaissons dans ce tableau quelque chose de sa biographie. Deux mères sont présentes, l'une plus éloignée et l'autre plus âgée. Si le sourire était celui de la mère, on doit pouvoir expliquer cette composition à partir de lui. Ce tableau est la condensation de deux traits qu'on trouve seulement chez Léonard : il a vraiment eu deux mères, dont l'une était entre l'autre mère et l'enfant. Mais le second chapitre de l'histoire de son enfance est aussi dans le tableau : dans la maison de son père, il trouva effectivement, en plus de sa seconde mère, une grand-mère, et l'on dit que les deux femmes se sont montrées très bonnes envers lui. C'est cette grand-mère qu'il a représentée, non comme une femme âgée, mais comme une seconde mère, plus éloignée.

Ce sourire a toujours été considéré comme extrêmement mystérieux (dans *La Joconde*, il suscite un effet étrange) : c'est le sourire bienheureux du vautour qui se penche sur l'enfant. Il contient vraiment un secret, un secret qui est clairement révélé dans Bacchus, qui est androgyne. Ce sourire représente la béatitude de l'amour maternel comme étant à la fois la suprême satisfaction sensuelle. Ce sourire bienheureux et sensuel représente l'union accomplie avec la mère : c'est l'enfant triomphant de posséder sa mère, c'est la représentation artistique de ce triomphe.

ENFANT DÉLAISSÉ, LÉONARD DÉLAISSE A SON TOUR SES TABLEAUX

Il reste encore la question de savoir pourquoi Léonard a si mal traité ses œuvres. Nous touchons là au troisième trait de sa vie sexuelle, le petit reste de masculinité qu'il avait gardé. En cherchant le sourire de sa mère, il se sent, dans un certain sens, masculin. Il peut encore exprimer le reste de sa masculinité dans une identification au père. Il ne fait aucun doute que cette identification a existé. Il a toujours joué, ou cherché à jouer au grand seigneur, même quand les moyens de le faire lui manquaient. Cela servait à compenser sa naissance illégitime. Mais cela servait aussi à surpasser le père, à faire mieux que lui, à lui montrer comment on joue réellement au grand seigneur. Mais en cela aussi, le destin le poursuit : à ses yeux, son père a commis un grand méfait, qu'il ne lui a jamais pardonné : il a créé un enfant et puis il ne s'en est plus soucié; Léonard fait exactement la même chose avec les œuvres qu'il a créées. A cet égard, il réussit à imiter vraiment son père – à son désavantage et à celui du monde – et, par ce comportement, il renouvelle constamment le reproche fait à son père.

Le même homme qui a créé ces œuvres d'une incomparable beauté avait aussi un besoin incoercible de collectionner des caricatures et des objets laids. Il est possible que derrière cela se cache sa haine envers le mari de sa vraie mère, son beau-père, que nous pouvons nous représenter comme un paysan vieux et laid.

SIGMUND FREUD [6]
(Notes prises par Otto Rank)

6. *Minutes de la Société psychanalytique de Vienne*, t. II (séance du 1er décembre 1909), Gallimard, coll. « Connaissance de l'inconscient », p. 333-341.

FREUD REPREND LE FANTASME DU VAUTOUR CHEZ LÉONARD

Une seule fois, à ma connaissance, Léonard a inséré dans ses écrits scientifiques une donnée sur son enfance. En un endroit où il s'agit du vol du vautour, il s'interrompt soudain pour suivre un souvenir de ses très jeunes années qui remonte dans sa mémoire.

« Je semble avoir été destiné à m'occuper tout particulièrement du vautour, car un de mes premiers souvenirs d'enfance est, qu'étant encore au berceau, un vautour vint à moi, m'ouvrit la bouche avec sa queue et plusieurs fois me frappa avec cette queue entre les lèvres. »

Voici un déconcertant souvenir d'enfance! Déconcertant par son contenu et aussi par la période de la vie où il est situé. Qu'un homme puisse conserver un souvenir datant du temps où il était nourrisson n'est peut-être pas impossible, mais nullement certain. De toute façon ce souvenir de Léonard : un vautour ouvrant avec sa queue la bouche de l'enfant, semble si invraisemblable, si fabuleux, qu'une autre interprétation levant d'un coup les deux difficultés se présente à l'esprit. Cette scène du vautour ne doit pas être un souvenir de Léonard mais un fantasme qu'il s'est construit plus tard et qu'il a alors rejeté dans son enfance.

Nos souvenirs d'enfance n'ont souvent pas d'autre origine. A l'inverse des souvenirs conscients de l'âge adulte, ils ne se fixent, ne se produisent pas à partir de l'événement même, mais ne sont évoqués que tard, l'enfance déjà écoulée, et alors modifiés, faussés, mis au service de tendances ultérieures : de telle sorte qu'ils ne peuvent en général pas très bien se distinguer des fantasmes.

DÉCRYPTER LES FANTASMES, C'EST COMPRENDRE LA VIE PSYCHIQUE

Si le récit de Léonard au sujet du vautour le visitant au berceau n'est aussi qu'un fantasme né tardivement dans son imagination, il ne mérite peut-être pas qu'on s'y attarde! On pourrait se contenter de l'explication qu'il fournit lui-même : donner à ses études du vol des oiseaux la consécration d'une prescription du destin. Mais pareil dédain serait erreur comparable au rejet à la légère des légendes, des traditions et des interprétations fournies par la préhistoire d'un peuple. En dépit de toutes les déformations et de toutes les erreurs, elles représentent cependant la réalité du passé; elles sont la construction que le peuple a édifiée avec les événements de sa préhistoire, sous l'influence de motifs autrefois tout-puissants et aujourd'hui agissant encore. Et pour-

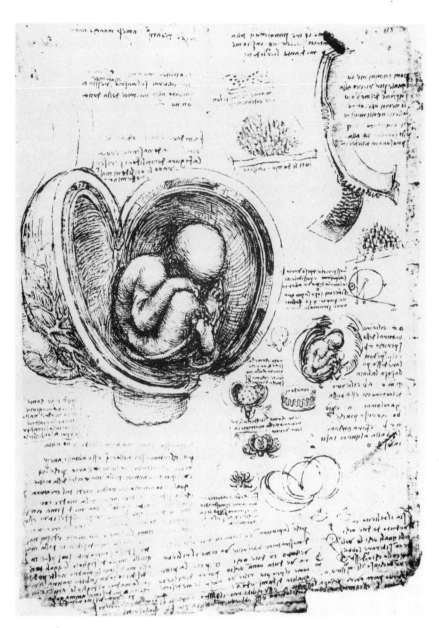

La Génération, *dessin de Léonard de Vinci. Château de Windsor.*

rait-on, par la connaissance de toutes les forces en action, remonter le cours de ces déformations du réel, on devrait découvrir sous ce matériel légendaire la vérité historique. Ainsi des souvenirs d'enfance ou des fantasmes de l'individu. Ce qu'un homme croit se rappeler de son enfance n'est pas indifférent. En général, sous ces vestiges se cachent d'inappréciables témoignages ayant trait aux lignes les plus importantes de son développement psychique. Possédant maintenant, de par la technique psychanalytique, d'excellents moyens de ramener à la lumière le matériel enseveli, nous pourrons essayer de remplir les lacunes existant dans la biographie de Léonard, grâce à l'analyse de son fantasme d'enfance. Et si nous n'atteignons pas par là un degré satisfaisant de certitude, il nous faudra nous consoler en pensant aux nombreuses recherches qui n'eurent pas meilleur succès sur cet homme si grand et si énigmatique.

Mais considérons le fantasme au vautour de Léonard du point de vue du psychanalyste : il ne nous paraît plus longtemps si étrange, nous nous souvenons avoir souvent – par exemple dans les rêves – rencontré qui lui ressemble, et ainsi nous pouvons oser traduire ce fantasme de sa langue spéciale en langage ordinaire et compréhensible à tous. La traduction se rapporte alors à l'érotique. Queue, « coda » est le symbole le plus connu et la désignation d'« ersatz » du membre viril, en italien non moins que dans les autres langues; la situation que représente le fantasme : un vautour ouvrant la bouche de l'enfant et s'y évertuant avec sa queue, correspond à l'idée d'une « fellatio », d'un acte sexuel dans lequel le membre est introduit dans la bouche d'une autre personne. Il est assez curieux que ce fantasme soit empreint d'un caractère si franchement passif; il se rapproche de certains rêves ou fantasmes de femmes ou d'homosexuels passifs (jouant dans le rapport le rôle féminin).

UNE SATISFACTION SEXUELLE DITE « PERVERSE »...

Que le lecteur se maîtrise et ne refuse pas, dans son indignation, de suivre plus loin la psychanalyse, accusant celle-ci d'outrager impardonnablement, dès l'abord, la pure mémoire d'un grand homme! En premier lieu, une telle indignation ne nous apprendra jamais ce que signifie le fantasme d'enfance de Léonard; d'autre part, Léonard a indubitablement avoué un pareil fantasme, et nous ne pouvons renoncer à l'attente, si l'on veut, au préjugé, qu'un tel fantasme – comme toute création psychique, rêve, vision ou délire – possède un sens. Prêtons plutôt au travail analytique, qui n'a pas encore dit son dernier mot, toute l'attention qui lui est due.

La tendance à prendre dans la bouche le membre viril afin de le sucer, rangée par la société bourgeoise parmi les abominables perversions sexuelles, se rencontre pourtant souvent parmi les femmes de notre temps, – et, d'après le témoignage des œuvres d'art, se rencontra de même parmi les femmes des temps passés. Cet acte semble perdre, pour la femme amoureuse, tout caractère choquant. Le médecin trouve des fantasmes prenant source dans la même tendance chez des femmes qui n'ont ni lu la *Psychopathia sexualis,* de Krafft-Ebing, ni appris à connaître de quelque autre manière théorique la possibilité d'un pareil mode de satisfaction sexuelle. Les femmes arrivent aisément, semble-t-il, livrées à leur seule imagination, à échafauder de semblables fantasmes sous l'influence du désir. La suite de l'examen nous apprend alors que cette situation, si sévèrement condamnée par les mœurs, a une origine des plus innocentes. Elle n'est que la transposition d'une autre situation dans laquelle nous nous sentîmes tous heureux en notre temps quand nourrissons, *« essendo io in culla »,* nous prenions dans la bouche le mamelon de la mère ou de la nourrice et le tétions. La puissante impression organique qui demeure en nous de cette première de nos jouissances vitales doit rester indélébile; et quand ensuite l'enfant apprend à connaître le pis de la vache – qui est d'après sa fonction équivalente à un mamelon, d'après sa forme et sa position sous le ventre à un pénis – il s'est rapproché d'autant de la choquante fantaisie sexuelle à acquérir plus tard.

UN TRÈS ANCIEN SOUVENIR : CELUI DU SEIN MATERNEL

Nous comprenons maintenant pourquoi Léonard reporte au temps où il était nourrisson sa soi-disant aventure avec le vautour. Derrière ce fantasme se cache la réminiscence d'avoir tété le sein maternel, d'avoir été allaité à ce sein, scène d'une grande et humaine beauté qu'avec beaucoup d'artistes Léonard entreprit de représenter dans ses tableaux de *la Vierge et l'Enfant.* Sans doute prétendons-nous – sans le comprendre encore – que cette réminiscence, importante pour les deux sexes, s'est muée chez l'homme que fut Léonard en un fantasme d'homosexualité passive. Mais nous laisserons de côté le problème des rapports éventuels de l'homosexualité avec la succion du sein maternel pour nous souvenir seulement que la tradition attribue à Léonard des sentiments homosexuels. Peu importe que l'accusation précitée contre le jeune Léonard fût justifiée ou non; ce n'est pas la réalisation, mais l'attitude sentimentale qui décide, quand il s'agit de reconnaître en quelqu'un l'inversion.

« JE SUIS FILS DE VAUTOUR » :
L'ILLUSION D'UNE IMMACULÉE CONCEPTION

Nous pouvons nous figurer ainsi la genèse du fantasme au vautour de Léonard : il lisait un jour, dans un Père de l'Eglise ou dans un livre d'histoire naturelle, que les vautours sont tous femelles et savent se reproduire sans l'aide de mâles, alors surgit en lui un souvenir qui prit la forme de ce fantasme, mais qui signifiait que lui aussi était un tel fils de vautour, enfant ayant eu une mère mais pas de père. Et à ce souvenir s'associa – suivant le seul mode permettant à des impressions aussi précoces de resurgir – un écho de la jouissance éprouvée dans la possession du sein maternel. L'allusion que faisaient les vieux auteurs à la Vierge avec l'Enfant, sujet cher à tous les artistes, dut contribuer à faire paraître précieux et significatif son fantasme à Léonard. Il lui permettait donc de s'identifier avec l'Enfant Jésus, consolateur et rédempteur de tous, et non pas d'une seule femme.

LA PSYCHANALYSE ÉCLAIRE
L'ENFANCE DE LÉONARD

Quand nous décomposons en ses éléments un fantasme d'enfance, nous cherchons à séparer son contenu de souvenir réel des facteurs plus tardifs qui le modifient et le déforment. Chez Léonard, nous croyons maintenant connaître le contenu réel de son fantasme; la substitution du vautour à la mère donne à entendre que le père manqua à l'enfant qui se sentit seul avec la mère. Le fait de la naissance illégitime de Léonard est d'accord avec son fantasme au vautour; cette circonstance seule lui permit de se comparer à un fils de vautour. Par ailleurs, le second fait certain de son enfance que nous connaissions est qu'à l'âge de cinq ans il avait été recueilli dans la maison paternelle; mais quand cet événement eut lieu, quelques mois après la naissance de l'enfant ou quelques semaines avant l'établissement du registre des impôts, nous n'en savons absolument rien. C'est ici que l'interprétation du fantasme au vautour acquiert de la valeur et peut nous apprendre que Léonard passa les premières années décisives de sa vie, non chez son père et sa belle-mère, mais chez sa mère, la pauvre, la délaissée, la véritable, où il eut le temps de ressentir l'absence de son père. Cela semble un résultat maigre et pourtant encore osé de la recherche psychanalytique, mais il gagnera en importance par la suite. L'examen des circonstances de fait ayant entouré l'enfance de Léonard vient à notre secours. D'après la tradition, son père, Ser Piero da Vinci, épousa, l'année même de la naissance de Léonard, la noble Donna Albiera; le

Tête de Bacchus, *par Léonard de Vinci, Musée du Louvre.*

petit garçon dut à la stérilité de cette union d'être recueilli dans la maison paternelle ou plutôt grand-paternelle, ce qu'un document datant de sa cinquième année confirme. Or, on n'a pas coutume de remettre dès l'abord un rejeton illégitime aux soins d'une jeune femme qui espère encore en sa propre maternité. Des années de déception durent passer avant qu'on se résolût à accepter, en dédommagement des enfants légitimes vainement espérés, l'enfant illégitime, sans doute alors ravissant dans son jeune épanouissement. En accord avec notre interprétation du fantasme au vautour, trois au moins, peut-être cinq, de la vie de Léonard durent s'écouler avant qu'il pût quitter sa mère solitaire pour entrer dans la maison paternelle, où il trouva père et mère à la fois. Mais c'était alors déjà trop tard. Dans les trois ou quatre premières années de la vie se fixent des impressions et s'établissent des modes de réaction au monde extérieur, qu'aucun événement ultérieur ne peut plus dépouiller de leur force.

UNE CURIOSITÉ SEXUELLE TRANSFORMÉE EN GOÛT DE LA RECHERCHE

S'il est vrai que les incompréhensibles souvenirs d'enfance et les fantasmes qu'un homme élève sur cette base font toujours ressortir ce qu'il y eut de plus important dans son développement psychique, le fait que Léonard ait passé ses premières années auprès de sa mère seule, fait que corrobore le fantasme au vautour, dut exercer une influence décisive sur la structure de sa vie intérieure. Sous l'influence de cette constellation, l'enfant qui trouvait, dans sa jeune vie, un problème de plus que les autres enfants à résoudre, ne put manquer de spéculer avec une passion particulière sur ces énigmes et ainsi devint un investigateur précoce que tourmentaient les grandes questions : d'où viennent les enfants? Quelle est la part prise par le père à leur naissance? L'intuition des rapports existant entre ses investigations de savant et l'histoire de son enfance lui a plus tard arraché l'exclamation qu'il fut toujours destiné à approfondir le problème du vol des oiseaux, puisque encore au berceau il avait été visité par un vautour. Montrer comment la curiosité intellectuelle de Léonard, qui s'orienta vers le vol des oiseaux, découlait de son investigation sexuelle infantile, sera une tâche postérieure et aisément réalisable.

Sigmund Freud [7]

---

7. *Un souvenir d'enfance de Léonard de Vinci* (1909), Gallimard, coll. « Idées », p. 49-64.

« Les exigences esthétiques dont le fétichiste
de la chaussure est coutumier témoignent d'un besoin intense
d'idéalisation de l'objet. » (Bibl. des Arts décoratifs.)

Chapitre III

Le fétichisme

C'est au fétichisme, et plus particulièrement au fétichisme du pied que sont consacrés les articles d'Abraham [1] *et celui de Freud* [2] *reproduits ici.*

Nous avons vu que les Trois essais sur la théorie de la sexualité *avaient été successivement réédités du vivant de Freud jusqu'en 1924. Au fil des années, Freud ajoutait et modifiait des passages entiers. En 1910, il écrit ainsi, à propos du fétichisme et de la coprophilie, c'est-à-dire de l'intérêt porté aux excréments : « La psychanalyse est parvenue à combler une lacune de la théorie du fétichisme, en démontrant le rôle joué par l'amour refoulé des odeurs excrémentielles dans le choix du fétiche. Les pieds et les cheveux dégagent une forte odeur. Ils seront élevés à la dignité de fétiches lorsque les sensations olfactives devenues désagréables auront été abandonnées. Dans le fétichisme du pied, ce sont toujours les pieds sales et malodorants qui deviennent l'objet sexuel. La préférence fétichiste accordée au pied peut trouver aussi une explication dans les théories de la sexualité infantile. Le pied remplace le pénis, dont l'absence chez la femme est difficilement acceptée par l'enfant* [3]. »

En 1915, dans un nouvel ajout, il rapporte le fétichisme à la pulsion de voir dirigée vers les organes génitaux. Arrêtée en chemin par des interdictions et des refoulements, elle se fixe sur le pied ou le soulier, qui devient alors le fétiche. Selon la théorie sexuelle infantile de la femme au pénis, l'organe génital féminin est en effet supposé être identique au membre viril.

Les Minutes de la Société psychanalytique de Vienne [4] *nous appren-*

1. 1912.
2. 1927.
3. *Trois Essais sur la théorie de la sexualité*, Gallimard, coll. « Idées ». C'est dans un *Un souvenir de Léonard de Vinci*, publié aussi en 1910, que Freud relie le fétiche au pénis absent de la mère.
4. Gallimard éditeur.

nent qu'en 1914 Freud y expose un cas de fétichisme du pied. A cette occasion, il présente la théorie du fétiche, substitut du pénis de la mère, plaçant ainsi le complexe de castration au centre de la problématique fétichiste.

L'article concis mais dense que nous présentons en second lieu dans ce chapitre date de 1927. Freud reprend l'hypothèse émise dix-sept ans auparavant : le fétiche se substitue bien au phallus maternel, cette théorie sexuelle à laquelle l'enfant ne veut pas renoncer. De plus, il tente de dégager les mécanismes spécifiques du fétichisme qu'il centre sur le déni (Verleugnung). En fait, la perception du sexe féminin dépourvu de pénis est simultanément enregistrée (intellectuellement) et déniée. A l'évidence, le fétichiste sait que la femme (la mère) ne possède pas de pénis; mais, en même temps, il n'en veut rien savoir. Si, dans la névrose, le Moi, au service de la réalité, réprime un fragment de Ça, dans la psychose le Ça amène le Moi à se détacher d'un fragment de la réalité[5]. Le déni prévaut donc également dans la psychose; il porte ainsi sur un fragment de réalité inacceptable. Mais chez le fétichiste, le déni s'associe au clivage : un courant de la vie psychique ne reconnaît pas la réalité de la castration, alors qu'un autre en tient parfaitement compte. Deux courants coexistent donc, fondés l'un sur le désir, l'autre sur la réalité. Freud remarque que, dans la psychose, l'un des courants – celui qui prend la réalité pour base – a vraiment disparu.

Plus tard, en 1938, un article inachevé, intitulé « Le clivage du Moi dans le processus défensif » centrera plus nettement encore le mécanisme fétichiste sur le complexe de castration. Freud y rappellera que, pour lui, la crainte de castration comporte deux temps[6] : menace inopérante ne produisant d'effet qu'au moment où l'enfant voit le sexe féminin, ou perception du sexe féminin ne devenant dangereuse que lorsque la menace est proférée : « (l'enfant) est désormais contraint de croire à la réalité du danger de castration », écrit Freud. Habituellement, l'enfant cesse alors ses activités masturbatoires liées aux désirs œdipiens. Dans le cas du fétichiste, la création du fétiche fait perdre à la menace sa vraisemblance, puisqu'il n'existe plus d'êtres sans pénis; aussi le fétichiste peut-il en toute tranquillité continuer à se masturber. La satisfaction pulsionnelle est préservée – aux dépens, toutefois, de la réalité.

5. Voir notre introduction au chapitre intitulé « L'intolérable réalité et son substitut psychotique », *in Les Psychoses : la perte de réalité*, dans la même collection.

6. On trouvera traitée de façon plus détaillée cette idée dans *La Castration : un fantasme originaire*, dans la même collection.

*Sur quoi, en définitive, porte ce déni? Est-ce sur la perception pro-
prement dite? Ne renvoie-t-il pas plutôt, en fin de compte, au danger
de castration que cette perception ne ferait que confirmer? Dans cette
perspective, le déni s'appliquerait à un fragment de la réalité interne
plus qu'à un fragment de la réalité extérieure* [7].

*Mais avant de découvrir le texte de Freud qui termine ce chapitre,
nous lirons un article de Karl Abraham, datant de 1912 et intitulé
« Psychanalyse d'un cas de fétichisme du pied et du corset ». Malgré
les travaux ultérieurs de Freud et des analystes contemporains, il nous
paraît avoir conservé tout son intérêt. Centré sur l'analité et l'idéalisation, n'éludant pas l'importance de la castration, il reconnaît le poids
des pulsions anales – perçu cependant par Freud dès 1910 –, poids
qui, nous semble-t-il, pèse sur le fétichisme, mais s'étend aussi à
l'ensemble des perversions.*

Jusqu'à ces dernières années, l'investigation psychanalytique n'a pas
consacré une attention particulière aux problèmes posés par le fétichisme. Dès la première édition des *Trois Essais sur la théorie de la
sexualité*, Freud lui assigna une place particulière aussi bien parmi des
anomalies sexuelles que parmi les névroses. Mais une expérience
accrue nous a montré que, dans un nombre non négligeable de cas,
le fétichisme et la névrose se rencontrent chez le même individu. La
deuxième édition des *Trois Essais* mentionne que Freud discerne dans
la constitution des phénomènes fétichistes une forme originale de
refoulement (« refoulement partiel »). Il revient ainsi sur l'opposition
qu'il affirma précédemment.

Le cas que je rapporterai, l'analyse d'un fétichisme de la chaussure
et du corset, m'apporta des données sur la pathogenèse de cette forme
de fétichisme; d'autres cas confirmèrent mes conclusions.

Il convient d'admettre le terrain de base d'une constitution sexuelle
particulière, caractérisée par la force originellement anormale de pulsions partielles définies. Le complexe de manifestations qui nous intéresse croît sur cette base du fait de la conjoncture de deux facteurs :
le refoulement partiel déjà mentionné et un processus de déplacement
qui demande une étude plus précise [8].

Le patient dont je rapporterai brièvement le cas était âgé de vingt-

---

7. Rappelons que Freud reprendra le problème du clivage du Moi et du fétichisme en 1938, dans
l'*Abrégé de psychanalyse*. Voir *Le Ça, le Moi, le Surmoi : la personnalité et ses instances*, p. 142 paru
dans la même collection.

8. Voir le concept de « déplacement » dans *L'Interprétation des rêves*.

deux ans au moment de l'analyse. Il poursuivait ses études. Il me remit au début de la cure une autobiographie qui traitait tout particulièrement de sa sexualité. De cet écrit, il ressort que le patient se différenciait de ses contemporains, au temps de sa puberté, du fait que leur intérêt pour le sexe féminin lui demeurait étranger. Mais il n'éprouvait pas plus d'inclinaison amoureuse au sens ordinaire pour les hommes. Il ne parvint que très tardivement à une connaissance consciente des faits essentiels de la vie sexuelle. Parvenu à ce degré d'information, il se présuma impuissant. Il éprouvait une forte aversion pour les plaisirs masturbatoires que s'octroyaient les autres jeunes gens de son âge.

LES SYMPTÔMES D'UNE PERVERSION

Son intérêt sexuel prit une autre direction. A quatorze ans, il commença à se ligoter; il répétait cet acte chaque fois qu'il se trouvait seul chez lui. Il se complaisait à des lectures traitant de *ligotage,* en particulier à des histoires d'Indiens où les prisonniers sont attachés et torturés. Mais il ne tenta jamais de ligoter quelqu'un d'autre; il n'était pas davantage tenté de subir ce procédé.

Au cours de sa quinzième année, il vit dans une station balnéaire un garçon de huit à dix ans dont les chaussures élégantes attirèrent son attention. Il écrit dans son autobiographie : « A chaque rencontre où je pus observer ces chaussures, j'éprouvai de la joie et j'attendais cette occasion. » Au retour des vacances, il s'intéressa aux chaussures élégantes des autres écoliers. Bientôt cet intérêt se déplaça aux chaussures féminines et devint une passion. « Mes yeux étaient attirés comme par une force magique par les chaussures de femmes... Une chaussure inélégante me répugne et m'emplit d'effroi. » La vue de belles chaussures de femmes lui fait vivre une « joie intime ». Ce sentiment de bien-être se transforme parfois en une excitation violente, lorsqu'il s'agit de chaussures vernies à hauts talons comme en portent fréquemment les demi-mondaines. Il est excité non seulement par la vue, mais par le sentiment très vif de l'inconfort de telles chaussures. Pour acquérir l'expérience vécue d'une pression pénible des pieds, il intervertissait fréquemment ses propres chaussures, contraignant le pied droit dans le soulier gauche et le pied gauche dans le droit.

Peu après, il s'intéressa aux corsets. A seize ans, il s'empara d'un vieux corset de sa mère, le laça étroitement et le porta plusieurs fois sous son complet. Sa description est caractéristique : « Lorsque je vois des femmes et des jeunes filles étroitement lacées et que j'imagine la pression du corset sur la poitrine et le ventre, je parviens à des érections. A plusieurs reprises, j'ai éprouvé le désir d'être une femme pour être bien lacé dans un corset, porter des souliers à hauts talons et demeurer, sans être remarqué, devant des magasins de corsets. Comme ce n'est pas possible, l'un de mes désirs les plus chers serait de porter des vêtements féminins, des corsets et des chaussures de femme. »

Cette attention pour les chaussures élégantes ou les tailles serrées devint la principale activité sexuelle du patient. Cet intérêt tint la première place dans des rêveries diurnes très animées. Les rêves érotiques de la nuit concernaient des corsets et des laçages, etc. Nous avons indiqué que les lectures préférées du patient avaient un caractère sadique.

Le malade avait tu ses penchants jusqu'à ce qu'il reçût le conseil d'un spécialiste qui me l'adressa en vue d'une psychanalyse. J'étais sceptique à l'avance sur le résultat thérapeutique.

UNE ATTIRANCE NON POUR LE CORPS MAIS POUR SON ENVELOPPE

Les causes accidentelles auxquelles la littérature prête une importance étiologique dans la constitution de penchants fétichistes ne peuvent pas être décelées dans ce cas. Il est impossible de considérer comme un traumatisme psychique le fait que le petit garçon put regarder sa mère lorsqu'elle revêtait son corset. Indiscutablement, l'intérêt pour le corset maternel, plus tard pour les chaussures d'un garçon, exprimait déjà la perversion. Aucune valeur étiologique ne peut revenir à ces événements.

L'extraordinaire dépréciation de l'activité sexuelle est frappante dans ce cas et ceux qui en sont proches. Aucun acte sexuel, si l'on exclut les essais de laçages et de ligotages entrepris auparavant. Le patient n'a jamais tenté de réaliser une convoitise sadique ou autre sur une autre personne; ses souhaits n'ont obtenu qu'une satisfaction strictement fantasmatique. Dans la pratique, il n'a jamais franchi les frontières de l'*auto-érotisme*.

L'activité génitale est aussi imperceptible que le *voyeurisme* sexuel est intense. Mais il est également dévié de son domaine véritable. Il ne s'adresse pas à l'impression reçue de l'ensemble du corps d'autrui; ni aux caractères sexuels primaires ou secondaires, mais à certaines parties de leur vêtement. Non point au corps nu, mais à son enveloppe. Là même il est limité au pied et au vêtement enserrant la partie supérieure du corps chez la femme. Le désir sexuel n'excède pas leur contemplation. Il s'agit de la *fixation à un but sexuel préalable* (cf. *Trois Essais sur la théorie de la sexualité*). Cependant, la vue des chaussures féminines ne suscite de plaisir que si leur forme et leur finition sont élégantes; grossières, laides, elles n'éveillent que le dégoût.

On trouve donc, à côté de la tendance à la surestimation sexuelle du fétiche, une tendance au refus affectif comme chez le névrosé. Les exigences esthétiques dont le fétichiste de la chaussure est coutumier témoignent d'un besoin intense d'idéalisation de l'objet.

UN DÉPLACEMENT D'INTÉRÊT
POUR LES ORGANES GÉNITAUX SUR LE PIED

La réduction de l'activité sexuelle, la satisfaction de la pulsion par les plaisirs préliminaires ne permettent cependant pas de conclure à une faiblesse primaire de la libido. L'analyse des névrosés montre clairement la paralysie par refoulement d'une pulsion excessive à l'origine. Il en est ainsi pour notre cas de fétichisme. Le matériel très riche, que nous ne rapporterons que partiellement, nous convainc de la force anormale des composantes pulsionnelles actives sadique et voyeuriste. Ces deux pulsions, intimement intriquées (Adler), succombèrent ensemble au refoulement.

Mais d'autres pulsions partielles furent touchées par le processus du refoulement. L'exigence d'une valeur esthétique de l'objet sexuel nous avertissait du fait que les buts originels de la libido devaient être de ceux qui paraissent particulièrement inesthétiques et répugnants à l'adulte normal. Mon attention avait été attirée par un aspect de la vie pulsionnelle avant que je n'entreprenne cette analyse. Une communication privée du professeur Freud m'apprit que ses observations le faisaient conclure à un rôle spécifique du refoulement des plaisirs coprophiles dans la psychogenèse du fétichisme du pied. Mes investigations le confirmèrent. Il s'avéra que dans ce cas aussi, le plaisir aux odeurs corporelles « répugnantes » avait été d'une force inhabituelle. Le refoulement commun des *plaisirs coprophiles (sentir),* du voyeurisme et de l'activité sexuelle conduisit à des formations de substitution; celles-ci, justement, confèrent au fétichisme du pied ses particularités propres.

Il est des cas de fétichisme où l'anomalie sexuelle s'exprime par un plaisir non refoulé, c'est-à-dire parfaitement conscient, aux odeurs répugnantes. Ce fétichisme de l'odorat concerne fréquemment les émanations du pied; le voyeurisme y trouve également son compte. Dans le cas que j'analysais, j'appris que le patient avait parcouru ce stade de fétichisme de l'odeur. Puis il y eut cette étrange modification : le plaisir de sentir fut refoulé et la scoptophilie fut sublimée en plaisir à voir une chaussure esthétique.

Mais comment ces pulsions à voir et à sentir réussissent-elles à s'adresser au pied en place des organes sexuels et de leurs sécrétions?

L'IDENTIFICATION
A LA MÈRE, PUIS AU PÈRE

L'expérience permet de supposer que l'intérêt pulsionnel initial s'adressait à la zone génitale mais que d'autres zones érogènes vinrent la concurrencer. Une telle prédilection pour d'autres zones érogènes (bouche, anus, etc.) est courante dans les anomalies sexuelles; de même nous apparaît-elle dans l'analyse des névrosés et dans les rêves.

Effectivement, l'analyse montra que la zone anale concurrença précocement la zone génitale, que l'intérêt sexuel proprement dit recula devant celui qui concernait les excrétions. Enfin, la puberté fut marquée d'un refoulement de même direction (féminin). Le patient persista longtemps dans des contemplations infantiles qui conféraient au processus d'excrétion la valeur de fonction sexuelle. Ses rêves montraient un symbolisme correspondant : pour autant qu'il ne se trouvait déplacé au pied, son plaisir de voir et de sentir concernait l'élimination des urines et des selles et les produits excrétés.

Les premiers souvenirs infantiles du patient étaient des impressions olfactives et en second lieu seulement des visages. Je mentionnerai les idées obsédantes qui surgissaient lorsque je dirigeais le patient vers sa prime enfance. Il se rappelait alors les odeurs d'iodoforme et d'acide acétique dont sa mère faisait usage. Une association fréquente concerne une scène se déroulant dans une station balnéaire : le patient revoit sa mère avançant dans l'eau. Par la suite, la signification de cette scène s'éclaira. Le garçon s'était sali; la mère le conduisait au lac pour le laver.

L'enfance plus tardive fourmillait aussi de réminiscences olfactives : par exemple l'odeur agréable du paquet de cheveux trouvé dans la chambre de sa mère; l'odeur des aisselles maternelles qu'il poursuivait à travers ses cajoleries. Citons enfin le souvenir précoce de la jeune sœur allaitée par la mère; alors qu'il approche sa bouche de l'autre sein, l'odeur du corps de sa mère le remplit d'aise.

La tendresse du patient pour sa mère se prolongea jusque vers sa dixième année. Jusqu'à cet âge, il se glissait fréquemment dans son lit. Puis cet attrait fit place à une répulsion. Il éprouva péniblement l'odeur des femmes. Par ce refoulement, son intérêt sexuel cessa de concerner le sexe féminin et s'adressa à l'objet masculin le plus proche – à son père.

L'intérêt pour les excrétions s'immisça de façon remarquable dans ce transfert. Il est vrai que certaines particularités du père provoquaient l'intérêt du garçon pour ces processus. Le père avait coutume d'uriner devant les enfants. L'imagination du garçon fit sien tout ce qui concernait ces fonctions chez lui et chez son père [9].

Cette évolution est étroitement liée au *désir* du patient d'*être une femme*. Comme je l'ai dit, ce désir subsista jusqu'à la puberté. Mais, consciemment, ce n'était pas un désir d'assumer les fonctions sexuelles de la femme. Le patient désirait bien plutôt « pouvoir porter des souliers à lacets, des corsets et contempler tranquillement les étalages ». Nous avons dit qu'à la puberté il porta effectivement quelquefois un corset sous ses vêtements. Inconsciemment, le désir d'être une femme donna lieu à d'autres manifestations.

SADISME, MASOCHISME ET ANGOISSE DE CASTRATION

L'opposition et la jalousie infantiles durent concerner alternativement le père et la mère. Ces manifestations entretiennent des rapports bien connus avec des *fantasmes de mort et de castration*. Ces derniers sont tantôt actifs tantôt passifs. Les fantasmes actifs de castration ont pour objet la mère que l'imagination infantile munit d'un sexe masculin. Les fantasmes passifs répondent au désir des patients d'être une femme. Ils tirent leur origine du temps où prévalait la conception que la femme a été privée du pénis qu'elle possédait, par castration. Toutes ces représentations jouent un grand rôle dans les rêves du patient. Il doit amputer le doigt d'une femme. Ou bien il doit réaliser une opération sur un homme (père) puis la mère l'aide à coudre la plaie. Dans d'autres rêves, un enfant doit être décapité. Enfin, parmi les rêves répétitifs, celui où le patient est poursuivi par un homme armé d'un couteau. Cette insistance sur le complexe de castration montre la puissance initiale des pulsions sado-masochiques.

La castration signifie non seulement l'émasculation, mais de plus une représentation particulière qui a toujours suscité l'intérêt du patient : c'est l'idée de ne plus pouvoir uriner à la suite de la castration. Cette idée conduit à un autre complexe de représentations.

Les névrosés dont les zones urétrale et anale sont plus spécialement érogènes ont une *tendance à la rétention*. Il en fut ainsi dans le cas que je présente. Ses souvenirs d'enfance tournaient surtout autour d'activités plaisantes de ce type. Le symptôme névrotique de la miction fractionnée [10] est en relation avec de telles activités.

---

9. Il se développa alors un symbolisme du cheval et de la girafe parfaitement identique à ce que décrit Freud (*cf.* l'analyse de la phobie d'un garçon de cinq ans).

10. Miction bégayante, trad. littérale. (N.d.T.)

De tout temps, le patient a imaginé des situations où il faut se retenir. Ainsi, il s'imaginait ligoté par des Indiens, attaché au poteau du martyre et contraint de garder le contenu de sa vessie et de son intestin. Ici, on trouve de plus un élément masochique. De même, une de ses représentations privilégiées était celle d'une expédition polaire, où un froid effroyable empêchait, même pour un instant, d'écarter les vêtements pour se soulager.

Ces thèmes influençaient les essais de ligotage; précisément, ils étaient exécutés aux w.-c. D'ailleurs ces entraves, dont le rôle dans les représentations des sadiques et des masochistes est bien connu, accédaient à leur pleine signification par l'articulation associative avec les fonctions d'excrétion. Le laçage étroit du corps exerçait sur les intestins et la vessie une pression qui donnait au patient une sensation voluptueuse. La première fois qu'il porta un corset il eut des érections suivies de miction.

Certaines habitudes auto-érotiques comportant l'étranglement des organes génitaux jouèrent également un grand rôle dans ses pratiques d'enserrement (corset, chaussures).

UN IMPORTANT AUTO-ÉROTISME QUI CONCERNE LA ZONE ANALE

L'importance extraordinaire de la zone anale s'exprima dès l'enfance, où cette zone donnait lieu à une activité auto-érotique particulière : le patient s'accroupissait de telle sorte que son talon exerçait une pression sur la région anale. Dans les souvenirs correspondants, nous trouvons l'association directe du pied et de l'anus. Le talon sert d'organe masculin et l'anus d'organe féminin.

Cette relation fut renforcée par les jouissances olfactives coprophiles du patient. Son auto-érotisme trouve une satisfaction importante aux odeurs de ses excrétions. Le émanations cutanées, génitales et celles des pieds l'excitèrent précocement. C'est ainsi que le pied put prendre une signification génitale.

Mentionnons à propos de sa coprophilie que bien des rêves du patient se déroulent dans les w.-c. ou bien satisfont, à travers une symbolique transparente, des aspirations érotiques anales. Une image onirique est caractéristique : il introduit son nez entre deux hémisphères. J'ai dit que le voyeurisme concernait avant tout les excréments. Le père et le frère apparaissent souvent dans de telles situations. Le symbole de l'eau est fréquent dans les rêves. Ainsi, dans un rêve, le patient, en bateau avec son frère, traverse un port. Pour en sortir ils doivent franchir un passage semblable à une maison construite au-dessus de l'eau.

Ils atteignent la pleine mer, puis brusquement la terre et parcourent la rue avec un bateau sans toucher le sol. Ils voyagent en l'air, un policier les observe. Quelques remarques seulement à propos de ce rêve : le double sens du mot port (pot dans certains dialectes [11]) et l'allusion concernant le mot bateau – terme vulgaire pour la miction [12]. Le passage à franchir pour sortir du port rappelle les colonnes en biseau du temple de Philæ. Une autre idée : « le colosse de Rhodes », un homme qui surplombe de ses jambes écartées l'entrée du port de Rhodes. Il évoque pour le patient l'attitude toute semblable du père qu'il a vu urinant. Le voyage en commun avec le frère où le bateau croise en l'air rappelle un souvenir d'enfance, le concours classique de la miction entre garçons. Il faut noter le caractère exhibitionniste de ce rêve. La miction se déroule devant les yeux du policier : d'expérience, nous savons que les personnages qui surveillent en rêve représentent le *père*.

Le matériel onirique très riche que le patient livra au cours de l'analyse comporte un grand nombre d'allusions de ce genre. La variété de ces rêves permet de conclure à une préoccupation voyeuriste coprophile, d'une intensité inhabituelle.

Notons que le patient présentait les traits de caractère de l'érotisme anal sublimé; en particulier une économie pédante et un grand amour de l'ordre.

LE PIED : UN SUBSTITUT DES ORGANES GÉNITAUX

Deux rêves que je rapporterai brièvement montrent combien le pied s'était substitué au sexe masculin pour ce patient. Une fois, en rêve, il porte des pantoufles, elles sont écrasées, de sorte qu'elles découvrent les talons. C'est là un rêve d'exhibitionnisme des organes génitaux. Les talons y jouent le rôle des organes génitaux des rêves exhibitionnistes habituels. L'émotion du patient était en tous points semblable à la peur liée aux rêves exhibitionnistes typiques.

Dans un rêve du même genre, le patient touche une femme avec son pied et la salit. Ce rêve est incompréhensible tel quel.

Ainsi, l'intérêt pour les talons féminins s'éclaircit. Le talon de la chaussure correspond à celui du pied; celui-ci a justement, par déplacement, la signification des organes génitaux masculins. L'intérêt sexuel infantile se survit dans la prédilection pour le pied féminin, son revêtement et spécialement son talon – intérêt qui concerna jadis le pénis que le patient supposait à la femme.

---

11 et 12. En allemand tout au moins. (N.d.E.)

*Le voyeurisme a, entre autres, pour origine l'observation
par l'enfant d'un rapport sexuel entre les parents.
(Dessin d'André Masson, 1971, coll. part.)*

Les faits rapportés ici ne représentent qu'une faible fraction de ce que l'analyse découvrit. Mais ils me semblent suffisants à apporter la preuve de *la signification de substitut génital du pied.* Le voyeurisme et la pulsion à sentir, dirigés essentiellement vers les excréments, subirent une transformation inégale. La pulsion olfactive fut refoulée pour l'essentiel. La pulsion à voir fut suraccentuée mais déviée de son domaine primitif, et idéalisée.

Ce processus qui n'atteint que l'une des pulsions en cause mérite le nom de *refoulement partiel* (Freud).

Depuis l'analyse approfondie de ce cas, j'ai eu plusieurs occasions d'analyser, à titre accessoire, des traits fétichistes chez des névrosés. Je pus vérifier l'identité de la signification des pulsions qui m'étaient apparues comme fondamentales dans le cas que j'ai exposé. Cette uniformité des résultats m'évite de reprendre les particularités de ces analyses.

QU'ATTENDRE DE LA PSYCHANALYSE?

Que peut-on dire de *l'effet thérapeutique* de la psychanalyse dans les cas de fétichisme? Je n'ai pas réussi à éliminer le fétichisme dans le cas rapporté, mais l'élucidation dans l'analyse a privé l'anomalie sexuelle de la domination qu'elle exerçait jusque-là sur le patient. Le patient résistait mieux au charme des chaussures féminines. Au cours de l'analyse, des émotions sexuelles normales apparurent. Il n'est pas invraisemblable d'admettre qu'un traitement poursuivi de façon conséquente eût conduit à un renforcement de la libido normale.

Mais les chances me paraissent meilleures lorsqu'il s'agit de cas moins accusés, par exemple des manifestations fétichistes dans le cadre d'une névrose. Un cas que j'ai analysé récemment m'a permis de voir disparaître ensemble les symptômes de la névrose et le fétichisme pour faire place à un comportement sexuel normal.

KARL ABRAHAM [13]

LE FÉTICHE « REMPLACE »
LE PÉNIS ABSENT DE LA MÈRE

Dans ces dernières années, j'ai eu l'occasion d'étudier en analyse un certain nombre d'hommes dont le choix objectal était dominé par un fétiche. Il ne faut pas s'attendre à ce que ces personnes aient recherché l'analyse à cause du fétiche; celui-ci, en effet, est bien reconnu par ses adeptes comme une anomalie, mais il est rare qu'on le ressente comme un symptôme douloureux; la plupart de ses adeptes en sont très contents ou même se félicitent des facilités qu'il apporte à leur vie amoureuse. Il était ainsi de règle que le fétiche jouât le rôle d'une découverte marginale.

Les particularités de ces cas, on le comprendra, ne peuvent être soumises à la publication. Je ne peux pas non plus montrer de quelle manière des circonstances accidentelles ont conduit au choix du fétiche. Le cas le plus remarquable était celui d'un jeune homme qui avait érigé comme condition de fétiche un certain « brillant sur le nez ». L'explication surprenante en était le fait qu'élevé dans une nursery anglaise, ce malade était ensuite venu en Allemagne où il avait presque totalement oublié sa langue maternelle. Le fétiche dont l'origine se trouvait dans la prime enfance ne devait pas être compris en allemand mais en anglais; le « brillant sur le nez » était en fait un « regard sur

---

13. *Œuvres complètes*, t. I : *Rêve et mythe* (« Psychanalyse d'un cas de fétichisme du pied et du corset », 1912), Payot, coll. « Petite Bibliothèque », p. 91-98.

le nez [14] »; ainsi le nez était ce fétiche auquel, du reste, il pouvait à son gré octroyer ce brillant que les autres ne pouvaient percevoir.

Les renseignements fournis par l'analyse sur le sens et la visée du fétiche étaient les mêmes dans tous les cas. Ils se déduisaient si spontanément et m'apparurent si contraignants que je suis prêt à m'attendre à ce que tous les cas de fétichisme aient une même solution générale. Je vais certainement décevoir en disant que le fétiche est un substitut du pénis. Je m'empresse donc d'ajouter qu'il ne s'agit pas du substitut de n'importe quel pénis mais d'un certain pénis tout à fait particulier qui a une signification pour le début de l'enfance et disparaît ensuite. C'est-à-dire qu'il aurait dû être normalement abandonné, mais que le fétiche est justement là pour le garantir contre la disparition. Je dirai plus clairement que le fétiche est le substitut du phallus de la femme (la mère) auquel a cru le petit enfant et auquel, nous savons pourquoi, il ne veut pas renoncer [15].

UNE CROYANCE INFANTILE, SIMULTANÉMENT CONSERVÉE ET ABANDONNÉE

Le processus était donc celui-ci : l'enfant s'était refusé à prendre connaissance de la réalité de sa perception : la femme ne posssède pas de pénis. Non, ce ne peut être vrai, car si la femme est châtrée, une menace pèse sur la possession de son propre pénis à lui, ce contre quoi se hérisse ce morceau de narcissisme dont la Nature prévoyante a justement doté cet organe. C'est d'une panique semblable peut-être que sera pris l'adulte aux cris de : « Le trône et l'autel sont en danger », panique qui le mènera à des conséquences aussi dénuées de logique. Si je ne me trompe pas, Laforgue dirait dans un cas semblable, que l'enfant « scotomise » la perception du manque de pénis chez la femme [16]. Il est donc juste de choisir un nouveau terme pour décrire ou faire ressortir un nouveau fait. Ce n'est pas le cas ici. La plus vieille pièce de notre terminologie psychanalytique, le mot « refoulement » se rapporte déjà à ce processus pathologique. Si l'on veut séparer en lui plus nettement le destin de la représentation de celui de l'affect et réser-

---

14. Brillant en allemand se dit *Glanz; glance* en anglais veut dire « regard » (en allemand : *Blick*). (N.d.T.)

15. J'ai déjà fait part de cette interprétation, sans la justifier, dans mon texte de 1910, *Eine Kindheitserinnerung des Leonardo da Vinci. (Un souvenir d'enfance de Léonard de Vinci.)*

16. Je me corrige moi-même en disant que j'ai toutes les raisons de penser que Laforgue ne dirait justement pas cela. Il a lui-même expliqué que « scotomisation » est un terme dont l'origine se trouve dans la description de la démence précoce, qui ne provient pas du transfert de la conception psychanalytique aux psychoses et ne peut s'appliquer aux processus de développement et de la formation des névroses. Le texte s'efforce de rendre claire cette incompatibilité.

ver l'expression « refoulement » pour l'affect, pour le destin de la représentation il serait juste de dire en allemand *Verleugnung* (déni). Le terme « scotomisation » me paraît particulièrement impropre car il éveille l'idée que la perception a été complètement balayée, comme dans le cas où une impression visuelle frappe la tache aveugle de la rétine. Au contraire, la situation que nous décrivons montre que la perception demeure et qu'on a entrepris une action très énergique pour maintenir son déni. Il n'est pas juste de dire que l'enfant, ayant observé une femme, a sauvé, sans la modifier, sa croyance que la femme a un phallus. Il a conservé cette croyance mais il l'a aussi abandonnée; dans le conflit entre le poids de la perception non souhaitée et la force du contre-désir, il en est arrivé à un compromis comme il n'en est de possible que sous la domination des lois de la pensée inconsciente – les processus primaires. Dans le psychisme de ce sujet, la femme possède certes bien un pénis, mais ce pénis n'est plus celui qu'il était avant. Quelque chose d'autre a pris sa place, a été désigné, pour ainsi dire, comme substitut et est devenu l'héritier de l'intérêt qui lui avait été porté auparavant. Mais cet intérêt est encore extraordinairement accru parce que l'horreur de la castration s'est érigé un monument en créant ce substitut. La stupeur devant les organes génitaux réels de la femme qui ne fait défaut chez aucun fétichiste demeure aussi un *stigma indelebile* du refoulement qui a eu lieu. On voit maintenant ce que le fétiche accomplit et ce par quoi il est maintenu. Il demeure le signe d'un triomphe sur la menace de castration et une protection contre cette menace, il épargne aussi au fétichiste de devenir homosexuel en prêtant à la femme ce caractère par lequel elle devient supportable en tant qu'objet sexuel. Dans la suite de sa vie, le fétichiste croit jouir encore d'un autre avantage de ce substitut des organes génitaux. Le fétiche, dans sa signification, n'est pas reconnu par d'autres, c'est pourquoi on ne le refuse pas, il est facilement abordable, la satisfaction sexuelle qui est attachée est aisée à obtenir. Ce que les autres hommes recherchent et ce pourquoi ils doivent se donner de la peine n'exige aucun effort du fétichiste.

Il n'est probablement épargné à aucun être masculin de ressentir la terreur de la castration, lorsqu'il voit l'organe génital féminin. Pour quelles raisons cette impression conduit certains à devenir homosexuels et d'autres à se défendre par la création d'un fétiche, tandis que l'énorme majorité surmonte cet effroi, cela, certes, nous ne pouvons pas le dire. Il se peut que parmi le nombre de conditions qui agissent simultanément nous ne connaissions pas encore celles qui régissent les rares dénouements pathologiques. Au reste, nous devons nous contenter de pouvoir expliquer ce qui s'est passé et nous devons écarter provisoirement la tâche d'expliquer pourquoi quelque chose ne s'est pas produit.

LE FÉTICHE ÉVOQUE LE SEXE FÉMININ

On devrait s'attendre à ce que, comme substitut de ce phallus qui manque à la femme, on choisisse des objets ou des organes qui représentent aussi des symboles du pénis. Cela peut être assez souvent le cas, mais ce n'est en tout cas pas décisif. Dans l'instauration d'un fétiche, il semble bien plus que l'on a affaire à un processus qui rappelle la halte du souvenir dans l'amnésie traumatique. Ici aussi, l'intérêt demeure comme laissé en chemin; la dernière impression de l'inquiétant, du traumatisant en quelque sorte sera retenue comme fétiche. Ainsi, si le pied ou la chaussure ou une partie de ceux-si sont les fétiches préférés, ils le doivent au fait que dans sa curiosité le garçon a épié l'organe génital de la femme d'en bas, à partir des jambes; la fourrure et le satin fixent – comme on le suppose depuis longtemps – le spectacle des poils génitaux qui auraient dû être suivis du membre féminin ardemment désiré; l'élection si fréquente des pièces de lingerie comme fétiche est due à ce qu'est retenu ce dernier moment du déshabillage, pendant lequel on a pu encore penser que la femme est phallique. Mais je ne veux pas affirmer qu'on peut chaque fois parvenir à connaître avec certitude la détermination du fétiche. Il faut recommander instamment l'étude du fétichisme à tous ceux qui doutent encore de l'existence du complexe de castration ou qui peuvent penser que l'effroi devant l'organe génital de la femme a une autre base : qu'il dérive, par exemple, du souvenir hypothétique du traumatisme de la naissance. L'éclaircissement du fétiche avait pour moi encore un autre intérêt.

Empruntant une voie purement spéculative, j'ai dernièrement trouvé que la névrose et la psychose diffèrent essentiellement en ce que dans la première le Moi, au service de la réalité, réprime un morceau du Ça tandis que, dans la psychose, il se laisse emporter par le Ça à se détacher du morceau de la réalité. Par la suite, je suis revenu une autre fois à ce thème [17]. Mais j'eus bien vite lieu de regretter d'avoir osé m'aventurer si loin. L'analyse de deux jeunes gens m'apprit que l'un et l'autre n'avaient pas pris connaissance de la mort de leur père aimé dans leur deuxième et dixième année; ils l'avaient « scotomisée » – aucun des deux cas, cependant, n'avait évolué en psychose. Ici, donc un morceau certainement significatif de la réalité avait reçu un déni du Moi, tout comme chez le fétichiste la désagréable réalité de la castration de la femme. Je me mis aussi à penser que de tels événements ne sont nullement rares dans l'enfance et je pus me convaincre de l'erreur que j'avais commise dans la caractérisation de la névrose et

---

17. « Neurose und Psychose » (Névrose et psychose), 1924, et « Der Realitätsverlust bei Neurose und Psychose » (La perte de la réalité dans la névrose et la psychose), 1924, *G.W.*, XIII.

de la psychose. Il restait, c'est vrai, une issue : ma formule ne pouvait se vérifier que quand l'appareil psychique atteint un plus haut degré de différenciation : on pouvait permettre à l'enfant ce que, chez l'adulte, on punirait sévèrement. Mais des recherches approfondies conduisirent à une autre solution de la contradiction.

DES FAITS CLINIQUES

Il apparut que les deux jeunes gens avaient « scotomisé » la mort de leur père tout comme les fétichistes la castration de la femme. Il n'y avait qu'un courant de leur vie psychique qui ne reconnaissait pas cette mort; un autre courant en tenait parfaitement compte; les deux positions, celle fondée sur le désir et celle fondée sur la réalité, coexistaient. Ce clivage, pour un de mes deux cas, était la base d'une névrose obsessionnelle moyennement sévère; dans toutes les situations, le sujet oscillait entre deux hypothèses : l'une selon laquelle son père vivait encore et empêchait son activité et l'autre, au contraire, selon laquelle son père étant mort il pouvait à juste titre se considérer comme son successeur. Je peux ainsi maintenir ma supposition que dans la psychose, un des courants, celui fondé sur la réalité, a vraiment disparu.

Un fétichiste du corset? (Illustration
de L. de Beauvais pour l'École des maîtresses, *1910.)*

Revenant à la description du fétichisme je dois dire qu'il y a de nombreux arguments et des arguments de poids en faveur de la position de clivage du fétichiste, quant à la question de la castration de la femme. Dans des cas très subtils, c'est dans la construction même du fétiche qu'aussi bien le déni que l'affirmation de la castration ont trouvé accès. C'était le cas pour un homme dont le fétiche était une gaine pubienne qu'il pouvait aussi porter comme slip de bain. Cette pièce vestimentaire cachait totalement les organes génitaux, donc la différence entre les organes génitaux. Selon les documents de l'analyse, cela signifiait aussi bien ou que la femme était châtrée ou qu'elle n'était pas châtrée et cela permettait par surcroît de supposer la castration de l'homme, car toutes ces possibilités pouvaient parfaitement se dissimuler derrière la gaine dont l'ébauche était la feuille de vigne d'une statue vue dans l'enfance. Naturellement, un tel fétiche doublement noué à des contraires est particulièrement solide. Dans d'autres cas apparaît la scission entre ce que le fétichiste fait de son fétiche, dans la réalité ou dans son fantasme. Tout n'est pas dit lorsqu'on souligne qu'il vénère son fétiche; très souvent, il le traite d'une matnière qui équivaut manifestement à représenter la castration. C'est ce qui advient, particulièrement lorsque s'est développée une très forte identification au père, dans le rôle du père car c'est à lui que l'enfant a attribué la castration de la femme. Dans certains cas, la tendresse ou l'hostilité avec lesquelles on traite le fétiche, tendresse et hostilité qui correspondent au déni et à la reconnaissance de la castration, se mélangent inégalement, si bien que c'est soit l'une, soit l'autre qui est plus aisément reconnaissable. C'est ainsi que l'on pense pouvoir comprendre, même de façon lointaine, le comportement du coupeur de nattes, chez qui s'est mis en évidence le besoin d'exécuter la castration déniée. Son acte concilie deux affirmations incomptabibles : la femme a conservé son pénis et le père a châtré la femme. On pourrait voir une autre variante du fétichisme, mais ce serait, cette fois aussi, un parallèle tiré de la psychologie comparée, dans cet usage chinois de commencer par mutiler le pied de la femme puis de vénérer comme un fétiche ce pied mutilé. On pourrait penser que le Chinois veut remercier la femme de s'être soumise à la castration.

On est finalement autorisé à déclarer que le prototype normal du fétiche, c'est le pénis de l'homme, tout comme le prototype de l'organe inférieur, c'est le petit pénis réel de la femme, le clitoris.

SIGMUND FREUD [18]

18. *La Vie sexuelle* (« Le fétichisme », 1927), P.U.F., coll. « Bibliothèque de Psychanalyse », p. 133-139.

*Un homosexuel célèbre : Henri III (Portrait du duc d'Anjou,
par Jean Decourt, Chantilly, Musée Condé.)*

Chapitre IV

Deux types d'homosexuels

Dans cet article écrit en 1911, Sandor Ferenczi tente d'établir une « nosologie de l'homosexualité masculine », c'est-à-dire d'en dresser ce qu'il appelle lui-même le portrait-robot psychanalytique. Pour lui, il existe deux sortes d'homoérotiques (terme qu'il préfère à celui d'« homosexuel »), dont la structure est totalement différente : l'homoérotique d'objet – l'homosexuel « actif » – et l'homoérotique de sujet – l'homosexuel « passif » –. Ce dernier s'identifie à la femme (la mère) dans le rapport sexuel et dans toutes ses relations. L'homoérotique d'objet, lui, se sent viril; seul l'objet de sa tendance est inversé. L'homoérotisme de sujet, inversion passive, pourrait entrer dans la catégorie des perversions, bien que Ferenczi ne l'exprime pas très clairement. En revanche, l'homoérotisme d'objet ne serait rien d'autre qu'une névrose obsessionnelle, accessible, par conséquent, à la thérapie analytique [1]. En fait, le problème qui se trouve posé ici est celui à propos duquel Freud a marqué des hésitations : l'homosexualité est-elle ou non une perversion?

Quelques phrases suffisent à résumer ce que la psychanalyse nous a appris sur l'homosexualité. Le premier pas essentiel vers la connaissance approfondie de cette tendance pulsionnelle fut l'hypothèse, faite par Fliess et Freud [2], que *tout être humain* passe en réalité par un stade psychique bisexuel au cours de son enfance [3]. Plus tard, la « compo-

---

1. Ferenczi note cependant que « la psychanalyse ne reste pas sans influence sur le comportement » de l'homoérotique de sujet.
2. FREUD, *Trois Essais sur la théorie de la sexualité.*
3. J'ai déjà proposé d'utiliser le terme d'« *ambisexuel* » au lieu de celui de « bisexuel » pour exprimer que l'enfant, à un certain stade de son développement, manifeste des sentiments *amphiérotiques*, à savoir qu'il peut transférer sa libido en même temps sur l'homme et sur la femme (père et mère). L'opposition entre la conception de Freud et la théorie de la bisexualité *biologique* selon Fliess serait ainsi clairement mise en évidence.

sante homosexuelle » succombe au refoulement; il n'en subsiste qu'une petite partie sous forme sublimée dans la vie culturelle de l'adulte, laquelle joue un rôle non négligeable dans les œuvres sociales, les associations amicales et les clubs. Dans certaines conditions, l'homosexualité insuffisamment refoulée peut resurgir plus tard et se manifester sous la forme de symptômes névrotiques; en particulier dans la paranoïa qui – comme des recherches récentes ont pu le démontrer – est à concevoir comme une manifestation déformée de l'attrait pour son propre sexe [4].

C'est à Sadger et à Freud que nous devons une conception nouvelle de l'homosexualité qui nous facilite sa compréhension. Sadger a découvert, en psychanalysant plusieurs homosexuels masculins, l'existence de fortes *tendances hétérosexuelles* dans la petite enfance de ces sujets, dont le « complexe d'Œdipe » (amour pour la mère, attitude haineuse pour le père) se manifestait par ailleurs avec une intensité particulière. Selon lui, l'homosexualité qui se développe ultérieurement chez ces individus n'est en réalité qu'une tentative pour recréer la relation primitive *à la mère*. C'est *sa propre personne* que l'homosexuel aime inconsciemment dans les objets du même sexe sur lesquels se porte son désir, et il joue lui-même (toujours inconsciemment) le rôle féminin et efféminé de la mère.

Sadger appelle cet amour de soi-même dans la personne d'un autre : *narcissisme*. Depuis, Freud nous a appris à accorder une importance bien plus grande et plus générale au narcissisme, tout être humain passant obligatoirement par un stade de développement narcissique. Après le stade de l'auto-érotisme « pervers-polymorphe » et avant le choix proprement dit d'un objet d'amour dans le monde extérieur, tout être humain se prend lui-même pour objet d'amour en réunissant les érotismes jusque-là autistiques en une unité, un « Moi aimé ». Les homosexuels sont seulement plus fortement fixés que d'autres à ce stade narcissique; leur amour est conditionné toute leur vie par un organe génital pareil au leur.

Cependant, malgré toute leur importance, ces connaissances n'expliquent toujours pas les particularités de la constitution sexuelle et les expériences spécifiques qui sont à la base de l'homosexualité manifeste [5].

Je vous avouerai d'emblée que je me suis vainement cassé la tête

---

4. FREUD, « Remarques psychanalytiques sur l'autobiographie d'un cas de paranoïa : le Président Schreber », *in Cinq Psychanalyses. Cf.* aussi Ferenczi, « Le rôle de l'homosexualité dans la pathogenèse de la paranoïa » (*Œuvres complètes*, t. I).

5. (N.d.T.) En hongrois, ce paragraphe se poursuit par « ... ni ce qui permet de distinguer l'homosexualité *manifeste* de l'homosexualité *latente*, refoulée, névrotique ou psychotique, en se fondant sur l'histoire de l'individu ».

pour résoudre ce problème. Le seul objectif de ma communication est de rapporter quelques faits d'expérience et des points de vue qui se sont imposés à moi presque d'eux-mêmes au cours de plusieurs années d'observation psychanalytique des homosexuels. Ils devraient faciliter la classification nosologique correcte des tableaux cliniques de l'homosexualité.

DES ÉTATS BIEN DIFFÉRENTS APPELÉS « HOMOSEXUALITÉ »

J'ai toujours eu l'impression que de nos jours on appliquait le terme d'« homosexualité » à des anomalies psychiques par trop différentes et, fondamentalement, sans rapport les unes avec les autres. Le rapport sexuel avec son propre sexe n'est en effet qu'un *symptôme* [6] et ce symptôme peut être aussi bien la manifestation de maladies et de troubles très divers du développement qu'une expression de la vie psychique normale. Il était donc d'emblée peu probable que tout ce que l'on désigne aujourd'hui sous le terme générique d'« homosexualité » appartînt réellement à une même entité clinique. Par exemple, les deux types d'homosexualité que l'on distinguait sous le nom d'homosexualité « active » et d'homosexualité « passive », il allait de soi jusqu'à présent de les concevoir comme deux formes différentes du même état; dans les deux cas on se contentait de parler d'« inversion » de la pulsion sexuelle, de sensation sexuelle « contraire », de « perversion », sans songer qu'on pouvait confondre ainsi deux états pathologiques fondamentalement différents pour la seule raison qu'ils avaient en commun le même symptôme spectaculaire. Et pourtant, l'observation superficielle de ces deux formes d'*homoérotisme* [7] suffit pour constater qu'ils appartiennent – du moins dans les cas purs – à des syndromes totalement différents et que l'homoérotique « passif » et l'homoérotique « actif » représentent des types d'hommes fondamentalement différents. Seul l'homoérotique passif mérite d'être appelé « inverti » car lui seul présente une inversion véritable des caractères psychiques – et parfois physiques – normaux, lui seul est un authentique « stade intermédiaire ». Un homme qui se sent femme dans ses rapports avec les hommes est inverti quant à son Moi propre (homoérotisme par inversion

---

6. (N.d.T.) En hongrois, au lieu de « rapport sexuel avec son propre sexe », on trouve : « La surestimation de la valeur sexuelle de son propre sexe n'est qu'un *symptôme*. »

7. Ce terme est dû à F. KARSCH-HAACK (*Das gleichgeschlechtliche Leben der Naturvölker*, Munich, 1911). Il est à mon avis préférable à l'expression « homosexualité » qui prête à malentendus et il fait ressortir, contrairement au terme *biologique* de « sexualité », l'aspect psychique de la pulsion.

du sujet ou plus simplement « *homoérotisme de sujet* »), et il se sent femme non seulement lors des rapports sexuels mais dans toutes les relations de son existence.

Le véritable « homosexuel actif » est différent. Il se sent à tous égards un homme, il est le plus souvent très énergique, actif et il n'y a rien d'efféminé en lui, ni sur le plan psychique, ni sur le plan physique. Seul l'*objet* de sa tendance est inversé et on pourrait par conséquent l'appeler un *homoérotique par inversion de l'objet d'amour* ou plus simplement un *homoérotique d'objet*.

HOMOSEXUALITÉ « PASSIVE » ET HOMOSEXUALITÉ « ACTIVE »

Une autre différence frappante entre l'homoérotique « subjectif » et l'homoérotique « objectif », c'est que le premier (l'inverti) se sent attiré de préférence par des hommes mûrs, forts, et entretient avec les femmes des relations amicales, pour ainsi dire confraternelles; l'homoérotique objectif, par contre, s'intéresse presque exclusivement aux jeunes garçons délicats, d'allure efféminée, et témoigne à l'égard des femmes une antipathie marquée, souvent même une haine mal ou nullement dissimulée. Le véritable inverti ne s'adresse presque jamais de lui-même au médecin, il se sent parfaitement à l'aise dans son rôle passif et son seul désir est que l'on s'accommode de sa particularité sans gêner le mode de satisfaction qui lui convient. N'ayant pas de conflits intérieurs à affronter, il peut entretenir pendant des années des liaisons heureuses et il ne craint en fait que le danger et l'humiliation venant de l'extérieur. Au demeurant, son amour est féminin dans les moindres détails. La surestimation sexuelle qui, selon Freud, caractérise l'amour masculin, n'existe pas chez lui; il n'est pas très passionné et, comme un vrai Narcisse, il demande surtout à son amant de reconnaître ses avantages physiques et autres.

L'homoérotique d'objet, par contre, est sans cesse tourmenté par la conscience de son anomalie. Il n'est jamais entièrement satisfait par les rapports sexuels, il est poursuivi par des remords de conscience et surestime à l'extrême son objet sexuel [8]. Torturé par des conflits, il ne se résigne jamais à son état; d'où ses tentatives répétées d'avoir prise sur le mal avec l'aide du médecin. S'il change souvent de partenaire, ce n'est pas, comme l'inverti, par légèreté mais à la suite de déceptions

---

8. (N.d.T.) En hongrois, au lieu de « surestime à l'extrême son objet sexuel », on trouve « l'extraordinaire surestimation sexuelle dégénère souvent chez lui en orgie masochique ».

douloureuses et d'une quête infructueuse de son idéal amoureux. (La « formation de séries », selon l'expression de Freud.)

Il arrive que deux homoérotiques de type différent forment un couple. L'inverti trouve dans l'homoérotique d'objet un amant parfait, qui l'adore, le soutient matériellement, est énergique et imposant; quant à l'homoérotique d'objet, c'est précisément le mélange de traits masculins et féminins qui peut lui plaire dans l'inverti. (Toutefois je connais aussi des homoérotiques actifs qui désirent exclusivement des jeunes gens non invertis et c'est faute de mieux qu'ils se contentent des invertis [9].)

Ces deux portraits de l'homoérotisme, quelle que soit la facilité avec laquelle on puisse les distinguer, n'ont d'autre valeur que celle d'une description superficielle de syndromes tant qu'ils ne sont pas soumis à la méthode analytique propre à la psychanalyse, qui seul peut nous faire comprendre leur formation sur le plan psychologique.

L'HOMOSEXUALITÉ « ACTIVE » EST EN FAIT UNE NÉVROSE OBSESSIONNELLE

J'ai eu l'occasion d'analyser plusieurs homoérotiques masculins; certains pendant peu de temps (quelques semaines), d'autres pendant des mois et même une année, voire plus. Il me semble plus profitable de résumer et de condenser mes impressions et mes expériences concernant l'homoérotisme en deux portraits-robots psychanalytiques au lieu d'exposer des cas cliniques [10].

Je puis dès maintenant présenter le résultat final de mes recherches : la psychanalyse m'a montré que l'homoérotisme de sujet et l'homoérotisme d'objet sont réellement deux états fondamentalement différents. Le premier est un véritable « stade sexuel intermédiaire » (au sens de Magnus Hirschfeld et de ses élèves), donc une pure *anomalie de développement*. L'homoérotisme d'objet, par contre, est une névrose, une *névrose obsessionnelle*.

Les couches psychiques les plus profondes et les traces mnésiques

---

9. Je suis conscient que, lorsque je qualifie l'inverti de « féminin » et l'homoérotique de « viril », j'opère avec des concepts dont l'extension n'est pas définie avec la précision nécessaire. J'indiquerai seulement ici que j'entends par *virilité*, l'*activité* (agressivité) de la libido, un amour objectal hautement développé avec surestimation de l'objet, une polygamie qui ne s'y oppose qu'en apparence et, comme dérivé lointain de l'activité, la rigueur intellectuelle; par *féminité* : *passivité* (tendance au refoulement), le narcissisme et l'intuition (N.d.T. « retenue, la répression de la libido, absence de surestimation de l'objet sexuel », ajoute la note de l'article hongrois). Naturellement, les caractéristiques sexuelles psychiques sont mélangées dans chaque individu, quoique dans des proportions inégales (ambisexualité).

10. Une autre raison justifiant ce procédé est le respect de l'anonymat du patient qu'il faut protéger.

les plus anciennes témoignent encore dans les deux cas de l'amphiérotisme [11], de l'investissement des deux sexes ou de la relation aux deux parents par la libido. Cependant, l'inversion et l'homoérotisme d'objet s'éloignent considérablement l'un de l'autre au cours de l'évolution ultérieure.

L'INVERTI PRÉSENTE
UNE ANOMALIE DU DÉVELOPPEMENT

Lorsqu'on est en mesure de fouiller très profondément dans l'histoire de l'homoérotique d'objet, on trouve partout les indices de son inversion, c'est-à-dire de sa nature anormalement efféminée. Dès sa plus tendre enfance, il s'imagine dans la situation de sa mère et non dans celle de son père; il développe bientôt un *complexe d'Œdipe inversé;* il souhaite la mort de sa mère pour prendre sa place auprès du père et jouir de ses droits; il désire ardemment ses robes, ses bijoux et, bien entendu, sa beauté et toute la tendresse qu'on lui témoigne; il rêve d'avoir des enfants, joue à la poupée et aime à s'habiller en femme. Il est jaloux de sa mère, réclame toute l'affection du père pour lui, admirant plutôt sa mère comme une belle chose dont il est jaloux. Dans certains cas il est évident que cette tendance à l'inversion, qui est probablement toujours conditionnée par la constitution, se trouve renforcée par des influences extérieures. Des « enfants uniques » gâtés, des petits chouchous qui grandissent dans un milieu exclusivement féminin, des garçons élevés en filles parce qu'ils sont nés à la place d'une fille très désirée, ont plus de chances d'être invertis en ce qui concerne leur caractère sexuel s'ils présentent une prédisposition correspondante [12].

D'autre part, la nature narcissique du garçon peut amener ses parents à le choyer outre mesure et créer ainsi un cercle vicieux. Des particularités physiques telles que des traits et un corps de fillette, une chevelure abondante, etc., peuvent contribuer à faire traiter un garçon en fille. La préférence que manifeste le père et la réponse à celle-ci peuvent être étayées, en général secondairement, par la nature narcissique

---

11. Ce terme rend mieux, à mon avis, le caractère psychologique de la notion en question que celui d'« ambisexualité » que j'avais incidemment proposé.

12. Parmi les garçons qui ont grandi sans père, on trouve relativement souvent des homoérotiques. Je suppose que la fixation à l'imago du père, perdu jeune ou jamais connu, résulte, du moins en partie, du fait que dans ces conditions le conflit entre le père et le fils, généralement inévitable, ne se produit pas. (« L'homme crédite toujours deux fois plus le destin pour ce qui lui manque que pour ce qu'il possède réellement; c'est ainsi que les longs récits de ma mère m'ont empli d'une nostalgie croissante pour mon père que je n'avais pas mieux connu. » Gottfried KELLER, *Der grüne Heinrich*, chap. II). Dans les familles où le père est vivant mais considéré comme inférieur ou sans importance, le fils désire exagérément la présence d'un homme « fort » et garde une tendance à l'inversion.

de l'enfant; je connais des cas où le garçon narcissique provoquait l'homoérotisme latent du père sous la forme d'une tendresse excessive, ce qui contribuait largement à fixer sa propre inversion.

La psychanalyse ne peut rien nous apprendre de nouveau sur le destin ultérieur de ces garçons; ils restent fixés à ce stade précoce de développement et deviennent finalement ces personnalités que nous connaissons bien par les autobiographies des Uranistes. Je ne peux que souligner quelques points en ce qui concerne ces cas. La coprophilie et le plaisir olfactif sont profondément refoulés chez ces sujets et souvent sublimés sous forme d'esthétisme, de prédilection pour les parfums et d'enthousiasme pour les arts.

Autre caractéristique : leur idiosyncrasie à l'égard du sang et de tout ce qui est sanglant. Ils sont en général très accessibles à la suggestion et faciles à hypnotiser; ils mettent de préférence la première séduction dont ils ont été l'objet sur le compte de la « suggestion » pratiquée par un homme qui les aurait regardés fixement ou poursuivis d'une manière quelconque. Naturellement, derrière cette suggestion se dissimule leur propre traumatophilie.

L'analyse de l'inverti ne révélant en fait aucun affect qui puisse modifier fondamentalement son attitude actuelle à l'égard du sexe masculin, il faut considérer l'inversion (l'homoérotisme de sujet) comme un état impossible à guérir par la psychanalyse (ou, de façon générale, par toute forme de psychothérapie). Cependant, la psychanalyse ne reste pas sans influence sur le comportement du patient; elle supprime les symptômes névrotiques qui accompagnent parfois l'inversion, en particulier l'angoisse, souvent considérable. L'inverti s'avoue plus franchement son homoérotisme après une analyse. Signalons par ailleurs que beaucoup d'invertis ne sont nullement insensibles aux preuves de tendresse que leur donnent des personnes du sexe féminin. Ils vont réaliser en quelque sorte dans *leurs relations avec les femmes* (leurs pareilles par conséquent) la *composante homosexuelle de leur sexualité.*

L'HOMOSEXUALITÉ « ACTIVE » CONSÉCUTIVE À UNE MENACE OU À UNE INTERDICTION

Une analyse superficielle suffit à mettre de nouveau en évidence l'aspect très différent de l'*homoérotisme d'objet*. Après une investigation des plus brèves, ceux qui en sont atteints s'avèrent être des *névrosés obsessionnels* typiques. Ils présentent une profusion d'idées obsessionnelles, de mesures compulsives et de cérémoniaux destinés à s'en préserver. Une analyse approfondie rencontre ensuite derrière leur obsession le doute torturant et ce déséquilibre entre l'amour et la haine que Freud a découvert comme étant au ressort des mécanismes obsessionnels. La psychanalyse de ces homoérotiques de type en général purement viril, dont le seul sentiment anormal concerne leur objet d'amour, m'a montré clairement que cette sorte d'*homoérotisme* sous toutes ses formes n'est elle-même qu'une *suite de sentiments obsessionnels et d'actes compulsifs*. A vrai dire, toute la sexualité est de l'ordre de la compulsion; mais l'homoérotisme d'objet – d'après mon expérience – est une compulsion véritablement *névrotique,* avec *substitution* non réversible par la logique à des buts et à des actes sexuels normaux de buts et d'actes anormaux.

L'histoire (mise au jour par la psychanalyse) des homoérotiques de type viril est généralement la suivante : tous étaient, dès leur plus tendre enfance, agressifs sur le plan sexuel et même *hétérosexuel* (ce qui confirme les constatations de Sadger). Leurs fantasmes œdipiens étaient toujours « normaux » et culminaient dans des projets d'agression sexuelle sadique concernant leur mère (ou la personne qui en tenait lieu) et des désirs de mort cruelle à l'égard du père encombrant. Tous étaient également précoces sur le plan intellectuel et, poussés par leur désir de savoir, élaborèrent une série de théories sexuelles infantiles; c'est ce qui constitue plus tard la base de leurs idées obsessionnelles. Outre l'agressivité et l'intellectualité, leur constitution est caractérisée par un érotisme anal et une coprophilie particulièrement marqués [13]. Dans leur toute petite enfance, ils ont été durement châtiés par un de leurs parents [14] pour une *faute hétéroérotique* (caresses indécentes sur une fillette, tentative infantile de coït) et ils ont dû réprimer à cette occasion (qui s'est très souvent répétée) un violent accès de rage. Dans la période de latence – survenue précocement – ils sont devenus particulièrement dociles, évitant la compagnie des femmes et des filles, moitié par dépit, moitié par angoisse, et n'ayant de rapports qu'avec leurs camarades. Il y eut quelques « brèches » dans la période de latence d'un de mes patients sous forme de tendresse homoérotique; chez un autre, la période de latence fut troublée par un incident où il avait épié les rapports sexuels de ses parents et pour le coup la

---

13. L'opinion soutenue dans cet exposé, à savoir que l'homoérotisme est une névrose obsessionnelle, s'est encore plus ancrée en moi depuis que Freud dans son article sur « La prédisposition à la névrose obsessionnelle », 1913 (*Ges. Schr.,* t. V), donne comme base constitutionnelle de cette névrose la fixation du développement de la libido à un stade *prégénital,* plus précisément au stade de l'*érotisme sadique anal.* C'est justement le sadisme et l'érotisme anal que j'ai trouvés à la base de l'homoérotisme d'objet : ce qui parle incontestablement en faveur de la parenté de ces deux états pathologiques. (Voir également : E. JONES, « Hass und Analerotik in der Zwangsneurose » [Haine et érotisme anal dans la névrose obsessionnelle], *Int. Zeitschr. f. Ps. A.,* I, 1913).

14. J'avais été frappé par le fait que c'est souvent la *mère* qui réprimande à cet égard le futur homoérotique, mais je n'y avais pas attaché une importance particulière jusqu'à ce que le professeur Freud ait attiré mon attention sur l'importance de ce facteur.

L'homoérotique « passif » ou « inverti » serait surtout attiré
par les hommes mûrs et forts. (Les Mignons : la belle Anglaise,
illustration pour Notes et observations de médecine légale *de H. Legludic. Bibl. Nat.)*

méchanceté se substitua un certain temps à sa « sagesse » d'alors (fantasmes de vengeance). Au moment de la poussée libidinale de la puberté, l'homoérotique retrouve tout d'abord son penchant pour l'autre sexe, mais il suffit de la moindre remarque ou du plus léger blâme de la part d'une personne revêtue de l'autorité pour réveiller la peur des femmes, ce qui provoque alors immédiatement ou après une courte période de latence la fuite définitive devant le sexe féminin et vers son propre sexe. Un patient est tombé amoureux à quinze ans d'une actrice sur la moralité de laquelle sa mère fit quelques remarques peu flatteuses; depuis, il s'est totalement détourné du sexe féminin et se sent attiré compulsivement par les jeunes gens. Chez un autre de mes patients, la puberté a débuté par une véritable frénésie hétérosexuelle; pendant un an il devait avoir un rapport sexuel quotidien et, pour ce faire, il se procurait de l'argent, si nécessaire malhonnêtement. Mais lorsqu'il engrossa la bonne de la maison, il fut réprimandé par son père et insulté par sa mère; il s'adonna alors avec le même zèle au culte du sexe masculin dont il n'a pu depuis se détourner malgré tous ses efforts.

UN ÉTAT
QUI NE SEMBLE PAS ÊTRE CONGÉNITAL

Dans la relation transférentielle au médecin, l'homoérotique d'objet répète la genèse de sa maladie. Si dès le début le transfert est positif, des « guérisons » inattendues peuvent se produire très rapidement; mais au moindre conflit le patient retombe dans son homoérotisme et c'est seulement alors, au moment où survient la résistance, que commence l'analyse proprement dite. Si au début le transfert est négatif, ce qui est notamment le cas des malades qui viennent en traitement sur l'ordre de leurs parents et non de leur propre chef, il n'y a pas de travail analytique véritable pendant longtemps; le patient passe la séance à raconter, ironique et fanfaron, ses aventures homoérotiques.

Dans le fantasme inconscient de l'homoérotique d'objet le médecin peut – « dans le cadre du transfert » – représenter l'homme ou la femme, le père ou la mère, auquel cas des inversions de toutes sortes peuvent jouer un rôle très important [15]. Il apparaît qu'un homoérotique d'objet s'arrange pour aimer inconsciemment la femme dans l'homme;

---

15. Les *rêves* des homoérotiques sont très riches en inversions. Des séries entières de rêves doivent souvent être lues à l'envers. Comme acte symptomatique, l'erreur d'écriture ou de langage dans l'emploi du *genre de l'article* est fréquente. Un de mes patients a même composé un chiffre bisexuel : le chiffre 101, qui comme il ressortait du contexte, signifiait, entre autres, que pour lui c'était « pareil par-devant et par-derrière ».

la partie postérieure de l'homme peut signifier pour lui la femme de face, les omoplates ou les fesses représentant les seins de la femme. Ce sont surtout ces cas qui m'ont montré que cette sorte d'homoérotisme n'est qu'un produit de substitution de la libido hétéroérotique. De plus, l'homoérotique actif satisfait en même temps ses pulsions sadiques et érotiques anales; cela n'est pas seulement valable pour le pédéraste effectif mais aussi pour les amateurs hyper-raffinés de jeunes garçons qui évitent anxieusement tout contact indécent avec eux; ils ne font que remplacer leur sadisme et leur érotisme anal par des formations réactionnelles.

A la lumière de la psychanalyse, l'acte homoérotique actif apparaît donc d'une part comme une (fausse) obéissance après coup; l'homoérotique, prenant l'interdiction parentale à la lettre, évite effectivement toute relation sexuelle avec les femmes mais s'adonne dans des fantasmes inconscients à ses désirs hétéroérotiques interdits; d'autre part l'acte pédérastique sert le fantasme œdipien primitif, avec la signification de blesser et de salir l'homme [16].

Sur le plan intellectuel, l'homoérotisme compulsif s'avère de prime abord être la surcompensation du doute concernant l'amour porté à son propre sexe. La compulsion homoérotique unit dans un heureux compromis la fuite devant la femme et son substitut symbolique, ainsi que la haine de l'homme et sa compensation. La femme apparemment évincée de la vie amoureuse, consciemment il n'y a plus d'objet de conflit entre le père et le fils.

Il est intéressant de mentionner que la plupart des *homoérotiques obsessionnels* (comme on pourrait aussi désigner ce type) que j'ai analysés utilisent la théorie, actuellement si répandue, du penchant pour son propre sexe comme stade intermédiaire pour présenter leur état comme congénital et par conséquent irrémédiable et ininfluençable ou, pour parler comme Schreber dans ses « Mémoires », dans *l'ordre de l'univers*. Ils se considèrent tous comme des *invertis* et sont contents d'avoir trouvé un support scientifique pour justifier leurs représentations obsessionnelles et leurs actes compulsifs.

LA PSYCHANALYSE APPORTE DES AMÉLIORATIONS

C'est le moment de parler de mon expérience concernant la guérison de cette forme d'homoérotisme. Constatons tout d'abord que l'on n'a

---

16. Un de mes patients, lorsqu'il se sentait blessé par un homme, notamment par un supérieur, devait rechercher immédiatement un prostitué masculin; c'était le seul moyen qu'il avait d'éviter un accès de rage. Le prétendu « amour » pour l'homme était en l'occurrence essentiellement un acte de violence et de vengeance.

pas encore réussi (moi du moins) à guérir complètement un cas grave d'homoérotisme obsessionnel; j'ai pu cependant enregistrer des améliorations très importantes, en particulier : une réduction de l'attitude hostile et du dégoût envers les femmes, une meilleure maîtrise de la compulsion, auparavant incoercible, de satisfaction homoérotique et ce malgré la persistance de l'orientation pulsionnelle; le réveil de la puissance avec les femmes, donc une sorte d'amphiérotisme qui prend la place de l'homoérotisme auparavant exclusif, alternant souvent avec ce dernier sous forme d'infidélités occasionnelles. Ces expériences m'ont fait nourrir l'espoir que l'homoérotisme est aussi curable par la méthode psychanalytique que les autres formes de névrose obsessionnelle. Toutefois je suppose que la réversion fondamentale d'un homoérotisme obsessionnel enraciné depuis longtemps exige des années de travail analytique. Dans un cas où j'avais beaucoup d'espoir, la cure fut interrompue au bout de deux ans environ pour des raisons extérieures. C'est seulement lorsque nous disposerons d'observations de malades guéris, c'est-à-dire analysés jusqu'au bout, qu'il sera possible de porter un jugement définitif sur les conditions de formation de cette névrose, sur la spécificité de ses facteurs prédisposants et accidentels.

L'EXTENSION DE L'HOMOSEXUALITÉ ACTIVE : UN PHÉNOMÈNE SOCIAL

L'homoérotisme peut sans doute se présenter sous des formes cliniques autres que celles que nous venons de décrire, avec des constellations de symptômes différentes; en isolant ces deux types je ne prétends nullement avoir épuisé toutes les possibilités. Par cette distinction nosologique, j'ai voulu essentiellement attirer l'attention sur la confusion qui règne même dans la littérature traitant du problème de l'homosexualité. L'investigation psychanalytique montre que jusqu'à présent on a mis dans le même panier, sous l'étiquette d'« homosexualité », les états psychiques les plus hétérogènes : d'une part, de véritables anomalies constitutionnelles (inversion, homoérotisme de sujet) et de l'autre, des états psychonévrotiques obsessionnels (homoérotisme d'objet ou obsessionnel). L'individu de la première catégorie se caractérise essentiellement par le fait qu'il-se-sent-femme avec le désir d'être aimé de l'homme, tandis que dans l'autre catégorie il s'agit plutôt d'une fuite devant la femme que d'une sympathie pour l'homme.

En décrivant l'homoérotisme d'objet comme un symptôme névrotique, je me trouve en opposition avec Freud qui, dans sa « théorie de la sexualité », définit l'homosexualité comme une perversion, et la névrose, comme le négatif de la perversion. La contradiction n'est pourtant qu'apparente. Des « perversions », c'est-à-dire des fixations à des buts sexuels primitifs ou passagers, peuvent très bien être mises au service de tendances névrotiques au refoulement, auquel cas une partie de l'authentique perversion (positive), névrotiquement exagérée, représente en même temps le négatif d'une autre perversion. C'est précisément le cas de l'« homoérotisme d'objet ». La composante homoérotique, qui normalement ne fait jamais défaut, est surinvestie dans ce cas par une masse d'affects qui dans l'inconscient concernent une autre perversion refoulée, à savoir un hétéroérotisme dont la force est telle qu'il est incapable d'accéder à la conscience.

Des deux types d'homoérotisme décrits ici, l'homoérotisme « objectif » me semble le plus fréquent et le plus important du point de vue social; il rend un grand nombre d'hommes, généralement de valeur (tout en ayant une prédisposition à la psychonévrose), incapables d'une vie sociale et les écarte de la reproduction. *Le nombre toujours croissant d'homoérotiques d'objet* constitue également un phénomène social d'une importance non négligeable qui demande explication. L'hypothèse qui me sert provisoirement d'explication consiste à voir dans l'extension de l'homoérotisme d'objet une réaction anormale au refoulement relativement trop excessif de la composante pulsionnelle homoérotique exigé par la civilisation, autrement dit un échec de ce refoulement.

UNE EXPLICATION PSYCHANALYTIQUE DU DON-JUANISME

L'amphiérotisme joue un rôle bien plus grand dans la vie psychique des peuples primitifs (et des enfants) que dans celle des peuples civilisés. Pourtant, chez les peuples hautement civilisés (par exemple chez les Grecs), c'était une forme de satisfaction voluptueuse non seulement tolérée mais reconnue; il en est encore ainsi de nos jours en Orient. Si l'homoérotisme proprement dit est absent dans les pays modernes de culture européenne ou s'y rattachant, sa sublimation, encore si naturelle dans l'Antiquité, – l'amitié passionnée et pleine d'abnégation entre hommes – fait également défaut. Il est en effet étonnant de voir à quel point se perdent chez les hommes d'aujourd'hui le don et la capacité de tendresse et d'amabilité réciproques. A leur place règnent ouvertement entre les hommes la rudesse, l'opposition et la rivalité. Comme il est impensable que ces affects tendres, encore si marqués chez l'enfant, aient disparu sans laisser de traces, il faut bien concevoir ces signes de résistance comme des formations réactionnelles, comme des symptômes d'une défense contre la tendresse éprouvée pour son propre sexe. J'irai même jusqu'à voir dans les combats barbares des étudiants allemands des preuves de la tendresse envers son propre sexe, déformée de cette manière. (Quelques traces en subsistent encore de nos jours sous une forme positive, par exemple dans la vie des associations et des partis, dans le « culte des héros », dans la prédilection de beaucoup d'hommes pour les femmes viriles et pour les actrices en travesti masculin et enfin – sous forme d'accès plus crûment érotiques – dans l'ivresse où l'alcool détruit les sublimations.)

Il semble cependant que l'homme moderne n'ait pas trouvé dans ces rudiments d'amour pour son propre sexe une compensation suffisante à la perte de l'amour amical. Une partie de l'homoérotisme reste « librement flottante » et réclame satisfaction; mais comme cela est impossible dans les relations régies par la civilisation actuelle, cette quantité de libido doit subir un déplacement, *se déplacer sur les relations affectives avec l'autre sexe*. Je crois très sérieusement que, du fait de ce déplacement d'affects, les hommes d'aujourd'hui sont tous sans exception des *hétérosexuels compulsifs*; pour se détacher de l'homme ils deviennent les valets des femmes. Cela pourrait expliquer la vénération de la femme et l'attitude « chevaleresque » excessive et souvent visiblement affectée qui dominent l'univers masculin depuis le Moyen Age. Ce serait également une explication possible du don-juanisme, cette quête compulsive, et pourtant jamais complètement satisfaite, d'aventures hétérosexuelles toujours nouvelles. Au risque de voir Don Juan lui-même trouver cette théorie ridicule, je suis obligé de le considérer comme un obsessionnel qui ne peut jamais trouver la satisfaction dans cette série interminable de femmes (dont le valet Leporello tient si consciencieusement la liste à jour) car ces femmes ne sont en vérité que des substituts d'objets d'amour refoulés [17].

DE PUISSANTES TENDANCES REFOULÉES

Je ne voudrais pas que l'on interprète mal ma pensée. Je trouve naturel et fondé dans l'organisation psychophysique des sexes que l'homme préfère de beaucoup la femme à son propre sexe; ce qui par contre ne l'est pas, c'est qu'il doive rejeter les hommes et adorer les femmes avec une exagération compulsive. Il n'est pas étonnant que si peu de femmes réussissent à répondre à ces exigences démesurées et à satisfaire, en plus de tous les autres, les besoins homoérotiques de l'homme en tant que « compagne », sans doute une des raisons les plus fréquentes des malheurs conjugaux.

17. Il existe d'ailleurs un don-juanisme de l'hétéroérotisme insatisfait.

Cet homoérotisme excessif destiné à refouler l'amour pour ceux de son sexe me rappelle involontairement l'épigramme de Lessing (*Épigrammes,* liv. II, n° 6) : « Le peuple injuste accusait faussement le loyal Turan d'aimer les garçons. Pour donner un démenti à ces mensonges, que pouvait-il faire – si ce n'est de coucher avec sa sœur. »

On voit mal encore quelle peut être la cause de la proscription prononcée à l'encontre de *cette forme* de tendresse entre hommes. Il est possible que le renforcement considérable du sens de la propreté au cours des siècles derniers, c'est-à-dire le *refoulement de l'érotisme anal,* en ait fourni le plus puissant motif. L'homoérotisme, même le plus sublimé, est en rapport associatif plus ou moins inconscient avec la pédérastie, qui est une activité érotique-anale.

Le nombre croissant d'homoérotiques dans la société moderne serait alors l'indice d'un échec partiel, du « retour » du refoulé.

Notre tentative d'expliquer la prédominance de l'homoérotisme d'objet se résume donc à peu près ainsi : le refoulement excessif de la composante pulsionnelle homoérotique dans la société actuelle a en général entraîné un renforcement légèrement obsessionnel de l'hétéroérotisme masculin. Quand l'hétéroérotisme est fortement limité ou inhibé, comme c'est nécessairement le cas en ce qui concerne l'éducation de la jeunesse, il se produit facilement – surtout chez les sujets prédisposés – un déplacement rétrograde de la compulsion à l'hétéroérotisme sur l'homoérotisme, ce qui entraîne une névrose obsessionnelle homoérotique.

SANDOR FERENCZI [18]

---

18. *Psychanalyse II* (« L'homoérotisme : nosologie de l'homosexualité masculine », 1911), Payot, coll. « Science de l'Homme », p. 117-129.

« Le Méphisto de Goethe est un hermaphrodite psychique,
père et mère à la fois, rebelle intraitable en face de Dieu et des Lois ».
(Lithographie de Delacroix pour le Faust *de Goethe. Bibl. nat.)*

Chapitre V

L'homosexualité est-elle une perversion?

Dans cet exposé présenté en 1963 au Congrès de Stockholm, Francis Pasche tente de répondre à un certain nombre de questions touchant à la structure et à l'étiologie de l'homosexualité masculine; nous n'évoquerons ici que deux d'entre elles.

Pour l'auteur, l'homosexuel ne s'identifie pas toujours à la mère, comme on le pense souvent. L'identification se réaliserait bien plutôt par rapport à une image combinée des parents, constituant un personnage tout-puissant et démiurgique dans lequel on aurait tort de reconnaître la mère phallique.

D'autre part, Francis Pasche se refuse à voir l'homosexualité comme une perversion, dans la mesure où l'homosexuel investit totalement l'objet. Le pervers, lui, dirige des tendances partielles vers des objets partiels. Ce problème – l'homosexualité est-elle une perversion? – dépend en fait, nous semble-t-il, du mode relationnel de l'individu en cause. Si certains homosexuels présentent ce que Freud décrivait comme étant la forme achevée de l'amour d'objet, d'autres – qui viennent beaucoup moins souvent en analyse – témoignent au contraire d'un investissement d'objet partiel (pénis-anus). Certains possèdent par exemple une sexualité compulsive qui en fait de véritables « toxicomanes du pénis ».

Quant à l'homosexualité féminine, elle se rattacherait, à notre avis, beaucoup moins souvent que l'homosexualité masculine aux organisations perverses. Elle représente en effet fréquemment la persistance d'un lien impossible à rompre avec la mère.

En tout état de cause, on ne saurait trop redire, après Freud [1], que la pratique d'un acte dit « pervers » ne peut à elle seule définir l'organisation d'un individu.

---

1. *Cf.* l'extrait d'*Introduction à la psychanalyse*, chap. I.

L'homosexualité masculine est, certes, très diverse dans ses manifestations et, si l'on néglige tout point de vue évolutif et toute exploration au-delà de l'originalité réelle de chaque cas, on peut être amené à décrire un grand nombre de types d'homosexuels.

Cette multiplicité se réduit déjà considérablement quand l'on s'aperçoit qu'un même sujet peut présenter lui-même successivement un certain nombre de ces types, ces changements étant d'ailleurs beaucoup plus rapides et plus marqués au cours de la cure psychanalytique.

Mais si l'on cherche à dégager leurs caractères communs en tenant compte de l'inconscient, on peut mettre en évidence un certain nombre de traits dont on pourrait dire qu'ils constituent l'homosexualité de base, que nous définirons par l'ensemble des conduites exprimant une relation féminine avec le père.

Ce mode de relation est évidemment le lot commun à tous les hommes. Il correspond tout d'abord dans l'enfance à une phase normale du développement; c'est l'envers inéluctable de l'Œdipe qui ne serait pas complet sans lui; il subsiste toute la vie, au moins dans l'inconscient, et est donc beaucoup plus qu'un mécanisme de défense.

L'hétérosexualité en est toujours flanquée, et c'est là le sens et la meilleure justification de la théorie freudienne de la bisexualité.

L'homosexualité ainsi définie peut revêtir quatre formes : refoulée, fantasmatisée, manifeste et sublimée.

Il semble que son destin soit d'être sublimée et il est évident que ses autres formes, surtout peut-être la première, sont génératrices de souffrance psychique, en particulier dans la mesure où elles perturbent les tendances hétérosexuelles, ou encore suscitent, ou permettent, leur refoulement.

Comme Freud l'avait noté *(Analyse terminée et analyse interminable),* il y a, en raison de la nature conflictuelle de la psyché, une sorte d'incompatibilité entre les deux orientations libidinales; on remarque d'autre part chez certains sujets, dès l'adolescence, un effort pour atteindre une sorte d'idéal homosexuel exclusif de tout intérêt pour les femmes, où semblent jouer à la fois un principe d'économie psychique, un impératif de cohérence de la personnalité et la pression exercée par le groupe de ceux qu'ils considèrent comme leurs semblables.

Ferenczi, vous le savez, a distingué deux types fondamentaux d'homosexuels : les homoérotiques-sujets, qui sont actifs envers des partenaires plus jeunes, et les homoérotiques-objets, passifs envers des partenaires supposés virils.

Cette distinction est phénoménologiquement juste, quoique nous devions constater que ces deux conduites sont non rarement simultanées et très souvent successives chez le même individu et que, d'autre part, un troisième type s'impose à ce niveau d'observation : les narcissiques, qui recherchent constamment leur propre double, quoique cette particularité ne soit, elle non plus, ni toujours stable, ni toujours pure.

Pour en terminer avec ce survol rapide des généralités, disons un mot du terme de perversion appliqué à l'homosexualité. Nous pensons, à la suite de Freud, que ce terme ne lui convient pas. En effet, le caractère fondamental des perversions s'appliquant aux tendances partielles dirigées vers des objets partiels, la conduite perverse ne peut impliquer en elle-même un investissement total de l'objet, c'est-à-dire des sentiments tendres ou protecteurs, ou admiratifs, etc., pour le partenaire; ces sentiments peuvent exister chez les pervers, bien entendu, mais ils sont toujours indépendants et même parfois incompatibles avec leur désir spécifique. Les régressions fétichiste, exhibitionniste, masochique, sadique se voient chez les homosexuels, elles ne les définissent pas comme telles.

L'HOMOSEXUALITÉ,
UNE RELATION FÉMININE AU PÈRE

Développons maintenant notre formule : l'homosexualité est l'ensemble des conduites qui expriment une relation féminine au père. Je ne m'illusionne pas sur l'originalité de cette formule mais je ne crois pas qu'on en ait tiré assez rigoureusement les conséquences, ni même qu'on les ait tirées toutes.

1. *Ressentiment envers le père* qui se fonde sur le dépit d'avoir été dédaigné ou même abandonné par lui, avec une jalousie concomitante de la mère ou du membre de la fratrie considéré comme châtré. Il ne s'agit pas ici de rivalité avec le père, ni, par conséquent, de culpabilité envers lui, d'où il résulte que les éléments du Surmoi issus du père réel sont estompés. Freud l'avait remarqué et attribué à l'absence du père dans *Un souvenir d'enfance de Léonard de Vinci.*

Ce ressentiment concerne aussi l'exigence insatisfaite de recevoir un enfant du père. Point dont l'importance est souvent minimisée dans les travaux publiés.

2. *Investissement global de son propre corps aux dépens du pénis,* d'où la nécessité d'être rassuré par l'existence et l'importance du pénis d'autrui mis à sa disposition par le partenaire et par l'intérêt porté au sien par celui-ci.

3. *Envie et jalousie du pénis* qui sont les supports de l'agressivité propre à ces conduites et aussi, dans certains cas, de la pusillanimité envers les personnages paternels et du besoin de les désarmer par la séduction.

Tout ceci n'exclut pas des tendances œdipiennes dites positives, un

« On a l'impression qu'il s'agissait, pour Vautrin, de corriger, de refaire, de contrarier, de parodier et finalement de détruire l'œuvre divine, c'est-à-dire la créature du Père. »
(Vautrin, *gravure pour* le Père Goriot, *de Balzac, édition de 1867.)*

Surmoi viril quoique estompé et un Idéal du Moi viril, enfin un statut social viril, mais les traits énoncés plus haut ne manquent jamais, même chez les sujets dits normaux; naturellement, chez l'homosexuel manifeste, leur prise en considération est particulièrement importante.

Mais si cette identification à la mère n'a pas été à certains égards prise suffisamment au sérieux, en un autre sens elle a peut-être été exagérée.

UN HOMOSEXUEL « DÉMIURGE » : LE VAUTRIN DE BALZAC

L'homoérotique-objet, Nunberg l'a justement et fortement marqué, tend vers l'identification au père en s'efforçant de capter sur le mode symbolique la virilité de celui-ci; mais cela est encore plus net chez l'homoérotique-sujet. Les écrivains de génie peuvent ici comme ailleurs nous servir de guides.

Le Méphisto de Goethe, le Vautrin de Balzac sont bien autre chose que des mères phalliques. Ce sont des hermaphrodites psychiques, père et mère à la fois, rebelles intraitables en face de Dieu et des lois auxquels ils s'efforcent de se substituer. Notre expérience nous incite à souligner la fréquence de ce type de structure.

C'est comme si l'énormité du ressentiment de ces sujets envers leur père réel les avait empêchés de s'identifier à celui-ci ou à ses substituts et les avait renvoyés à une image identificatrice composite où l'on distingue, fusionnée, une certaine version du couple parental. L'origine de cette image est fort complexe; il y entre les souvenirs de scène primitive, les productions des pulsions prégénitales et les schèmes ataviques, mais, en définitive, les traits paternels qu'on y distingue ne le cèdent pas en importance aux traits maternels auxquels d'ailleurs ils sont intimement mêlés. Le Moi idéal [2] se trouve ainsi concrétisé en un personnage fantasmatique tout-puissant, pourvu du double sexe et capable de s'autoféconder pour tirer du néant des êtres qui pourraient être dits alors, au sens plein, leur créature. Nous pourrions qualifier ce type de *démiurgique*.

Cette image, inconsciente chez ceux qui s'efforcent de l'incarner, est fréquente dans les mythes où elle a été parfois confondue avec la déesse-mère et finalement identifiée par certains psychanalystes avec une mère phallique.

2. Distinct de l'Idéal du Moi, le Moi idéal désigne un état idéal de toute-puissance narcissique. Voir *Le Narcissisme : l'amour de soi,* à paraître dans la même collection. (N.d.E.)

Comment cela se traduit-il dans le comportement? Les relations de Vautrin et de Rubempré en sont une discrète, mais très pénétrante illustration. Rubempré est tiré du néant par Vautrin qui le sauve du suicide *in extremis*; il est ensuite pourvu par son « tentateur » de tout ce que Dieu, ou la Providence, lui avait refusé; il devient le contraire de ce qu'il serait devenu en supposant qu'il ait échappé à la mort. Mais il finit par se suicider, victime de son étrange bienfaiteur. On a l'impression qu'il s'agissait pour Vautrin de corriger, de refaire, de contrarier, de parodier et finalement de détruire l'œuvre divine, c'est-à-dire la créature du Père. Cette conduite qui correspond au Moi idéal que nous avons décrit révèle un niveau de régression, à partir du désir œdipien passif pour le père, qu'il est possible de préciser; elle réalise un désir d'enfantement sur le mode anal, et celui, concomitant, de manipuler, de modeler et de « défaire » une selle qui, on le sait, peut être symbolisée par le pénis ou par l'enfant.

Signalons au passage que ces fantasmes sous-jacents d'identification et de comportement ont également, selon nous, une grande importance pour comprendre l'activité artistique et dans un tout autre registre la mégalomanie latente des déprimés.

Est-il nécessaire d'ajouter que nous reconnaissons, en ce qui concerne cette forme d'homosexualité, l'importance de l'identification simultanée à la mère et aussi celle des réactions œdipiennes actives qui restent toujours perceptibles? Nous avons voulu attirer l'attention sur un aspect habituellement négligé de ce type de personnalité.

UNE MÈRE DOMINATRICE ET UN PÈRE ABSENT N'EXPLIQUENT PAS TOUT...

L'étiologie de l'homosexualité manifeste n'est pas plus simple que celle d'une névrose ou d'un caractère.

Tout d'abord il y a des causes qui, si elles paraissent décisives dans nombre de cas, sont manifestement absentes dans d'autres. Il en est ainsi des facteurs constitutionnels (féminoïdie), des longues maladies, particulièrement celles qui ont contraint l'enfant à un alitement prolongé, de l'érotisation anale consécutive à des troubles intestinaux et à leur traitement, des séductions précoces, de l'éducation féminisante, du nombre et de l'importance des sœurs dans la fratrie, etc.

Ces facteurs sont parfois difficiles à préciser; est-ce que, par exemple, le timbre féminin de la voix, la répartition particulière des graisses, la maigre pilosité, le peu de développement des organes génitaux, la largeur du bassin que l'on constate chez certains homoérotiques-objets ne pourraient pas être, par le biais de processus psycho-endocriniens, les effets d'une éducation systématiquement dévirilisante?

Ces mêmes facteurs provoquent d'ailleurs parfois une surcompensation virile, tout le contraire en apparence.

Mais il est d'autres causes qui paraissent plus générales et plus décisives.

Freud a souligné le rôle de la faiblesse ou de l'absence du père, d'autres ont depuis à maintes reprises insisté sur le rôle de la mère qui serait en général très virile, phallique comme on dit. Mais on trouve, dans la biographie de maints homosexuels, des pères à forte personnalité, autoritaires, violents et quelquefois des pères affectueux, tendres et attentifs, et aussi des mères soumises et aimantes, apparemment très féminines.

Il faut donc considérer un ensemble de causes où la force, la massivité de l'une peut suppléer à la faiblesse ou à l'absence d'une ou plusieurs autres, où la multiplicité des causes présentes peut compenser leur faiblesse commune.

Mais il me semble toutefois qu'un certain type de situation familiale soit d'une telle fréquence dans les histoires de ces sujets que je me demande, quand je ne la trouve pas, si elle n'est pas simplement passée inaperçue.

TROIS FACTEURS FAMILIAUX PRÉDISPOSANT À L'HOMOSEXUALITÉ

Ce sont les familles qui présentent les trois caractéristiques suivantes :

La mère, qu'elle soit dominatrice ou soumise, ne reconnaît pas l'autorité du père en tant que tel, qu'il soit absent ou trop présent, faible ou tyrannique. Jacques Lacan a souligné le premier l'importance de ce fait, mais sans le rattacher particulièrement à l'étiologie de l'homosexualité.

La mère devient alors la norme dans l'ordre de l'identification au sexe, à l'habitus, au caractère, à l'Idéal du Moi et au Surmoi.

Naturellement, l'identification à une mère forte est plus facile en ce qu'elle permet de satisfaire à la fois aux aspirations actives et passives.

Le père a manifesté pour son fils une tendresse très érotisée pendant les toutes premières années, relation à laquelle il a été mis brutalement fin sous des prétextes éducatifs ou par l'éloignement ou la mort du père. Or, nous croyons que l'enfant ne peut s'identifier valablement à une image paternelle que si son « sevrage » par le père réel a été progressif;

dans le cas contraire, il restera fixé à un mode très érotisé de relation avec celui-ci, favorable à la régression homoérotique. Naturellement, si le père est resté à distance dès le début, le problème est tout autre.

La mère investit son fils non pas comme un être progressivement indépendant qu'elle doit aider à conquérir son autonomie, mais comme le pénis qui lui manque, soit qu'elle n'ait pu l'obtenir de son mari, soit qu'elle ne s'en soit pas satisfaite. Il s'agit pour elle de se compléter en se passant du mari. C'est parfois l'enfant-parure, l'enfant-ornement, mais il peut avoir une fonction plus discrète et plus ambitieuse. En tout cas, il est « taillé » sur le désir de la mère, il ne peut exister que dans les limites très strictes du fantasme maternel. C'est peu de dire qu'il est châtré, il est l'organe de remplacement d'un être qui se répare à ses dépens. Bien entendu le sexe propre de l'enfant est noyé dans l'investissement global de sa personne physique.

Ces trois facteurs sont interdépendants, ajoutons que des dispositions très passives, constitutionnelles ou acquises, peuvent rendre cette triade inutile, ou même jusqu'à un certain point en devenir la cause en induisant chez les parents les attitudes susdites. Inversement, la vigueur des dispositions actives peut les rendre inopérantes. Ils étaient en tout cas presque toujours présents ensemble dans les cas d'homosexualité manifeste que j'ai pu voir.

« L'ENFANT-PÉNIS » DE LA MÈRE CHÂTRÉE

Pour comprendre la genèse de l'homosexualité confirmée à partir de ces causes, il est nécessaire de revenir sur une notion qui me paraît devoir être examinée avec une certaine rigueur : la notion de mère phallique.

La mère phallique a été à notre avis bien légèrement incriminée dans l'homosexualité masculine. La présence de cette image dans les rêves de ces sujets n'est que le résultat d'une addition défensive. Comme le dit Freud, la multiplicité des pénis symboliques sur la tête de la Méduse est l'indice de l'horreur qu'inspire la castration et non la cause de cette horreur.

◄ *« Comme le dit Freud, la multiplicité des pénis symboliques sur la tête de la Méduse est l'indice de l'horreur qu'inspire la castration et non la cause de cette horreur. » (Gravure du XIXe siècle d'après le dessin de Léonard de Vinci représentant la tête de Méduse se trouvant aux Offices de Florence. Bibl. des Arts décoratifs.)*

En tout cas, l'homosexuel, lui, justement, ne peut considérer sa mère comme phallique. Dès qu'il s'en détache, il la perçoit châtrée, donc très redoutable; d'où son angoisse et, s'il s'en sépare, l'urgente nécessité de se compléter à son tour avec un porteur de pénis dont l'existence même infirme la possibilité de castration, sinon il reste « collé » à elle comme il en existe tant d'exemples.

Au contraire du fétichiste dont la mère est ressentie comme phallique, l'homosexuel est réduit à cette image d'une mère mutilée, donc mutilante, dévorante, etc., s'il lui manque.

Ce détachement d'avec la mère suscite une identification à elle comme châtrée qui va de pair avec l'investissement du corps global, induit par celle-ci. Séparé, il garde un statut d'enfant-pénis.

Sa rupture avec le père, imaginaire ou effective, et le ressentiment consécutif expliquent selon nous la possibilité des passages à l'acte et dans certains cas le caractère ostentoire et provocant du comportement.

Nous avons signalé plus haut l'attitude profonde de révolte contre ce qui représente la Loi par la faiblesse du Surmoi paternel. Ce qui rend compte, selon Freud, de la témérité scientifique de Léonard, rend également compte de la fragilité des interdits intérieurs quant à une conduite qui est pourtant dans nos sociétés un objet de moquerie, d'indignation ou de fascination angoissante.

Le père ne peut pas entrer dans la composition de l'Idéal du Moi de l'homosexuel, car s'il s'est toujours agi pour celui-ci beaucoup plus d'*avoir* le père que de l'*être*, celui-ci est ravalé au niveau d'un objet sexuel.

ŒDIPE + RÉGRESSION : UNE ÉQUATION DÉCISIVE

Bien d'autres problèmes devraient être examinés, dont l'énonciation seule déborderait les limites de cette intervention; mais je ne veux pas terminer sans préciser ma position quant à l'homosexualité dite prégénitale. Je ne crois pas qu'on puisse distinguer une homosexualité œdipienne d'une homosexualité prégénitale. Elles sont toutes œdipiennes et toutes prégénitales. C'est toujours sur l'Œdipe, en ses deux aspects positif et négatif, que le futur homosexuel bute, et c'est toujours avec les pulsions et les fantasmes retrouvés en cours de régression, d'ailleurs profondément remaniés par l'Œdipe abordé, qu'il édifie son homosexualité. De graves frustrations précoces ont pu faciliter l'orientation prise ultérieurement, elles ne sont pas indispensables, et auraient pu préluder à une tout autre évolution.

Avant qu'un enfant s'engage dans la voie de l'homosexualité, il a déjà atteint l'âge verbal, son Moi et ses objets parentaux sont nettement différenciés et constitués; c'est parce qu'il est parvenu à ce niveau de développement qu'il peut appréhender certains aspects du complexe familial, éprouver certains sentiments et réagir en se constituant comme homoérotique à venir.

FRANCIS PASCHE [3]

3. *A partir de Freud* (« Note sur la structure et l'étiologie de l'homosexualité masculine », 1963), Payot. coll. « Science de l'Homme », p. 207-214.

Un transsexuel célèbre : Coccinelle

Chapitre VI

Le transsexualisme

L'Américain Robert Stoller, dont nous connaissons déjà les travaux[1], *a publié en 1975 un livre consacré à la perversion. Nous en présentons ci-dessous un extrait, qui résume les idées de l'auteur sur le développement de la masculinité et sur le terrain où elle s'origine, l'angoisse de symbiose.*

Pour Stoller, en effet, le sentiment d'appartenance au sexe masculin n'est pas donné d'emblée. Le nourrisson vit en état de symbiose, de fusion, avec sa mère; il reçoit donc l'empreinte de sa féminité : l'« identification primaire » a bien lieu pour le garçon comme pour la fille avec la mère. Si, par définition, elle ne menace pas l'identité sexuelle de la fille, elle représente en revanche un danger pour celle du garçon. Pour paraphraser Simone de Beauvoir[2], *disons que, selon Stoller, « on ne naît pas homme : on le devient ». Ainsi, la crainte de l'homosexualité chez l'homme, considérée par Freud comme étant le « roc biologique » auquel se heurtent les cures psychanalytiques*[3], *et qui seraient à l'origine des délires paranoïaques*[4], *serait en réalité une crainte trans-sexuelle : le sujet aurait peur de retomber dans son état d'indistinction primitive avec la mère. Le désir de la mère d'avoir un fils et de le voir se développer selon un idéal masculin favorise en grande partie la rupture de la symbiose et l'avènement de la virilité. Des tendances trans-sexuelles peuvent au contraire apparaître lorsque la mère souhaite le maintien de la symbiose et que le père se montre passif et défaillant.*

Transsexualité et homosexualité doivent être nettement distinguées

---

1. Nous avons reproduit l'un de ses articles dans *L'Identification l'autre, c'est moi* (« La difficile conquête de la masculinité », p. 199). (N. de l'Éd.)

2. Dans *Le Deuxième sexe*, Gallimard éd. (N. de l'Éd.)

3. Voir, dans *Le Complexe de castration : un fantasme originaire* (p. 161), l'extrait d'« Analyse terminée et analyse interminable » (1939) que nous avons reproduit. (N. de l'Éd.)

4. Voir *Les Psychoses : la perte de la réalité*, chap. I, dans la même collection. (N. de l'Éd.)

ici : l'homosexuel souhaite jouir en conservant son pénis, l'objet de son désir étant du même sexe. Le transsexuel, lui, cherche à se défaire de sa virilité, et, avant tout, de son pénis; cela, afin de faire coïncider son corps avec son identité sexuelle profonde. Le plaisir sexuel qu'il est susceptible d'en retirer n'intervient que de façon secondaire.

L'angoisse de symbiose se situe au cœur d'une lutte incessante, dont l'enjeu est, pour le mâle, la conquête de sa virilité. L'hypothèse de Stoller est la suivante : la perversion représenterait le point ultime de la séparation d'avec la mère, avec le fantasme sous-jacent du meurtre de celle-ci. La sensibilité de l'homme concernant tout ce qui touche à sa virilité reposerait en fait sur sa propre féminité de base, à laquelle il craint de retourner.

La perversion préserve la masculinité et aide à en conserver le sentiment. Dans cette perspective, par conséquent, le transsexualisme n'est pas une perversion.

C'est à partir de recherches sur le développement de la masculinité et de la féminité que s'est élaborée ma réflexion sur la perversion. Je me propose ici de montrer plus en détail les liens qui peuvent exister entre ces deux domaines chez le tout petit enfant, et d'essayer de savoir pourquoi la plupart des perversions sont le fait des hommes et non pas des femmes.

L'heureuse symbiose originelle que connaissent la mère et le nourrisson, si elle encourage le développement psychique, peut également le mettre en péril : si elle est trop intense ou trop prolongée, elle peut porter atteinte à la masculinité naissante. Même le maternage le plus qualifié pèse de son poids sur le petit garçon nouveau-né, et la mère qui tenterait d'épargner cette influence à son fils risquerait d'étouffer son potentiel inné de masculinisation.

LES DEUX THÉORIES DU DÉVELOPPEMENT MASCULIN

Pour Freud, la masculinité chez l'homme a essentiellement trois origines : les facteurs biologiques, l'hétérosexualité primaire (désir de la mère) – qui apparaît peu après la naissance dès que s'instaure le processus de compréhension – et l'identification avec la masculinité du père, une fois résolu le conflit œdipien. Cette théorie a deux corollaires : d'une part, l'état de mâle est l'état supérieur dans l'espèce humaine, le pénis étant l'organe sexuel le plus respecté et l'ambition et les réalisations masculines étant les plus estimées par les représentants des deux sexes, et, d'autre part, les femmes sont inférieures parce qu'elles ont des organes génitaux inférieurs et manifestent dès le début une orientation homosexuelle, leur premier amour étant une personne du même sexe.

J'ai souligné ailleurs que je considérais cette théorie comme en partie erronée du fait que la deuxième source de la masculinité – l'hétérosexualité primaire de l'homme – doit être remise en question. Plus que toute autre chose, la symbiose entre la mère et le nourrisson donne la mesure de cette erreur.

Revoyons brièvement cette théorie, avec l'élément supplémentaire de la symbiose. S'il est vrai que le premier objet d'amour du tout petit garçon est sa mère, il y a toutefois un stade antérieur où il se confond avec elle avant qu'elle existe en tant qu'objet distinct; le petit enfant n'a pas encore perçu que son corps et son psychisme sont différents de ceux de sa mère – *alors qu'elle est femme avec une identité sexuelle féminine*. Il se peut donc que le petit garçon ne commence pas à vivre comme hétérosexuel, comme Freud le supposait, mais qu'il ait à se séparer du corps féminin et de la féminité de sa mère et à subir un processus d'individualisation pour arriver à la masculinité. L'hétérosexualité chez l'homme est acquise, et non pas également donnée, comme le disait Freud; si cette hypothèse se confirme, la masculinité n'est donc pas cet état naturel décrit par Freud, ce que sont en revanche certains rudiments de féminité. Il faut essayer de savoir si le premier, tout premier stade de la masculinité naissante ne serait pas par hasard d'essence féminine.

UN STADE PRIMAIRE FÉMININ ?

Je ne pense pas que le sentiment de ne faire qu'un avec la mère encourage un sentiment, même primordial, de masculinité au cours des premiers mois de la vie; au contraire, il doit être neutralisé. Il ne sera pour l'essentiel surmonté, à mesure que le Moi se développe, que si la mère encourage le développement de la masculinité. Elle le fera en premier lieu parce qu'elle désire avoir un fils masculin; à cause de cette motivation fondamentale, elle va encourager l'apparition d'un comportement qu'elle considère comme masculin et décourager tout comportement féminin, et cela de manière incessante.

Dans la mesure où elle déplore que son fils devienne masculin, elle lui fera sentir sa désapprobation des comportements qu'elle considère comme masculins (il n'est pas nécessaire ici d'avoir une définition de la masculinité qui *nous* convienne; ce qui compte, c'est ce que *cette* mère, d'après l'évolution de sa vie et sa dynamique actuelle, perçoit comme masculin chez son fils). Les modes précis qu'elle utilise pour récompenser et punir le comportement de l'enfant détermineront chez lui des altérations de la masculinité, de la même façon que d'autres modes de maternage déterminent chez le nourrisson des qualités qui deviennent plus tard des traits de caractère.

Si une certaine masculinité apparaît – et les premiers signes en sont déjà visibles à l'âge d'un an –, le stade antérieur dont je suppose l'existence, avec sa capacité de féminisation, sera surmonté; puisque l'aspect comportemental de la féminité ressentie par le nourrisson ne se manifeste pas avant l'âge d'un an environ (c'est-à-dire qu'auparavant, comportement masculin et féminin ne se distinguent pas), ce stade antérieur n'apparaîtra jamais à l'observateur. Pour confirmer cette hypothèse du stade protoféminin, il faut une situation d'expérience où un stade féminin chez un tout petit garçon se prolonge suffisamment longtemps pour pouvoir être observé et mesuré. Il en existe une : celle de l'homme transsexuel.

L'« EXPÉRIENCE » TRANSSEXUELLE

J'ai quelques scrupules à mentionner encore une fois ces données, car j'en ai très souvent fait état, mais il n'est sans doute pas inutile de les revoir pour le lecteur qui n'est pas familiarisé avec les données elles-mêmes et l'hypothèse qui les sous-tend; elles permettent en effet de dégager des éléments importants pour comprendre la masculinité et la perversion. Voici, de façon extrêmement résumée, comment se développe le transsexualisme masculin (le transsexualisme féminin a, selon moi, une étiologie différente et ne nous intéresse donc pas ici). Pour commencer, il faut distinguer des nombreuses situations où des hommes s'habillent en femmes celle à laquelle je donne le nom de transsexualisme. Contrairement à ce que croient certains, elle ne se caractérise pas par le désir d'une « transformation sexuelle » que l'on trouve chez d'autres types de patients. Le trait essentiel est l'absence d'une étape significative de la vie que cet homme anatomiquement normal, ou bien un observateur, pourrait qualifier de masculine (on ne trouve que des rudiments de masculinité, liés au fait que l'individu transsexuel sait qu'il est et sera toujours anatomiquement mâle et que sa mère, qui lui a donné un nom masculin, ne renie nullement son appartenance au sexe mâle). Ainsi, depuis cette période de l'enfance où apparaît pour la première fois un comportement lié à une identité sexuelle, ce garçon a donné l'impression qu'il croyait être une *fille*. Son comportement a toujours été féminin et la part d'imitation ou de jeu n'est pas plus grande chez lui que chez les filles indéniablement féminines. Le comportement des patients, depuis l'âge de quatre ou cinq ans [5] jusqu'à l'âge adulte, est issu d'un sentiment de féminité qui se traduit par la conviction qu'il devrait appartenir au sexe féminin (quoique les transsexuels ne prétendent pas être des femmes : ils reconnaissent avoir une anatomie masculine). Dès la toute petite enfance, rien dans leur comportement n'est efféminé (j'entends par là un côté caricatural d'imitation, lequel traduit une hostilité et une envie à l'égard des femmes qu'il faut minimiser ou cacher; la féminité, au contraire, est naturelle et n'a rien de caricatural). Les transsexuels manifestent ouvertement et consciemment leur envie, tel un individu né manchot qui envierait les hommes normaux. Le côté naturel de cette féminité frappe tout le monde : la famille, les parents, les autres enfants, les voisins, les professeurs, les étrangers et nous, les analystes, qui observons l'enfant puis l'adulte transsexuel au cours de nos recherches. Dès l'âge de trois ou quatre ans, ces petits garçons sont déjà pris pour des filles, quelle que soit la manière dont ils sont habillés. Dans leurs jeux, ils aiment faire ce que font les filles : ils n'assument que des rôles de filles et sont presque immédiatement acceptés par les filles dans des jeux de filles dont sont exclus les autres garçons. Au cours de l'adolescence et à l'âge adulte, cette féminité persiste, de même que le désir d'avoir un corps féminin; rien, pas même la menace, ne peut amener l'individu transsexuel à imiter ne serait-ce qu'un moment quelqu'un de masculin.

LE TRANSSEXUEL REFUSE SON SEXE

Il s'agit d'un symptôme rare, beaucoup plus rare que les cas de patients qui souhaitent « changer de sexe ». C'est peut-être pour cette raison que les théoriciens affirment que les transsexuels ne sont pas tels que je les ai décrits plus haut. A l'exception de mes données, dans presque tous les articles sur le transsexualisme masculin, les données cliniques font état d'épisodes ou de longues périodes où le patient a l'air masculin, se comporte de façon masculine, fait des expériences hétérosexuelles ou manifeste une perversion sexuelle et présente d'au-

---

5. Je n'en ai personnellement jamais vu de plus jeunes, mais mon collègue Green, qui a récemment étudié pour ses recherches de nombreux garçons au comportement féminin – pas nécessairement transsexuels – a noté quatre cas (sur quarante-cinq) chez des garçons de trois à quatre ans.

*Tout différent du transsexualisme
est le comportement qui, pour les femmes,
consiste à se masculiniser. (Portrait de Colette.)*

tres signes indiquant que la féminité n'est pas du même type que ce que j'ai évoqué plus haut. Une chose doit être soulignée : presque tous les hommes ressentent profondément tout ce qui a trait à leurs organes génitaux, ils s'en préoccupent et y trouvent plaisir. Ces organes sont à la fois une source directe de sensations et la confirmation que le sexe qui leur a été assigné est le bon, que leur identité sexuelle est inéluctable et que leur masculinité est précieuse. Si ces positions sont menacées, les hommes érigent presque tous des mécanismes de défense – presque tous mais pas les transsexuels véritables. Ils ne veulent pas de leurs organes génitaux masculins, ils n'en ont pas besoin et n'en tirent aucun plaisir; ils ne font aucun effort pour les préserver, concrètement ou symboliquement. La perversion, en revanche, est intensément recherchée – gratification privilégiée et non pas rejet de ces organes mêmes.

C'est seulement en présence de ce tableau que l'on trouve les facteurs étiologiques ci-après; inversement, ce n'est qu'en présence des facteurs étiologiques ci-après que se rencontre cette forme de féminité [6]. J'ai pu constater ce qui suit dans tous les cas remplissant les critères de transsexualisme masculin; lorsque ces facteurs sont moins marqués ou que certains d'entre eux manquent, on note un degré moindre de féminité et le patient n'a plus l'apparence du transsexuel classique.

UNE TOTALE FUSION AVEC LA MÈRE

Voyons tout d'abord la mère. Dans son enfance, elle a très peu valorisé son appartenance au sexe féminin et sa féminité. Sa propre mère l'a traitée comme si elle était neutre; son père, plus admiratif, l'a encouragée à s'identifier à ses intérêts masculins. Entre la première enfance et la puberté, ces traits masculins se sont accentués au point que la petite fille a souhaité être un garçon et, pendant des années, elle s'est habillée et s'est fait couper les cheveux comme un garçon; elle n'a joué qu'avec des garçons, rivalisant avec eux en égale, notamment dans le domaine sportif.

Avec l'apparition des modifications physiques de l'adolescence, la fille – contrairement aux filles transsexuelles, auxquelles elle ressemblait jusque-là – a dû abandonner tout espoir de jamais devenir un homme. Elle a alors adopté une façade féminine et s'est mariée le

---

6. Il existe cependant un autre type de féminité marquée chez le garçon, plus rare encore, selon moi, et qui est liée au fait que la mère entreprend consciemment de féminiser son fils; elle a souhaité une fille tout au long de sa grossesse et a donné à l'enfant un nom bisexuel pour marquer son désir d'une fille.

moment venu. Son mari – le père du transsexuel – est un homme passif et distant sans être efféminé, qui n'est pas censé dominer ou jouer un rôle important dans le couple. Elle attend de lui qu'il subvienne aux besoins de sa famille; autrement, il n'est pour elle qu'un objet de dérision.

C'est cette malheureuse union que vient consacrer le futur transsexuel. Pourtant, malgré cette dynamique familiale, il n'apparaît de transsexualisme chez l'un des enfants que s'il naît un fils que la mère trouve beau et gracieux. Cet enfant est ce qui arrive de mieux dans sa vie : enfin, après des années de désespoir tranquille, indifférente à son sexe ou à son identité sexuelle, pleine de haine et d'envie à l'égard des hommes, elle a créé un peu d'elle-même, par l'intermédiaire de son corps, dans une sorte de parthénogénèse symbolique qui rejette le mari; elle a forgé le meilleur d'elle-même, son idéal – le phallus parfait. Le petit garçon n'aura pas cette empreinte masculine à la fois haïe et enviée; sa beauté physique, pense sa mère, en est la garantie depuis sa naissance, en même temps que l'intense expérience de l'allaitement où l'enfant avide jouit pleinement du corps de sa mère. Cette symbiose bienheureuse depuis la naissance est farouchement maintenue par la mère, car elle représente pour elle l'antidote de la tristesse et du désespoir. Une énergie empreinte de joie lui permet et même l'oblige à garder un contact physique et psychique excessivement étroit avec le petit enfant, tout au long de la journée et des années. En établissant cette symbiose, elle lie – intègre – son fils à elle-même dans toute la mesure où cela est physiquement possible. En s'identifiant à lui, elle tente d'annuler son enfance traumatisante, de remplacer sa mauvaise mère; la mère et l'enfant seront tout ce qui est bon. Le bonheur dans lequel baigne cette symbiose devient pour elle l'aura qui entoure une mère nouvelle, idéalisée et parfaite.

LE PÈRE DU FUTUR TRANSSEXUEL : PASSIF ET ABSENT

Lors du premier contact avec ce type de famille, lorsque l'enfant a quatre ans ou plus, on note que la mère et le fils ont encore une relation extrêmement intime; ils se touchent constamment, recherchent toujours la compagnie de l'autre et se comprennent à demi-mots (ceci n'a de valeur érotique ni pour la mère ni pour l'enfant). La relation n'est pas aussi absolue que dans la toute petite enfance car, si la mère veut rester très proche de son enfant, elle n'en laisse pas moins se développer d'autres fonctions du Moi, comme la mobilité, la parole, la lecture. Il semble que ce soit dans un secteur précis que la relation étroite se maintienne, à savoir le dépassement de la féminité[7]. Le pouvoir de la symbiose se fait également sentir lorsqu'on essaie de traiter la mère et le fils, ce qui signifierait la fin de cette symbiose et l'apparition de la masculinité. L'un comme l'autre résistent farouchement. Comme on pourrait s'y attendre, le père n'intervient pas et reste vaguement à l'arrière-plan.

Quel rôle joue donc le père pendant toute cette période où persiste la symbiose entre la mère et l'enfant et où apparaît un comportement féminin? Il doit être absent et donc méprisé. Son fils ne le voit quasiment pas – au sens littéral du mot – pendant les premières années de sa vie. Le père part travailler avant que le petit garçon ne se réveille et, lorsqu'il revient, son fils est déjà au lit. A la fin de la semaine, il est rarement là car sa femme l'autorise et l'encourage à passer ses loisirs seul, en se consacrant à son passe-temps favori ou en regardant la télévision.

ŒDIPE EFFACÉ

Le développement de la situation œdipienne dans ces circonstances souligne par ailleurs la singularité de cette symbiose. Elle se caractérise surtout par l'absence de conflit. Le petit garçon n'établit jamais de relation hétérosexuelle avec sa mère (indépendamment du traitement) et il n'apparaît donc jamais de conflit œdipien. La mère et le fils ne font qu'un, leurs contacts physiques sont si libres de toute restriction qu'il ne se développe pas de tension sexuelle. Le petit garçon ne désire pas sa mère en tant qu'objet distinct de l'autre sexe, et sa mère n'a pas envers lui de désir sexuel (ce qu'illustre son manque d'intérêt pour la masculinisation de son fils). Ce n'est qu'avec le traitement et les premières manifestations de la masculinité qu'apparaissent le conflit œdipien et les symptômes névrotiques de l'enfance auxquels est notoirement associé le conflit œdipien.

---

7. En d'autres termes, il s'agit d'une symbiose focale. « J'entends par *symbiose focale* une situation comportant une relation symbiotique, liée au fonctionnement d'un organe ou d'une zone corporelle. [Note de l'auteur : à ceci j'ajouterais « ou d'une fonction psychique ou d'un thème de l'identité ».] En général, les individus qui participent à cette relation symbiotique ne sont pas au même stade de développement : parent et enfant, frères ou sœurs d'âges différents, un jumeau fort et un jumeau faible. La symbiose focale représente le point particulier de dysfonctionnement affectif chez les deux membres du couple symbiotique. Mais cela se manifeste généralement chez le plus faible ou le plus petit, qui reste, dans ce secteur précis, fonctionnellement dépendant de la réponse active de l'autre partenaire, bien au-delà de la période de maturation où cette fonction précise deviendrait normalement autonome. »

UNE TENDANCE BISEXUELLE
CHEZ L'HOMME

Cette analyse de la situation transsexuelle permet de mettre en évidence les forces qui déterminent la féminité chez l'homme. Je pense qu'on peut dire (encore qu'il faille faire preuve de prudence, car le nombre de familles étudiées n'est pas suffisamment important pour que la chose soit vérifiée) que lorsque tous ces facteurs sont présents et qu'ils agissent intensément, la féminité est particulièrement marquée. Si l'intensité des facteurs diminue ou si l'un d'eux disparaît, la féminité est moins évidente. J'extrapole donc en avançant que, dans l'état normal de tout être masculin, il y a une tendance minimale au transsexualisme. Ceci nous ramène aux principes énoncés par Freud dès 1905 et qu'il n'a réfutés ni dans ses écrits théoriques ni dans ses observations cliniques, à savoir que la bisexualité (homosexualité, protestation mâle, peur des femmes) faisait partie de la constitution masculine. La seule différence est qu'il a qualifié d'« homosexuel » ce que nous appelons maintenant « transsexuel » (ce n'est nullement le seul sens qu'il a donné au terme « homosexuel »). Voyons de plus près ces concepts.

Dans le dernier article qu'il a écrit sur la sexualité de l'homme et de la femme, Freud a dit qu'il ne pourrait jamais résoudre chez les individus de l'un ou l'autre sexe leur « protestation mâle », c'est-à-dire la nécessité pour les hommes d'insister sur leur masculinité et de craindre qu'elle ne soit attaquée et pour les femmes de réagir par l'envie du pénis et ses permutations dans le sens d'une castration imaginaire. Il attribuait ces phénomènes à l'« homosexualité latente », dont une autre manifestation était le désir interdit – inconscient ou conscient – de connaître le plaisir sexuel avec une personne du même sexe. Pour lui, la peur de l'homosexualité était pathogène dans bien des situations couvertes par des rubriques diagnostiques et ses plus proches disciples ont allongé la liste, de telle sorte que cette peur est devenue un facteur étiologique dans tous les troubles psychiques. Plus tard, l'idée a été analysée de près, car cliniciens et théoriciens trouvaient l'explication trop vaste. Certains ont avancé que l'homosexualité était en soi une défense plutôt qu'une cause initiale; d'autres ont souligné que l'homosexualité masculine, qui pour Freud semblait provenir avant tout d'une perturbation de la relation entre le fils et son père, pouvait avoir son origine dans des troubles précœdipiens de la relation entre la mère et le fils.

◀ *La possibilité de la féminité est une tentation à laquelle il faut résister en adoptant un comportement et des attitudes que la société qualifie de « masculines ». (Une scène des* Seigneurs *de Philip Kauffman.)*

DES MATERNAGES
QUI LAISSENT DES TRACES

Dans ce qui est sans doute son plus remarquable exposé sur le rôle de l'homosexualité latente dans l'étiologie de la maladie – le cas Schreber –, Freud a pensé démontrer que la peur de l'homosexualité était à l'origine des états paranoïdes, dont la psychose [8]; selon lui, l'homosexualité, particulièrement chez l'homme, était la résultante pathologique de la résolution du conflit œdipien entre le garçon et son père. Cette vue a par la suite été bien souvent critiquée par ceux qui insistent sur le rôle de la frustration, du traumatisme et du conflit lors des tout premiers stades de la vie. Pour ces chercheurs, la relation entre la mère et le petit enfant passe au premier plan. Pour certains, compte tenu du potentiel de violence et d'hostilité du stade oral, il y aurait également chez Schreber, et, par extension, chez d'autres psychotiques ainsi que chez ceux qui sont ouvertement homosexuels, le désir de se fondre de nouveau avec la mère. Pour ce qui nous intéresse, nous pouvons constater, comme l'ont fait Macalpine et Hunter il y a des années, que ce que Freud a appelé l'homosexualité de Schreber est en fait une vague d'impulsions transsexuelles : le corps de Schreber devient un corps de femme. Or, cette impulsion est l'une des causes de la peur de l'homosexualité, qui pourrait peut-être s'appeler plus justement « peur du transsexualisme ».

Ces modifications, dont je reconnais l'existence, ramènent les conflits pathogènes vers la toute première enfance. Elles soulignent toutes qu'un mauvais maternage, des déficiences innées du nourrisson ou bien les deux à la fois détruisent de façon traumatisante ce qui devrait être une symbiose heureuse. Il faut toutefois se souvenir que, pour bien des nourrissons, cette fusion est dénuée de conflit et ne suscite pas de mécanismes de défense : pour certains, c'est une expérience merveilleuse. Les nourrissons n'ont pas tous avec leur mère la même relation symbiotique; pour d'autres, c'est une expérience douloureuse qui les met donc en danger. Pour d'autres encore, c'est une expérience joyeuse; mais, même dans ces cas, elle est risquée car elle laisse des traces bien après que le petit garçon s'est frayé une voie vers la masculinité aux dépens de cette symbiose. En d'autres termes, le développement de l'enfant du sexe masculin est menacé non seulement par l'absence de symbiose, mais il l'est aussi, de manière différente, par un maternage satisfaisant et, plus encore, par un maternage trop gra-

---

8. Cf. *Les Psychoses : la perte de la réalité*, chap. I, dans la même collection. (N.d.E.)

tifiant. Compte tenu de cet aspect non conflictuel, peut-être le concept de « fusion avec l'autre » peut-il passer du cas spécial de la psychopathologie à la situation générale de la psychologie normative. L'individu transsexuel est le lien entre l'un et l'autre.

UNE FUSION
SANS DANGER POUR LA FILLE

Nous avons vu comment une mère perturbée et malheureuse qui veut préserver la seule expérience positive de son existence fait des efforts surhumains pour protéger son petit enfant de la douleur, de la frustration et du traumatisme. Elle l'entoure de la chaleur et de la bonté de son corps généreux et ne peut se résoudre à l'abandonner, d'une part parce qu'elle se sent bien en sa présence et de l'autre parce qu'elle veut le préserver des mauvaises expériences qu'elle a faites tout au long de l'enfance. Un maternage normal, dans des circonstances optimales, donne les mêmes résultats, quoique moins intenses et pendant moins longtemps. Nous savons que, lorsque le maternage est satisfaisant, il y a des moments très intenses où la mère et le fils ne font plus qu'un. Il se pourrait donc que, des années après, il reste en chaque homme tout au moins la trace de ce sentiment d'union originelle, d'« identification primaire » avec la mère et donc avec son côté femme et sa féminité (je mets l'expression entre guillemets car je pense qu'il s'agit d'un processus plus large, notamment aux tout premiers stades, que ce qu'on appelle généralement l'identification; voir plus loin le « biopsychique ». « La dépendance du nourrisson vis-à-vis de la mère... ne suppose pas identification, celle-ci étant un état complexe qui ne s'applique pas aux tout premiers stades de la petite enfance »). Chez une fille, cette même tendance à ne faire qu'un avec la mère ne menace pas l'identité sexuelle; elle contribue à maintenir sinon à développer la féminité.

LA SYMBIOSE LIÉE
A L'IDENTITÉ SEXUELLE

J'entends par là cet aspect de la symbiose par lequel la mère transmet au nourrisson des attitudes et des informations sur la masculinité et la féminité des deux partenaires. Malheureusement, on ne connaît pas encore les mécanismes qui rattachent ainsi le nourrisson à sa mère. La théorie psychanalytique doit à mon avis s'enrichir des concepts et des données de la théorie de l'apprentissage; bien qu'elle soit encore rudimentaire en ce qui concerne l'être humain, elle peut à tout le moins nous aider à avancer des hypothèses.

Au cours des premiers mois de la vie, ces mécanismes sont « biopsychiques », c'est-à-dire que des stimuli de l'environnement (et sans doute des stimuli moins vivement ressentis de l'environnement intérieur, tels que la douleur ou la proprioception [9]) déterminent dans le système nerveux des changements qui agissent (plus ou moins) en permanence comme des sources neurophysiologiques de motivation, le changement étant alors une « mémoire » non mentale (je mets ici des guillemets pour indiquer qu'il s'agit d'une expérience psychologiquement différente de ce qu'on appelle couramment la mémoire; on ne sait pas encore comment elle pourrait être reliée physiologiquement à la mémoire psychique). On peut citer comme exemples l'imprégnation, le conditionnement classique, le conditionnement viscéral et peut-être certaines formes de conditionnement opérant.

Par non mental, je veux dire que les stimuli et les changements qu'ils entraînent n'ont pas – et n'ont jamais eu – de représentation psychique. Il n'y a donc pas souvenir, au sens ordinaire du terme, de ces foyers nouveaux de comportement, pas plus qu'ils ne sont fixés par les sens. On ne peut s'en souvenir car ils n'ont jamais fait partie de la vie mentale. Ils sont plus muets encore que ce qu'on entend généralement par « inconscient » et représentent une catégorie nouvelle à ajouter à ce que Freud a appelé les sources des « pulsions ». Pour prendre un exemple, on peut dire qu'ils sont aussi muets que les effets hormonaux [10].

Si ces idées s'appliquent à la recherche sur le développement infantile, la technique utilisée pour une psychanalyse ne permet donc pas de saisir pleinement le développement de la personnalité. Comme le dit Racker, « l'étude du transfert a été l'un des moyens les plus importants pour connaître les processus psychologiques de l'enfant ». Les processus, oui, mais pas les expériences réelles. C'est ce à quoi Freud fait allusion lorsqu'il souligne que, bien souvent, une structure de caractère égosyntonique ne peut plus être modifiée par la psychana-

---

9. Sensibilité propre aux organes. (N.d.E.)

10. Je ne prétends nullement dire que ces forces non mentales, champ d'investigation des spécialistes de l'apprentissage, sont les seules caractéristiques de tout premier développement psychique. Avec le temps et à mesure que les représentations d'objets, sous l'influence des pulsions, se rassemblent en souvenirs et fantasmes, l'influence de la mère aide le nourrisson à enrichir son apprentissage d'éléments cognitifs, mentaux.

lyse. Il est indispensable d'observer minutieusement et systématiquement le comportement naturel de l'enfant, ce qui fait tout particulièrement intervenir la mère, le climat qu'elle crée et les attitudes et formes de comportement maternelles qui influencent le nourrisson, si l'on veut en savoir davantage sur le développement de la personnalité.

Cette digression me permet de suggérer un cadre, hypothétique mais peut-être utilisable un jour, autour duquel rassembler les données expérimentales, les observations et les concepts relatifs aux premiers stades du développement psychique. Pour l'instant, ce cadre me donne des éléments rationnels – ce qui, vu le manque de données, facilite la tâche – pour « expliquer », chez l'individu transsexuel, la transmission de la féminité de la mère au nourrisson de telle sorte que, vers l'âge d'un an – plus ou moins – celui-ci se comporte franchement d'une manière féminine. Bien sûr, pour le moment, les seules données que nous ayons sont les suivantes : une mère, présentant une forme particulière de bisexualité et un père qui se caractérise par une grande passivité et par l'incapacité de se rapprocher de son fils, ont un petit enfant beau et gracieux qui encourage la mère à établir avec lui une symbiose excessivement étroite et heureuse qui exclut trop longtemps le reste du monde. Lorsque les premières manifestations de l'identité sexuelle peuvent être mesurées, il apparaît alors qu'elles correspondent à la féminité. C'est tout ce que nous savons pour le moment. Nul n'a encore pu examiner ni de loin ni de près ce qui se passe au cœur de cette symbiose, et c'est la raison pour laquelle j'ai comblé ce vide avec mon cadre théorique.

Mais cette théorie n'est pas essentielle à notre propos sur le rôle de l'angoisse de symbiose dans l'apparition de la masculinité. Il suffit de dire que le désir de retourner à un état de fusion totale avec la mère, qui est bien connu des analystes, reste une base permanente de la structure de caractère et, selon ce que vit l'individu après la petite enfance, peut devenir un foyer plus ou moins marqué de fixation pour la régression (il est vraisemblablement latent dans tout « acte » de régression). Ce que je veux souligner ici – là encore, il s'agit d'un fait bien connu qui ressort des premiers travaux de Freud –, c'est que cette régression s'accompagne souvent de ce qu'il a appelé l'« homosexualité » et qui, pour moi, est une « tendance transsexuelle ». Rappelons-nous que la peur de changer de sexe est très fréquente (pour certains, universelle) chez les hommes psychotiques mais rares chez les femmes (dont les illusions-hallucinations, lorsqu'elles ont trait au domaine sexuel, sont le plus souvent hétérosexuelles). Notons également que, en ce qui concerne l'ensemble de la population, dans la plupart des sociétés et des époques sur lesquelles nous possédons des renseignements, les hommes semblent plus préoccupés de protéger leur masculinité contre une attaque, réelle ou imaginaire, que les femmes leur féminité.

*Oscar Wilde, un homosexuel qui fit scandale
dans la société victorienne.*

L'ANGOISSE DE PERDRE SA MASCULINITÉ

L'angoisse de symbiose est donc la peur de ne pas pouvoir rester distinct de la mère. Examinons ce phénomène de plus près, afin de voir comment il contribue au développement de la masculinité. On constate tout d'abord que le souvenir omniprésent de n'avoir fait qu'un avec la mère agit comme un aimant, en attirant vers la répétition de l'expérience merveilleuse tout contre le corps de la mère. Mais c'est cependant une entreprise risquée pour celui qui a dû lutter pour arriver à être indépendant d'elle. C'est particulièrement risqué si un aspect de cette indépendance est l'ensemble des comportements appelés masculinité. Un élément vital de cette séparation d'avec la mère est donc la séparation d'avec son corps de femme et son psychisme féminin.

J'appellerai angoisse de symbiose la peur universelle de voir menacés le sentiment d'appartenance au sexe mâle et la masculinité et de devoir ériger en structure de caractère des mécanismes de défense permanents, afin de ne pas succomber à la tentation d'une nouvelle fusion totale avec la mère. Bien qu'ostensiblement destinée à nous protéger de menaces et d'attaques extérieures, elle doit en fin de compte s'instaurer contre notre attirance intérieure et primitive pour l'union avec la mère [11]. S'il en est ainsi, il se dégage alors un facteur majeur dans l'apparition de la masculinité, tellement imbriqué dans d'autres qu'au moment où le comportement appelé masculin commence à se manifester – vers l'âge d'un an – la masculinité est déjà inextricablement mêlée aux effets de l'angoisse de symbiose. Celle-ci, potentialisée par la force biologique du sexe mâle (que l'on trouve chez les poissons, le lézard, le rat, le singe et l'homme), provoque ce surcroît d'agressivité et de compétitivité chez les hommes. Ce que je veux dire par là, c'est que la masculinité telle qu'elle se manifeste chez les garçons et les hommes n'existe probablement pas sans cette séparation incessante d'avec la mère, tant littéralement au cours des premières années de la vie que psychologiquement lors du développement de la structure de caractère qui fait nécessairement disparaître la mère interne de la conscience. Je voudrais seulement mentionner l'idée que la mère, en tant qu'elle représente un être mauvais et haï, peut aussi permettre le refoulement de la mère symbiotique; nul n'aimerait ne faire qu'un avec une sorcière. On peut se demander si, à son niveau le plus primitif, la perversion

---

11. Chez la femme comme chez l'homme, bien que, chez la femme, la peur d'avoir le même corps et la même identité sexuelle que la mère ne constitue généralement pas un danger.

n'est pas ce point ultime de la séparation, le meurtre de la mère (plus que le meurtre du père, comme le pensait Freud). Ce serait une ironie du sort que certaines des formes que prend la masculinité, avec sa force, son insistance et son côté farouche – le machisme – exigent un soubassement de féminité : la possibilité de la féminité est une tentation à laquelle il faut résister en adoptant un comportement et des attitudes que la société qualifie de « masculins ». Peut-être cela explique-t-il pourquoi la plupart des hommes sont si sensibles à tout ce qui touche à leur masculinité?

UNE MASCULINITÉ PRÉSERVÉE
PAR LA PERVERSION

Il ne faut pas se laisser tromper par les hommes qui ne semblent pas protéger cette masculinité, retournant à travers elle à l'identification antérieure avec la mère pour créer la perversion. Je pense ici tout particulièrement aux homosexuels efféminés et aux travestis fétichistes. Bien que ce type d'homme ne souhaite que trop être comme (se fondre avec) leur mère – « les rituels pervers servent à annuler la séparation » –, le rituel sert également, selon moi, à promouvoir la séparation; le trait essentiel de ces perversions est que la masculinité *est* préservée. Ces hommes, par leur perversion, conservent la puissance de leur pénis, leur sentiment d'être mâle : le noyau même de la masculinité. Ils ont en tout cas une certaine masculinité qui doit être préservée à tout prix. C'est la raison pour laquelle j'ai considéré le transsexualisme non pas comme une perversion, mais, plus simplement, comme une déviance sexuelle. Le transsexuel n'a jamais connu un tel épisode de masculinité dans son enfance, pas plus qu'il ne le connaît à l'âge adulte; en revanche, chez les homosexuels efféminés, les travestis fétichistes et autres hommes atteints de troubles de l'identité sexuelle, la masculinité se repère aisément chez l'enfant comme chez l'adulte. Peut-être les perversions sont-elles des lignes de fracture résultant de ce processus d'oscillation entre le désir de fusion et le désir de séparation; si elles sont soudées chez le non-pervers, recouvertes chez le névrosé et grandes ouvertes dans les perversions, elles sillonnent néanmoins les profondeurs de l'identité masculine et demandent davantage de réparation et de vigilance que chez les femmes (je ne veux pas dire par là que les perversions soient uniquement le résultat d'une perturbation du processus de séparation entre la mère et le nourrisson, mais je désire attirer l'attention sur le fait que l'impossibilité de se séparer complètement *peut être* un schéma qui favorise la perversion s'il se produit plus tard dans l'enfance des faits qui demandent un tel détour du développement sexuel).

ROBERT STOLLER [12]

---

12. *La Perversion* (« Angoisse de symbiose et développement de la masculinité »), Payot, coll. « Science de l'Homme », 1975, p. 140-157.

*Le fantasme « un enfant est battu », que l'on retrouve chez de nombreux adultes,
est bien antérieur à l'âge scolaire.
(La Vierge corrigeant l'enfant Jésus devant trois témoins,
par Max Ernst, 1928, coll. part.)*

Chapitre VII

Un fantasme masochiste

L'article de Freud, intitulé « Un enfant est battu » et dont nous reproduisons ici de larges extraits, date de 1919 et porte en sous-titre « Contribution à la connaissance de la genèse des perversions sexuelles ». Le point de départ en est un certain fantasme de fustigation – « un enfant est battu » – que l'on retrouve chez bon nombre d'individus. En fait, plus qu'à la genèse du masochisme – comme semble l'indiquer le sous-titre –, Freud s'intéresse ici à ce que l'on pourrait appeler aujourd'hui le « noyau pervers », généralement présent dans la psyché humaine, et à la perversion sexuelle.

Pour l'essentiel, il ne modifie pas sa théorie des perversions, comme il l'indiquera au début de cet article. « Une des composantes de la fonction sexuelle, écrit-il, aurait devancé les autres dans le développement, se serait rendue précocement indépendante, se serait fixée et, par là, soustraite aux processus ultérieurs de développement, mais en donnant ainsi un témoignage de la constitution particulière et anormale de la personne. » Freud ajoute qu'une telle perversion enfantine peut ne pas subsister, et lui assigne trois destins éventuels : refoulement, remplacement par une formation réactionnelle[1] et sublimation. Si elle ne connaît aucun de ces trois destins, elle persistera chez l'adulte.

Dans cette étude minutieuse consacrée aux transformations successives des fantasmes de fustigation, Freud souligne que ces derniers sont immanquablement liés à une fixation incestueuse dans les deux sexes, et, par conséquent, au complexe d'Œdipe positif ou inversé. Ils sont, note-t-il, « des sédiments laissés par le complexe d'Œdipe, pour ainsi dire des cicatrices, séquelles d'un processus révolu ». Il en irait de

---

1. « Attitude ou habitus psychologique de sens opposé à un désir refoulé, et constitué en réaction contre celui-ci (pudeur s'opposant à des tendances exhibitionnistes, par exemple). » J. Laplanche et J.-B. Pontalis, *Vocabulaire de la psychanalyse*, P.U.F. (N. de l'Éd.)

même pour toutes les perversions, et l'Œdipe ne serait pas seulement le noyau des névroses, mais aussi celui des perversions. Ainsi, Freud paraît ne plus opposer de façon aussi systématique la névrose à la perversion (« La névrose est le négatif de la perversion [2] »). Cependant même si, par certains aspects, névrose et perversion se rapprochent dans sa conception, il s'agit sans aucun doute de deux organisations bien distinctes, comme il le développera ici en décrivant les vicissitudes des fantasmes de fustigation. Chez la fille comme chez le garçon, « le fantasme de fustigation dérive de la liaison incestueuse au père ». Et l'on ne peut manquer d'être frappé par le fait que si ce fantasme – « un enfant est battu » – comporte en filigrane toute une problématique liée au complexe de castration, Freud n'évoque jamais ce dernier.

La représentation fantasmatique « un enfant est battu » est avouée avec une fréquence étonnante par des personnes qui ont demandé un traitement psychanalytique pour une hystérie ou une névrose obsessionnelle. Il est fort vraisemblable qu'elle se présente plus fréquemment encore chez d'autres personnes qui ne sont pas contraintes par une maladie manifeste à prendre cette décision.

A ce fantasme sont attachés des sentiments de plaisir à cause desquels il a été d'innombrables fois reproduit ou est encore toujours reproduit. Au paroxysme de la situation représentée survient presque régulièrement une satisfaction onanistique (donc au niveau des organes génitaux), d'abord avec le consentement de la personne mais aussi bien, par la suite, avec un caractère compulsionnel et contre son gré.

L'aveu de ce fantasme n'est consenti qu'avec hésitation, le souvenir de sa première apparition est incertain, une résistance sans équivoque s'oppose au traitement analytique de cet objet, honte et sentiment de culpabilité s'émeuvent à cette occasion peut-être avec plus de force que lors de communications semblables portant sur les premiers souvenirs de la vie sexuelle.

On peut finalement s'assurer que les premiers fantasmes de cette espèce ont été cultivés très tôt, certainement avant l'âge scolaire, dès la cinquième et la sixième année. Lorsque l'enfant a assisté à l'école à la fustigation d'autres enfants par le maître, cette expérience a réveillé ses fantasmes s'ils étaient endormis et les a renforcés s'ils étaient encore présents, tout en modifiant sensiblement leur contenu. A partir de là, c'est « un nombre indéterminé » d'enfants qui ont été battus. L'in-

2. Voir chap. I. (N. de l'Éd.)

fluence de l'école a été si claire que les patients concernés étaient d'abord tentés de rapporter leurs fantasmes de fustigation exclusivement à ces impressions de la période scolaire, après la sixième année. Mais cela ne tenait jamais; ils avaient déjà existé avant.

QUE SIGNIFIE LE FANTASME « UN ENFANT EST BATTU »?

Si la fustigation des enfants cessait dans les grandes classes, son influence trouvait plus qu'un simple substitut dans l'effet des lectures, qui prenaient bientôt de l'importance. Dans le milieu de mes patients c'étaient presque toujours les mêmes livres, accessibles à la jeunesse, dans le contenu desquels les fantasmes de fustigation allaient se chercher de nouvelles stimulations : la Bibliothèque dite rose, *la Case de l'oncle Tom* et ouvrages du même genre. En concurrence avec ces fictions, la propre activité fantasmatique de l'enfant commençait à inventer une profusion de situations et d'institutions dans lesquelles des enfants étaient battus, ou punis et châtiés d'une autre manière, parce qu'ils n'avaient pas été sages et qu'ils s'étaient mal conduits.

Comme la représentation fantasmatique « un enfant est battu » était régulièrement investie avec un intense plaisir et aboutissait à un acte procurant une satisfaction auto-érotique voluptueuse, on pouvait s'attendre à ce que le spectacle d'un enfant battu à l'école soit lui aussi la source d'une jouissance semblable. Mais ce n'était pas le cas. Le spectacle de scènes réelles de fustigation à l'école soulevait chez l'enfant qui y assistait un sentiment particulièrement aigu, vraisemblablement mêlé, dans lequel l'aversion avait une grande part. Dans quelques cas, l'expérience réelle de scènes de fustigation a été ressentie comme insupportable. Du reste, même dans les fantasmes plus raffinés des années suivantes était maintenue la condition que les enfants châtiés ne subissent aucun dommage sérieux.

On ne pouvait éviter de se demander quelle relation pouvait bien exister entre l'importance du fantasme de fustigation et le rôle que les châtiments corporels réels avaient joué dans l'éducation familiale de l'enfant. L'hypothèse qui se présentait la première, celle d'une relation inverse entre les deux phénomènes, fut impossible à prouver par suite du caractère unilatéral du matériel. Les personnes qui ont fourni la matière de ces analyses étaient rarement battues dans leur enfance et, en tout cas n'avaient pas été élevées à coups de trique. Naturellement, chacun de ces enfants avait pourtant eu l'occasion d'éprouver un jour ou l'autre la supériorité de la force physique de ses parents ou de ses éducateurs; il est inutile d'insister outre mesure sur les coups que les enfants eux-mêmes ne manquent pas d'échanger dans toute chambre d'enfants.

Sur ces fantasmes précoces et simples qui ne renvoyaient pas d'une manière patente à l'influence d'impressions scolaires ou de scènes tirées de la lecture, la recherche aurait bien voulu en apprendre davantage. Qui était l'enfant battu? L'auteur du fantasme lui-même ou un autre enfant? Était-ce toujours le même enfant ou était-il indifférent que ce fût souvent un autre? Qui était-ce qui battait l'enfant? Un adulte? Mais qui, plus précisément? A toutes ces questions ne faisait suite aucune solution éclairante, mais toujours uniquement la même réponse timide : Je n'en sais pas plus; un enfant est battu.

Les demandes concernant le sexe de l'enfant battu avaient plus de succès, mais sans nous aider à mieux comprendre. Maintes fois il était répondu : toujours uniquement des garçons; ou : uniquement des filles; plus fréquemment c'était : je n'en sais rien; ou : c'est indifférent. L'idée qu'eut le questionneur d'une relation constante entre le sexe de l'enfant auteur du fantasme et celui de l'enfant battu ne se concrétisa jamais. Une fois, il y eut encore un détail caractéristique du contenu du fantasme qui se montra : le petit enfant est battu sur son tutu tout nu.

UNE PERVERSION AMORCÉE DÈS L'ENFANCE

D'après ce que nous savons actuellement, un tel fantasme, surgi dans la prime enfance peut-être dans des occasions fortuites et maintenu en vue de la *satisfaction auto-érotique,* ne peut être conçu que comme un trait primaire de perversion. Une des composantes de la fonction sexuelle aurait devancé les autres dans àe développement, se serait rendue précocement indépendante, se serait fixée et par là soustraite aux processus ultérieurs du développement, mais en donnant ainsi un témoignage de la constitution particulière et anormale de la personne. Nous savons qu'une telle perversion infantile peut ne pas persister pour la vie, qu'elle peut encore succomber plus tard au refoulement, avoir pour substitut une formation réactionnelle ou être transformée par une sublimation. (Mais il se pourrait que la sublimation naisse d'un processus particulier entravé par le refoulement.) Mais quand ces processus font défaut, alors la perversion se maintient dans l'âge mûr, et lorsque nous trouvons chez l'adulte une aberration sexuelle – perversion, fétichisme, inversion – nous sommes en droit de nous attendre à découvrir par anamnèse un tel événement fixateur dans l'enfance. Et bien avant la psychanalyse, des observateurs comme Binet ont pu rapporter les étranges aberrations sexuelles de la maturité à des impressions de ce genre, datant précisément de la cinquième ou sixième année de l'enfance. Assurément notre compréhension des perversions se heurtait là à une limite car les impressions fixatrices étaient dépourvues de toute force traumatique, elles étaient la plupart du temps banales et incapables d'émouvoir les autres individus; on ne pouvait pas dire pourquoi la tendance sexuelle s'était fixée précisément sur elles. Mais on pouvait leur trouver une signification : elles avaient fourni aux composantes sexuelles ayant pris de l'avance et prêtes à s'élancer un point d'ancrage occasionnel, et l'on devait être préparé à l'idée que la chaîne de la liaison causale trouverait quelque part une fin provisoire. La constitution innée semblait justement correspondre à toutes les exigences d'un tel point d'arrêt.

UN RÉSULTAT PLUTÔT QU'UNE CAUSE

La période de l'enfance qui se situe entre deux et quatre ou cinq ans est celle où les facteurs libidinaux innés sont pour la première fois éveillés par les expériences vécues et liés à certains complexes. Les fantasmes de fustigation dont nous traitons ici ne se manifestent qu'à la fin de cette période ou après qu'elle s'est écoulée. Il se pourrait donc qu'ils aient une préhistoire, qu'ils traversent un développement, et correspondent à un résultat terminal plutôt qu'à une manifestation initiale.

Cette présomption est confirmée par l'analyse. L'application conséquente de celle-ci enseigne que les fantasmes de fustigation ont un développement historique qui n'est pas du tout simple, et au cours duquel la plupart de leurs aspects sont plus d'une fois changés : leur relation à l'auteur du fantasme, leur objet, leur contenu et leur signification.

Pour suivre plus facilement ces transformations intervenant dans les fantasmes de fustigation, je me permettrai maintenant de restreindre mes descriptions aux personnes féminines, qui, au demeurant (quatre contre deux), constituent la majeure partie de mon matériel. Aux fantasmes de fustigation des hommes se rattache d'ailleurs un autre thème que je laisserai de côté dans cette communication. Ce faisant, je m'efforcerai de ne pas schématiser plus qu'il n'est inévitable lorsqu'on présente un état de fait moyen. Même si une observation ultérieure livre une plus grande variété de circonstances, je suis cependant bien convaincu d'avoir mis la main sur un phénomène typique et qui n'est assurément pas d'une espèce rare.

LE SOUHAIT CACHÉ

La première phase des fantasmes de fustigation chez la fille doit donc appartenir au tout début de l'enfance. Il y a quelque chose dans ces fantasmes qui, d'une manière remarquable, demeure impossible à déterminer, comme si la chose était indifférente. La maigre réponse que l'on a obtenue des patientes lors de la première communication, « un enfant est battu », paraît justifiée pour ce fantasme. Mais quelque chose d'autre est à coup sûr déterminable, et cela toutes les fois dans le même sens. L'enfant battu n'est jamais le même que l'auteur du fantasme, c'est régulièrement un autre enfant, la plupart du temps un petit frère ou une petite sœur, quand il y en a. Puisque cela peut être un frère ou une sœur, aucune relation constante entre le sexe de l'auteur du fantasme et celui de l'enfant battu ne peut se découvrir. Le fantasme n'est donc sûrement pas masochiste; on serait tenté de le qualifier de sadique, seulement on ne peut négliger le fait que l'enfant auteur du fantasme n'est jamais non plus lui-même celui qui bat. On ne voit pas clairement tout d'abord qui est en réalité la personne qui bat. On peut seulement établir ceci : ce n'est pas un autre enfant, mais un adulte. Cette personne adulte et indéterminée pourra par la suite être reconnue d'une façon claire et univoque comme étant le *père* (de la fille).

Cette première phase du fantasme de fustigation sera donc pleinement rendue par la phrase : *Le père bat l'enfant.* Je divulgue une grande partie du contenu qui devra être dévoilé plus tard en disant, au lieu de la phrase précédente : Le père bat l'enfant *haï par moi.* On peut évidemment se demander avec hésitation si l'on doit déjà reconnaître le caractère d'un « fantasme » à ce qui n'est encore que la phase préliminaire du fantasme de fustigation ultérieur. Il s'agit peut-être plutôt de souvenirs se rapportant à des scènes qu'on a vues se dérouler, à des désirs qui sont apparus à diverses occasions, mais ces doutes n'ont aucune importance.

Entre cette première phase et la phase suivante se sont accomplies de grandes transformations. La personne qui bat est bien demeurée la même, celle du père, mais l'enfant battu est devenu un autre enfant, c'est régulièrement la personne même de l'enfant auteur du fantasme, le fantasme est à un haut degré teinté de plaisir et s'est empli d'un contenu significatif dont la déduction nous occupera plus tard. Sa formulation est donc maintenant : *Je suis battue par le père.* Il a indubitablement un caractère masochiste.

Cette seconde phase est la plus importante de toutes et la plus lourde de conséquences. Mais on peut dire d'elle en un certain sens qu'elle n'a jamais eu une existence réelle. Elle n'est en aucun cas remémorée, elle n'a jamais porté son contenu jusqu'au devenir conscient. Elle est une construction de l'analyse, mais n'en est pas moins une nécessité.

La troisième phase offre quant à elle une certaine ressemblance avec la première. Sa formulation est celle qui nous est connue par la communication de la patiente. La personne qui bat n'est jamais la personne du père, elle est ou bien laissée indéterminée comme dans la première phase ou bien investie, d'une manière typique, par un substitut du père (professeur). La personne propre de l'enfant auteur du fantasme ne reparaît plus dans le fantasme de fustigation. Pressées de questions, les patientes répondent seulement : vraisemblablement, je regarde. Au lieu d'un seul enfant battu on a maintenant affaire la plupart du temps à beaucoup d'enfants. Dans la grande majorité des cas ce sont (dans les fantasmes des filles) des garçons qui sont battus, mais sans qu'ils soient individuellement connus. La situation originaire, simple et monotone, consistant à être battu, peut connaître les modifications et les enjolivements les plus variés, à la fustigation peuvent se substituer la punition et des humiliations d'une autre sorte. Mais le caractère essentiel qui différencie les fantasmes même les plus simples de cette phase de ceux de la première, et qui établit la relation au fantasme intermédiaire, est le suivant : le fantasme est maintenant porteur d'une forte excitation qui sans équivoque possible est sexuelle, et en tant que tel il conduit à la satisfaction onanistique. Mais c'est justement là qu'est l'énigme : par quelle voie le fantasme désormais sadique dans lequel des garçons étrangers et inconnus sont battus est-il devenu la possession désormais durable de l'aspiration libidinale de la petite fille?

Nous ne nous dissimulons pas non plus que la connexion et la succession des trois phases du fantasme de fustigation comme de toutes ses autres particularités sont restées jusqu'ici totalement incompréhensibles.

L'« ENFANT BATTU »
EST D'ABORD UN FRÈRE HAÏ

Si l'on conduit l'analyse à travers ces toutes premières périodes dans lesquelles est logé le fantasme de fustigation et à partir desquelles il est remémoré, elle nous montre l'enfant empêtré dans les excitations de son complexe parental.

La petite fille est tendrement fixée au père, qui vraisemblablement a tout fait pour gagner son amour et de cette manière dépose en elle le germe d'une attitude de haine et de concurrence envers la mère, attitude qui continue à se maintenir à côté d'un courant de tendre affection, et à laquelle il peut être réservé de devenir avec les années toujours plus forte et plus clairement consciente ou de donner l'impulsion à une liaison amoureuse à la mère qui soit excessive et réactive. Mais ce n'est pas au rapport à la mère que se rattache le fantasme de fustigation. Dans la chambre d'enfants il y a aussi d'autres enfants, plus âgés ou plus jeunes de très peu d'années, qu'on n'aime pas beaucoup, pour bien des raisons, mais principalement parce qu'on doit partager avec eux l'amour des parents, et qu'à cause de cela on repousse de soi avec toute l'énergie sauvage qui est propre à la vie sentimentale de ces années. Si c'est un petit frère ou une petite sœur plus jeune (comme dans trois de mes quatre cas) on le méprise, non content de le haïr, et il faut pourtant qu'on supporte de voir comme il tire à lui cette part de tendresse que les parents aveuglés réservent chaque fois au plus jeune. On comprend bientôt que le fait d'être battu, même si cela ne fait pas très mal, signifie une révocation de l'amour et une humiliation.

Le fantasme de fustigation : aussi ambigu que la promesse
*des trois sorcières à Banco dans « Macbeth ». (*Les Trois Sorcières de Macbeth,
gravure du XIXe siècle, Bibl. des Arts décoratifs.)

Ainsi plus d'un enfant qui se considère comme trônant en sécurité dans l'amour inébranlable de ses parents a été d'un seul coup déchu de tous les cieux de sa toute-puissance présomptueuse. Aussi est-ce une représentation agréable que celle du père battant cet enfant haï, tout à fait indépendamment du fait qu'on l'ait vu battre effectivement. Cela veut dire : le père n'aime pas cet autre enfant, *il n'aime que moi.*

Tels sont donc le contenu et la signification du fantasme de fustigation dans sa première phase. Le fantasme satisfait ouvertement la jalousie de l'enfant et dépend de sa vie amoureuse, mais il est aussi fortement soutenu par ses intérêts égoïstes. Un doute subsiste donc : peut-on le caractériser comme un fantasme purement « sexuel »? On n'ose pas non plus l'appeler un fantasme « sadique ». On sait que vers l'origine tous les caractères avec lesquels nous sommes accoutumés à bâtir nos dictinctions ont tendance à s'estomper. Cela ressemblerait donc à la promesse faite par les trois sorcières à Banco [3] : pas à coup sûr sexuel, pas même sadique, mais pourtant la matière d'où doivent sortir l'un et l'autre. Mais en aucun cas il n'y a lieu de supposer que déjà cette première phase du fantasme est au service d'une excitation qui, sous la pression des revendications génitales, apprend à obtenir la décharge dans un acte onanistique.

DES ASPIRATIONS SEXUELLES PRÉCOCES

Dans ce choix d'objet précoce de l'amour incestueux, la vie sexuelle de l'enfant atteint manifestement l'étape de l'organisation génitale. C'est plus facile à démontrer pour les garçons, mais également indubitable pour les petites filles. Quelque chose comme un pressentiment de ce que seront plus tard les buts sexuels définitifs et normaux domine l'aspiration libidinale de l'enfant. On peut à bon droit se demander avec étonnement d'où cela vient, mais on en a pour preuve que les organes génitaux ont déjà commencé à jouer leur rôle dans le processus d'excitation. Le désir d'avoir un enfant avec la mère ne manque jamais chez le garçon, le désir d'avoir un enfant du père est constant chez la fille, et cela alors qu'ils sont totalement incapables d'avoir une idée claire de la voie qui peut conduire à l'accomplissement de ces désirs. Chez l'enfant, il paraît devoir être établi que les organes génitaux ont quelque chose à faire là-dedans, même si son activité de rumination se plaît à chercher l'essence de l'intimité qu'il suppose exister entre ses

---

3. Autrement dit, c'est ambigu : « Moindre que Macbeth et plus grand! – Moins heureux, bien plus heureux pourtant! – Tu engendreras des rois, sans être roi toi-même! » (N.d.T.).

parents dans des relations d'une autre sorte, par exemple dans le fait de dormir ensemble, d'uriner en commun, etc., même si un tel contenu peut être mieux saisi dans des représentations de mots que l'obscure activité qui est en rapport avec les organes génitaux.

INTERVENTION DE LA CULPABILITÉ

Mais vient le temps où cette première floraison est gâtée par le gel; aucune de ces amours incestueuses ne peut échapper à la fatalité du refoulement. Elles lui succombent, ou bien à l'occasion d'événements extérieurs démontrables qui ont provoqué une déception (offenses inattendues, naissance indésirable, et ressentie comme une infidélité, d'un petit frère ou d'une petite sœur), ou bien sans occasions de ce genre, pour des raisons internes, peut-être seulement par suite de la carence de l'accomplissement après lequel on a trop longtemps langui. On ne peut méconnaître que les occasions ne sont pas les causes efficientes, mais que ces relations amoureuses sont vouées à sombrer un jour ou l'autre sans que nous en sachions la raison. Le plus probable est qu'elles s'en vont parce que leur temps est révolu, parce que les enfants entrent dans une nouvelle phase de leur développement dans laquelle ils sont contraints de répéter le refoulement du choix d'objet incestueux que leur dicte l'histoire de l'humanité, tout comme auparavant ils ont été poussés à adopter un tel choix d'objet. (Voir le destin dans le mythe dŒdipe.) Ce qui, comme résultat psychique des motions amoureuses incestueuses, existe à l'état inconscient n'est plus pris en charge par la conscience dans la nouvelle phase, ce qui avait déjà été conscient est à nouveau poussé au-dehors. En même temps que ce processus de refoulement apparaît une conscience de culpabilité, de la même provenance inconnue, mais sans aucun doute rattachée à ces désirs d'inceste et justifiée par leur persistance dans l'inconscient [4].

LE SADISME S'INVERSE EN MASOCHISME

Le fantasme du temps de l'amour incestueux avait dit : Il (le père) n'aime que moi, et pas l'autre enfant, car c'est ce dernier qu'il bat. La conscience de culpabilité ne sait pas trouver de plus dure punition que le renversement de ce triomphe : « Non, il ne t'aime pas, car il te bat. »

---

4. Voir le développement de ce thème dans *La Disparition du complexe d'Œdipe*, 1924 *(GW*, XIII, trad. fr. in *La Vie sexuelle*, P.U.F.). (N. de l'Éd.)

Ainsi le fantasme de la seconde phase – être soi-même battu par le père – deviendrait l'expression directe de la conscience de culpabilité, qui alors a comme base l'amour pour le père. Il est donc devenu masochiste; à ma connaissance il en est toujours ainsi; chaque fois, la conscience de culpabilité est le facteur qui transforme le sadisme en masochisme. Mais cela n'est assurément pas tout le contenu du masochisme. La conscience de culpabilité ne peut pas être restée maîtresse du terrain à elle seule; il faut que la motion amoureuse ait elle aussi sa part. Rappelons-nous qu'il s'agit d'enfants chez lesquels la composante sadique pouvait ressortir prématurément et isolément pour des raisons constitutionnelles. Nous n'avons pas à renoncer à ce point de vue. Chez de tels enfants, un retour à l'organisation prégénitale, sadique-anale de l'organisation sexuelle est particulièrement facilité. Si l'organisation génitale à peine constituée est atteinte par le refoulement, la conséquence n'est pas seulement que toute représentance [5] psychique de l'amour incestueux devient ou demeure inconsciente, mais en outre que l'organisation génitale elle-même connaît un abaissement régressif. La proposition « le père m'aime » était comprise au sens génital; sous l'effet de la régression elle se change en celle-ci : le père me bat (je suis battu par le père). Ce fait d'être battu est maintenant un composé de conscience de culpabilité et d'érotisme; *il n'est plus seulement la punition pour la relation génitale prohibée, mais aussi le substitut régressif de celle-ci*, et à cette dernière source il puise l'excitation libidinale qui lui sera inhérente et trouvera la décharge dans des actes onanistes. Mais cela est précisément l'essence du masochisme.

Le fantasme de la seconde phase – être soi-même battu par le père – demeure généralement inconscient, vraisemblablement par suite de l'intensité du refoulement. Je ne saurais dire pourquoi dans un de mes six cas (un cas masculin) il fut pourtant consciemment remémoré. Cet homme maintenant adulte avait clairement gardé en mémoire le fait qu'il avait coutume d'utiliser à des fins onanistes la représentation « être battu par la mère »; il est vrai qu'il substitua bientôt à sa propre mère la mère de compagnons d'école ou d'autres femmes lui ressemblant de quelque manière. Il ne faut pas oublier que lors de la transformation du fantasme incestueux du garçon dans le fantasme masochiste correspondant, se produit un renversement qu'on ne trouve pas dans le cas de la fille, à savoir la substitution de la passivité à l'activité, et que ce supplément de déformation peut dispenser le fantasme de demeurer inconscient par suite du refoulement. La conscience de culpabilité se serait donc contentée de la régression à la place du

---

5. *Vertretung.* (N.d.T.).

refoulement; dans les cas féminins, la conscience de culpabilité, peut-être en soi plus exigeante, n'aurait été apaisée que par l'action conjuguée des deux mécanismes.

POURQUOI « LES ENFANTS BATTUS » SONT-ILS DES GARÇONS?

Je répète que généralement le fantasme demeure inconscient et doit d'abord être reconstruit dans l'analyse. Cela permet peut-être de donner raison aux patients qui pensent se souvenir que l'onanisme est apparu chez eux plus tôt que le fantasme de fustigation de la troisième phase – dont il faudra également parler; ce dernier ne se serait ajouté que plus tard, sans doute sous l'impression de scènes scolaires. Aussi souvent que nous avons accordé crédit à ces indications, nous avons toujours été enclins à admettre que l'onanisme était tout d'abord confessé sous l'empire de fantasmes inconscients auxquels plus tard étaient substitués des fantasmes conscients.

C'est comme un substitut de cette sorte que nous concevons alors le fantasme connu de la troisième phase, configuration définitive du fantasme de fustigation, dans laquelle l'enfant auteur du fantasme n'intervient plus, à la rigueur, que comme spectateur, et où le père est maintenu dans la personne d'un professeur ou de n'importe quel autre supérieur. Le fantasme, qui maintenant est identique à celui de la première phase, semble s'être de nouveau retourné en fantasme sadique. On a l'impression que dans la phase « le père bat l'autre enfant, il n'aime que moi » l'accent est remonté sur la première partie, après que la seconde a succombé au refoulement. Mais il n'y a que la forme de ce fantasme qui soit sadique; la satisfaction qui est obtenue à partir de lui est une satisfaction masochiste; sa signification réside en ce qu'il a pris en charge l'investissement libidinal de l'élément refoulé, et avec lui la conscience de culpabilité qui y est attachée. Tous ces enfants indéterminés qui sont battus par le maître ne sont pourtant que des substituts de la personne propre.

Ici se montre aussi pour la première fois quelque chose comme une constance du sexe chez les personnes servant au fantasme. Les enfants battus sont presque exclusivement des garçons, dans les fantasmes des garçons aussi bien que dans ceux des filles. Ce trait ne s'explique pas d'une manière intelligible par une quelconque concurrence des sexes, car alors dans les fantasmes des garçons il devrait y avoir beaucoup plus de filles battues; il n'a rien à voir non plus avec le sexe de l'enfant haï de la première phase; mais il se réfère à un processus qui chez les filles introduit des complications. Lorsqu'elles se détournent de l'amour génital incestueux pour le père, les filles rompent le plus facilement du monde avec leur rôle féminin, donnent vie à leur « complexe de virilité » (Van Ophuijsen), et désormais ne veulent être que des garçons. C'est pourquoi les souffre-douleur qu'elles se donnent comme substituts sont aussi des garçons.

LA FIXATION PERVERSE :
UNE CICATRICE DE L'ŒDIPE

Ces observations peuvent être exploitées dans plusieurs directions pour mettre en lumière la genèse des perversions en général et du masochisme en particulier, et pour apprécier le rôle que joue la différence des sexes dans la névrose en général.

Le résultat le plus frappant d'une telle discussion concerne la genèse des perversions. La conception qui met en avant dans celles-ci le renforcement constitutionnel ou l'avance prématurée d'une composante sexuelle n'est certes pas ébranlée, mais tout n'est pas dit pour autant. La perversion ne se tient plus isolée dans la vie sexuelle de l'enfant; elle est au contraire accueillie dans le contexte des processus de développements typiques – pour ne pas dire normaux – que nous connaissons. Elle est mise en relation avec les objets d'amour incestueux de l'enfant, avec son complexe d'Œdipe, elle se montre à nous pour la première fois sur le terrain de ce complexe, et après qu'il s'est effondré, elle est souvent la seule chose qui en reste, héritière de sa charge libidinale et obérée par la conscience de culpabilité qui y est attachée. La constitution sexuelle anormale a finalement montré sa force en ce qu'elle a poussé le complexe d'Œdipe dans une direction particulière et l'a contraint à une manifestation résiduelle inhabituelle.

La perversion infantile peut, comme on le sait, servir de fondement à la formation d'une perversion équivalente subsistant la vie durant, qui consume toute la vie sexuelle de l'être humain, ou elle peut être interrompue et maintenue à l'arrière-plan d'un développement sexuel normal, auquel cependant elle continue toujours de soustraire un certain quantum d'énergie. Le premier cas est celui que l'on connaissait déjà aux temps préanalytiques, mais le fossé entre les deux est quasiment comblé par l'étude analytique des perversions adultes. En effet, on découvre assez fréquemment chez ces pervers qu'eux aussi, habituellement à l'époque de la puberté, ont formé un rudiment d'activité sexuelle normale. Mais il n'était pas assez fort, il a été abandonné aux premiers obstacles qui ne manquent pas de se produire, et puis la personne est définitivement revenue à la fixation infantile.

Il serait naturellement important de savoir si l'on est en droit d'affirmer d'une manière tout à fait générale que la genèse des perversions infantiles se fait à partir du complexe d'Œdipe.

Si la dérivation des perversions à partir du complexe d'Œdipe peut être faite universellement, alors notre appréciation de ce complexe connaît une nouvelle confirmation. Nous pensons en effet que le complexe d'Œdipe est le véritable noyau de la névrose, que la sexualité infantile, qui culmine en lui, est sa condition effective, et que ce qui subsiste de ce complexe dans l'inconscient représente la disposition de l'adulte à contracter ultérieurement une névrose. Le fantasme de fustigation et d'autres fixations perverses analogues ne seraient alors eux aussi que des sédiments laissés par le complexe d'Œdipe, pour ainsi dire des cicatrices, séquelles d'un processus révolu, tout comme la fameuse « infériorité » correspond à une cicatrice narcissique analogue.

UNE « CONSCIENCE MORALE CRITIQUE » : LE SURMOI

En ce qui concerne la genèse du masochisme, la discussion de nos fantasmes de fustigation ne fournit que des contributions parcimonieuses. Tout d'abord, il semble devoir se confirmer que le masochisme n'est pas une manifestation pulsionnelle primaire, mais qu'il provient d'un retournement du sadisme contre la personne propre, donc qu'il correspond à une régression de l'objet au Moi (voir *Pulsions et destins des pulsions, 1915).* [6] Il faut accorder qu'il existe des pulsions à but passif dès le début, surtout chez la femme, mais la passivité n'est pas encore le tout du masochisme; celui-ci comprend encore le caractère de déplaisir qui est si étrange dans un accomplissement de pulsion. La transformation du sadisme en masochisme paraît avoir lieu sous l'influence de la conscience de culpabilité qui prend part à l'acte du refoulement. Le refoulement se manifeste donc ici par trois sortes d'effets : il rend inconscients les résultats de l'organisation génitale, il contraint cette organisation elle-même à une régression au stade antérieur sadique-anal, et il transforme le sadisme de ce stade en masochisme passif et en un certain sens à nouveau narcissique. Le second de ces trois résultats est rendu possible par la faiblesse de l'organisation génitale qu'on doit admettre dans ces cas; le troisième devient nécessaire parce que la conscience de culpabilité est autant choquée par le sadisme que par le choix d'objet incestueux pris au sens génital. D'où provient la

6. *GW,* X; trad. fr. *in Métapsychologie,* Paris, 1968.

conscience de culpabilité elle-même? Les analyses, une fois encore, n'en disent rien. Il semble qu'elle soit apportée par la nouvelle phase dans laquelle entre l'enfant, et que, lorsqu'elle subsiste à partir de ce moment, elle corresponde à une cicatrisation analogue à celle que constitue le sentiment d'infériorité. D'après l'orientation encore incertaine de nos recherches sur la structure du Moi, nous l'attribuerions à cette instance qui, en tant que conscience morale critique, s'oppose au reste du Moi, produit dans le rêve le phénomène fonctionnel de Silberer et se sépare du Moi dans le délire d'observance [7].

PARANOIA ET FÉTICHISME : UN RAPPORT POSSIBLE

J'ai déjà exposé quelle signification prend habituellement la troisième phase, apparemment sadique, du fantasme de fustigation; elle est le porteur de l'excitation qui pousse à l'onanisme et l'instigateur d'une activité fantasmatique qui en partie continue cet onanisme comme tel, en partie le suspend d'une manière compensatoire. Pourtant la seconde phase du fantasme, inconsciente et masochiste, « être soi-même battu par le père », est de loin la plus importante. Non seulement elle continue d'agir par l'intermédiaire de la phase qui se substitue à elle, mais elle a aussi sur le caractère des effets vérifiables qui dérivent immédiatement de sa formule inconsciente. Des êtres humains qui portent en eux un tel fantasme font preuve d'une sensibilité et d'une susceptibilité particulières vis-à-vis des personnes qu'ils peuvent insérer dans la série paternelle; ils se laissent facilement offenser par ces personnes et ainsi procurent sa réalisation à la situation fantasmée, à savoir qu'ils sont battus par le père, pour leur plus grand malheur. Je ne serais pas étonné si l'on parvenait un jour à montrer que ce même fantasme est à la base du délire quérulant des paranoïaques.

LE MASOCHISME : UNE POSITION FÉMININE...

Chez ces hommes masochistes, on fait une découverte qui nous avertit que, jusqu'à plus ample informé, l'analogie avec les circonstances rencontrées chez la femme ne doit pas être poursuivie plus loin, et que

---

7. Freud fait ici allusion à cette instance qu'il introduira quatre ans plus tard dans « Le Moi et le Ça » : le Surmoi. En ce qui concerne le « phénomène fonctionnel » de Silberer, voir *Les Rêves, voie royale de l'inconscient*, p. 101 (N. de l'Éd.).

nous devons au contraire juger les faits par eux-mêmes. Il apparaît en effet que dans leurs fantasmes masochistes comme dans les mises en scène qui en permettent la réalisation ils adoptent régulièrement des rôles de femmes, autrement dit leur masochisme coïncide avec une position *féminine*. Cela est facile à montrer à partir des détails de leurs fantasmes; mais beaucoup de patients le savent aussi et l'expriment comme une certitude subjective. Rien n'est changé à l'affaire si la décoration scénique de la scène masochiste maintient la fiction d'un méchant garçon, page ou apprenti, qui doit être puni : les personnes qui sévissent sont chaque fois, dans les fantasmes comme dans les mises en scène, des femmes. C'est assez confondant; on aimerait aussi savoir si le masochisme des fantasmes infantiles de fustigation repose sur une même disposition féminine [8].

...A L'ÉGARD DU PÈRE

Laissons donc de côté les circonstances difficiles à élucider du masochisme des adultes et tournons-nous vers les fantasmes infantiles de fustigation chez les individus de sexe masculin. Là, l'analyse de la prime enfance nous permet à nouveau de faire une découverte surprenante : le fantasme conscient ou capable de conscience qui a pour contenu « être battu par la mère » n'est pas primaire. Il a un stade préliminaire qui est régulièrement inconscient et qui a pour contenu : *Je suis battu par le père*. Ce stade préliminaire correspond donc réellement à la seconde phase du fantasme de la fille. Le fantasme connu et conscient « je suis battu par la mère » occupe la place de la troisième phase du fantasme de la fille où, a-t-on dit, des garçons inconnus sont les objets battus. Je n'ai pu démontrer l'existence chez le garçon d'un stade préliminaire de nature sadique comparable à la première phase du fantasme de la fille, mais je ne veux pas prononcer ici un refus définitif car je conçois bien la possibilité de types plus compliqués.

Être battu, dans le fantasme masculin – pour le nommer brièvement et d'une manière qui je l'espère ne prête pas à confusion –, c'est aussi bien être aimé au sens génital du terme, après un rabaissement dû à la régression. Originairement, le fantasme inconscient masculin n'a donc pas eu pour formule « je suis battu par le père », comme nous l'avions d'abord établi provisoirement, mais plutôt : *Je suis aimé par le père*. Il a été transformé, par les processus connus, en un fantasme conscient : *Je suis battu par la mère*. Le fantasme de fustigation du

---

8. Pour plus de détails, voir *Le Problème économique du masochisme*, 1924 (*GW*, XIII; p. 287-297). (N. de l'Éd.)

garçon est donc dès le début un fantasme passif, effectivement issu de la position féminine à l'égard du père. Et il correspond aussi bien que le fantasme féminin (celui de la fille) au complexe d'Œdipe, seulement le parallélisme auquel nous nous attendions doit être abandonné pour une similitude d'une autre sorte : *dans les deux cas le fantasme de fustigation dérive de la liaison incestueuse au père.*

Le fantasme de fustigation est porteur d'une forte émotion sexuelle.
(Les Mœurs, *dessin de A. Willette pour* l'Assiette au beurre).

Les choses ne seront que plus claires si je donne aussi les autres ressemblances et différences qui existent entre les fantasmes de fustigation des deux sexes. Chez la fille, le fantasme masochiste inconscient vient de la position œdipienne normale; chez le garçon, il vient de la position renversée qui prend le père comme objet d'amour.

Le garçon se soustrait, par le refoulement et le remaniement du fantasme inconscient, à son homosexualité; ce qu'il y a de remarquable dans son fantasme conscient ultérieur, c'est qu'il a pour contenu une position féminine sans choix d'objet homosexuel. La fille par contre échappe, au cours du même processus, à l'exigence de la vie amoureuse en général; elle se fantasme en homme sans devenir elle-même virilement active, et n'assiste plus qu'en spectateur à l'acte qui se substitue à un acte sexuel.

Nous avons des raisons d'admettre qu'il n'y a pas grand-chose de changé par le refoulement du fantasme inconscient originaire. Tout ce qui pour la conscience a été refoulé et remplacé par un substitut reste conservé dans l'inconscient et capable de produire des effets. Il en va autrement avec l'effet de la régression sur une étape antérieure de l'organisation sexuelle. Nous sommes en droit de penser que la régression va jusqu'à changer les circonstances dans l'inconscient, de sorte que ce qui chez les deux sexes reste en place dans l'inconscient après le refoulement, ce n'est assurément pas le fantasme (passif) « être aimé par le père », mais le fantasme masochiste « être battu par le père ». Et l'on ne manque pas d'indices montrant que le refoulement n'a atteint son dessein que très imparfaitement. Le garçon qui a voulu échapper au choix d'objet homosexuel et n'a pas changé son sexe se sent pourtant une femme dans ses fantasmes conscients et dote les femmes qui battent de propriétés et d'attributs masculins. La fille qui, de son côté, a renoncé à son sexe et accompli un travail de refoulement dans l'ensemble plus profond, ne se débarrasse pourtant pas du père, ne se risque pas à battre personnellement, et parce qu'elle est elle-même devenue garçon, elle fait battre principalement des garçons.

ŒDIPE, CLÉ DE VOÛTE DE LA SEXUALITÉ

La théorie psychanalytique qui s'appuie sur l'observation tient ferme à l'idée que les motifs du refoulement ne doivent pas être sexualisés. Ce qui forme le noyau de l'inconscient psychique est l'héritage archaïque de l'être humain, et ce qui succombe au processus du refoulement, c'est la part de cet héritage qui doit toujours être laissée de côté lors du progrès vers des phases ultérieures du développement, parce qu'elle est inutilisable, incompatible avec la nouveauté et nuisible à celle-ci. Ce choix réussit mieux pour un groupe de pulsions que pour les autres. Ces dernières, les pulsions sexuelles, en vertu de circonstances particulières qui ont déjà été exposées maintes fois, ont le pouvoir de déjouer les desseins du refoulement et de se faire représenter de force par des formations substitutives génératrices de troubles. Voilà pourquoi la sexualité infantile, qui est soumise au refoulement, est la force motrice principale de la formation du symptôme, et que l'élément essentiel de son contenu, le complexe d'Œdipe, est le complexe nucléaire de la névrose. J'espère que grâce à cette communication on s'attendra à ce que les aberrations sexuelles de l'enfance elles aussi proviennent du même complexe que celles de l'âge adulte.

Sigmund Freud[9]

---

9. *Névrose, psychose et perversion* (« Un enfant est battu », 1919), P.U.F., coll. « Bibliothèque de Psychanalyse », p. 219-243.

Portrait imaginaire de D.A.F. de Sade, *par Man Ray, 1940.*

Chapitre VIII

Sade et le sadisme

Dans cet exposé consacré aux rapports entre la perversion et le sadisme, Janine Chasseguet-Smirgel montre le rôle absolument décisif de la régression sadique-anale dans la perversion. L'univers de l'analité, en effet, est caractérisé par l'abolition de toutes les différences [1] et, en particulier la différence entre les sexes et entre les générations : « Et c'est pour multiplier mes hommages que je ne mets de distinction ni entre les âges ni entre les sexes [2] », écrit Sade dans La Nouvelle Justine.

Les fèces sont une possession commune à l'enfant, à l'adulte, à l'homme et à la femme, contrairement au pénis ou au bébé. Aussi, le pervers réalisera-t-il nécessairement une transmutation de la réalité en réduisant les êtres, les idées, les zones érogènes et les parties du corps – toutes choses hautement différenciées – à des particules homogènes sans spécificité; ce processus, à l'évidence, est calqué sur celui de la digestion. Cette destruction de la réalité (liée à la génitalité) faite, elle, de différences, au profit d'une réalité nouvelle, celle de l'univers anal où les différences sont abolies, est typique de la perversion. La description la plus parlante en est donn(e dans l'œuvre même de Sade, plus particulièrement dans Les Cent Vingt Journées de Sodome.

L'auteur laisse entendre ici que la double différence entre les sexes et les générations ainsi effacée fait un retour inconscient à travers la compulsion à idéaliser du pervers. Très souvent, celui-ci est un esthète, ce qui pourrait s'expliquer par la nécessité dans laquelle il se trouve de dissimuler l'univers anal sous un masque chatoyant [3]. Cela repré-

---

1. Sur l'univers de l'analité, voir également *Les Stades de la libido : de l'enfant à l'adulte*, chap. x : « L'Analité », par Béla Grunberger. (N. de l'Éd.)
2. Cité par J. Chasseguet-Smirgel.
3. Voir, du même auteur, « Sublimation, perversion et idéalisation », dans *La Sublimation : les sentiers de la création*. (N. de l'Éd.)

*sente le signe que les valeurs génitales et, plus spécialement, les préro-
gatives génitales du père, subsistent et continuent à produire leurs effets
dans la psyché du pervers* [4].

Je suis obligée de rappeler, pour commencer, une proposition que
j'ai déjà présentée dans des travaux antérieurs afin de rendre intelligible
la suite de mon exposé [5]. Pour ce faire, je partirai d'une constatation
de Freud (1911) à propos des deux principes du fonctionnement mental : « Les instincts sexuels se manifestent d'abord sur un mode auto-
érotique; ils obtiennent satisfaction sur le corps même du sujet et, par
conséquent, n'ont pas à subir la situation de frustration qui nécessita
l'institution du principe de réalité. »

Mon hypothèse est que cette affirmation d'une satisfaction sexuelle
sans frustration se trouve, chez le pervers, transposée du domaine de
l'auto-érotisme (où cette satisfaction a été réellement possible) au
domaine objectal et, plus précisément, à la situation œdipienne. Le
fragment de réalité nié concerne la réalité sexuelle, celle de la différence
entre les sexes et celle de la différence entre les générations, la seconde
commandant la première. L'un des éléments sur lesquels j'ai insisté est
le lien étroit qui unit cette double différence. La reconnaissance de la
différence entre les sexes comme décidant de l'accès à la réalité a été
proposée par Bertram Lewin (1948). Cette idée a souvent été reprise,
surtout dans la littérature psychanalytique française, dans une ligne
strictement freudienne, à savoir que le déni de l'absence de pénis chez
la mère est la conséquence de la peur de castration. Pour ma part, et
je vais là dans le sens des conceptions de Joyce McDougall (1972),
la vision des organes génitaux féminins est terrifiante parce qu'elle
force l'enfant à reconnaître le rôle du père dans la scène primitive;
autrement dit, à reconnaître que le père possède un pénis et des capacités génitales que lui, l'enfant, ne possède pas ou, plutôt, ne possède pas
encore. Il lui faut donc grandir, mûrir, se développer pour *devenir*
comme son père. C'est cette exigence de *devenir comme* ce que l'on
n'est pas d'emblée qui me semble décisive pour l'accès à la réalité.
Autrement dit, le futur pervers tend à abraser la différence qui existe
entre son père et lui, son petit pénis de garçon impubère et le grand

---

4. Ce qui nous ramène aux problèmes du déni du clivage, non étudiés dans ce chapitre. *Cf.* notre introduction au chapitre III. (N. de l'Éd.)

5. L'auteur a repris certaines pages de cette conférence dans une perspective différente, pour traiter
du corps chez Sade. Cette contribution paraîtra dans *Corps et création* (Coll. « Inconscient et culture »
dirigée par Didier Anzieu, Dunod éd.). (N. de l'Éd.)

pénis génital de son père, la sexualité prégénitale et la sexualité génitale.

L'ENFANT PERVERS ET SA MÈRE

Ce qui me paraît entre autres frappant, c'est que les pulsions prégénitales du pervers n'ont décidément pas succombé à ce « refoulement organique » dont parle Freud comme étant lié au développement naturel, et surtout qu'il n'a pas fait de ses dieux déchus des démons. (Cf. Freud [1929] : « Le tabou de la menstruation résulte de ce "refoulement organique" en tant que mesure contre le retour à une phase dépassée du développement – quand les dieux d'une période dépassée de la civilisation sont faits démons, cette transformation est la reproduction, à un autre niveau, de ce même mécanisme. ») En effet, j'ai souligné le fait que la sexualité prégénitale, avec ses objets partiels et ses zones érogènes, est soumise, chez le pervers, à un processus d'*idéalisation* (mais non de sublimation). Autrement dit, les anciens dieux ne sont pas devenus démons, ils sont au contraire magnifiés et vénérés. La prégénitalité doit être entourée d'une aura narcissique afin que le sujet parvienne à se convaincre et à convaincre les autres qu'elle est égale et même supérieure à la sexualité génitale du père. J'avais proposé d'*adjoindre à la compulsion sexuelle du pervers une compulsion à idéaliser.* Ainsi le père ne possède aucun attribut, aucune capacité dont la splendeur dépasse ou égale même celles de l'enfant. Le petit garçon impubère est capable, tout autant que le père, ou même mieux que lui, de satisfaire sa mère. Il va de soi – et cela a été mis en évidence par de nombreux auteurs – que la mère, par son attitude d'adoration envers son enfant et d'exclusion du père, lui a fourni les bases qui lui permettent de maintenir son illusion, à savoir qu'il est pour elle un partenaire sexuel adéquat.

ANALITÉ ET PERVERSION

J'ai accordé une place particulière à *l'analité* et à son idéalisation dans le processus qui permet au pervers de conserver son illusion. Je voudrais, dans le présent travail, avancer d'un pas et montrer comment et pourquoi le monde du pervers se confond, à un certain niveau, avec l'univers sadique-anal. Autrement dit, je voudrais montrer que l'univers sadique-anal se caractérise, précisément, par l'absence de la double différence et, d'une façon plus générale, par l'absence de toutes les différences. Pour ce faire, je me tournerai vers l'œuvre de celui qui est le mieux placé pour nous révéler l'essence du sadisme, c'est-à-dire le marquis de Sade lui-même.

LE LIEU DE LA SCÈNE SADIENNE

On a souvent remarqué que la scène sadienne se déroulait dans des lieux clos. Mais on peut se demander, en considérant les sites naturels et les constructions architecturales comme des projections du corps propre, quel est le sens inconscient de cette clôture. La description par Sade de quelques-uns de ces lieux me paraît très éclairante. J'évoquerai seulement ici le fameux château de Silling où vont se dérouler *Les Cent Vingt Journées de Sodome* et son isolement au fond de la Forêt-Noire, la route « difficile, tortueuse et absolument impraticable, sans guide » qui y mène, la succession de barrières montagneuses qui enferment le château entièrement, entourant une petite plaine sans laisser la plus légère ouverture; « dans cette petite plaine un mur, au-delà du mur un fossé plein d'eau et encore une dernière enceinte formant une galerie tournante ».

Cette circularité parfaite, entourant la victime d'une muraille sans faille, se retrouve à l'intérieur du château, dans la description du salon où les historiennes vont faire entendre leurs narrations, « c'était pour ainsi dire le champ de bataille des combats projetés », dit Sade qui en compare la construction à un amphithéâtre.

A LA FOIS « RING » ET « ARÈNE »

Remarquons que « ce champ de bataille des combats projetés » est semblable à un *ring,* mot qui signifie anneau, même s'il n'a pas exactement une forme circulaire, et où s'affrontent les combattants. Il s'agit aussi d'une arène, autre lieu clos où se déroulent de sanglants sacrifices. Signalons les nombreuses références à l'obscurité, à la noirceur, à l'intimité : nous sommes au cœur de la Forêt-Noire, près d'un hameau de charbonniers, dans un salon extrêmement chaud garni de velours noir à franges d'or.

« Mais, écrit Sade, la dépravation, la cruauté, le dégoût, l'infamie (...) avaient bien érigé un autre local. » Ce local est décrit comme accessible par « un escalier en vis, très étroit et très escarpé, lequel par trois cents marches descendait aux entrailles de la terre dans une espèce de cachot voûté, fermé par trois portes de fer... » et là, le scélérat « était chez lui,

La justice de Dieu exige de vous que vous
soyez mise ainsi nue

Les scènes sado-masochistes constituent un sujet d'inspiration littéraire et iconographique inépuisable. (Caricature anglaise de 1731 à propos de l'affaire du R.P. Girard et de Melle Cadière.)

il était hors de France, dans un pays sûr, au fond d'une forêt inhabitable, dans un réduit de cette forêt que, par les mesures prises, les seuls oiseaux du ciel pouvaient aborder, et il y était dans le fond des entrailles de la terre. Malheur, cent fois malheur, à la créature infortunée qui, dans un pareil abandon, se trouvait à la merci d'un scélérat sans lois ni religion... » Lorsque toute la compagnie est installée à Silling, l'un des libertins, Durcet, après avoir fait couper le pont – ce qui isole le château, c'est-à-dire en fait une île – fait murer toutes les portes et « s'enfermer absolument dans la place comme dans une citadelle assiégée (...) On se barricade à tel point qu'il ne devenait même plus possible de reconnaître où avaient été les portes ».

VOYAGE DANS LE TUBE DIGESTIF

Dans *Justine,* on retrouve des descriptions analogues : château accessible par un chemin impraticable, gorges sinueuses, « précipice affreux », isolement total : « Je me crus au bout de l'univers », dit Justine. Dans le château, un souterrain où Justine s'enfonce dans « une terre molle et flexible » qui n'est rien d'autre qu'un agglomérat de cadavres. Puis « un caveau rond » dont « les murs (sont) tapissés de noir ».

L'histoire de Juliette nous offre une description peut-être plus saisissante encore : « Nous voilà enfin dans une *salle basse,* toute tapissée de squelettes; les *sièges* de ce local n'étaient formés que d'os de morts, et *c'était sur des crânes que l'on s'asseyait;* des cris affreux nous parurent sortir de *dessous la terre* [6] et nous apprîmes bientôt que c'était dans les voûtes de cette salle qu'étaient situés les cachots où gémissaient les victimes de ce monstre. »

Je voudrais relever dans ces textes la profondeur des abîmes, les enceintes fermées par les montagnes, les murailles, les fossés, les caves dans « les entrailles de la terre », et, surtout, les squelettes et les crânes sur lesquels on *s'assied,* autrement dit sur lesquels on pose son *anus.*

Car tel me semble pouvoir être compris le lieu de la scène sadienne : *il s'agit d'un trajet à travers le tube digestif* (les cent vingt journées sont désignées par Sade comme « un voyage »), *trajet qui aboutit au rectum dans lequel la victime est enserrée par l'enceinte que forme l'anneau sphinctérien du bourreau qui la contient, l'immobilise et la manipule à son gré.*

6. C'est moi qui souligne.

UN PIÈGE
QUI MAINTIENT LA PROIE

J'ai eu l'occasion de montrer à plusieurs reprises que le *piège* n'est rien d'autre que la projection de l'anus dans lequel l'objet est enfermé. J'avais relevé (1966) que le thème de l'île dans la littérature (que l'on songe aux *Chasses du Comte Zarhoff,* à *L'Ile du docteur Moreau* ou aux *Dix Petits Nègres* parmi bien d'autres exemples), était une figuration du piège-anus se refermant sur sa prise.

L'objet est ainsi, chez Sade, soumis à un processus de lente digestion. On sait combien est important pour lui, dans *Les Cent Vingt Journées* en particulier, de graduer ses effets, combien de fois il répète qu'il ne révélera certains détails que plus tard, le moment venu. A plusieurs reprises il est question de « l'ordre des matières ». Par exemple : « On joignit à cela quelques autres épisodes que l'ordre des matières ne nous permet pas encore de dévoiler. » Parallèlement à l'attente dans laquelle Sade s'essaie à faire vivre son lecteur, il décrit « un code des lois » ou « règlements » rédigés par les libertins, organisateurs des débauches, auxquels tous les protagonistes, y compris les rédacteurs eux-mêmes, doivent se soumettre. Ces règlements sont des emplois du temps très stricts et très précis, une programmation des débauches lente et successive. Il s'agit de définir « les glissements progressifs du plaisir » [7] et ses conditions rigoureuses. Or il apparaît, à la lecture, qu'il s'agit d'un « ordre des matières » au sens littéral du terme, c'est-à-dire non seulement des contenus des événements rapportés, mais de l'ordre dans lequel les objets, transformés progressivement en excréments (autre sens du mot « matières ») vont lentement glisser le long du tube digestif jusqu'à leur fécalisation totale et leur expulsion.

On s'est souvent livré, dans la littérature psychanalytique, à des interprétations sur le « contrat », en référence, généralement, au contrat masochique. Le contrat sadique (car les « règlements » des *Cent Vingt Journées* en sont une variante) me semble n'être rien d'autre que la soumission absolue non tant de l'objet au sujet que des deux protagonistes à la fois à *la seule loi qui régit les processus se déroulant à l'intérieur du tractus digestif.* Autrement dit, le contrat (règlements ou code des lois) réduit le Surmoi œdipien à la loi des fonctions intestinales.

AUSCHWITZ, « ANUS DU MONDE »

En fait, toutes les acquisitions ultérieures à l'analité, la relation à l'objet, l'objet lui-même, le corps et les parties du corps, les idéaux et

---

7. Titre d'un film érotique de caractère sadique d'Alain Robbe-Grillet. (N. de l'Éd.)

H.-G. WELLS

L'ILE DU DOCTEUR MOREAU

(Traduit de l'anglais par Henry-D. DAVRAY)

50 c.
L'OUVRAGE COMPLET

Cette œuvre, qui peut être mise entre les mains de tous, nous fait connaître des êtres étranges, créés par l'imagination surprenante du grand romancier anglais, mais que la science rendra réels sans doute un jour. La lecture en est passionnante.

F. ROUFF Éditeur,
Rue de Vaugirard, PARIS

le Surmoi, comme nous venons de le voir, vont être forcés de réintégrer le moule anal (c'est-à-dire l'intestin et l'anus). Béla Grunberger (1959-1971), étudiant la relation objectale anale, parle de la digestion comme consistant en un « fractionnement des aliments ingérés et en leur dégradation successive en unités de moins en moins différenciées, perdant progressivement leurs particularités originelles, et formant finalement une masse homogène, le bol fécal », fait qu'il met entre autres en relation avec l'expression du Gauleiter d'Auschwitz, qui appelait son camp « l'anus du monde ». Il est sans doute superflu de rappeler que les déportés y devenaient ces unités homogènes, numérotées, enfermées dans les chambres à gaz, puis réduites en cendres. Le camp de concentration représente, à un certain niveau, la parfaite objectivation du système digestif et le passage dans la réalité des fantasmes sadiens.

LA TRANSMUTATION DE LA RÉALITÉ

Ce système digestif, cet anus, contiennent en fait, chez Sade, un magma indifférencié. Le coït est toujours une activité groupale dont les protagonistes, échafaudant des postures extrêmement complexes qui se font, se défont, se transforment tout au long du récit, sont des hommes, des femmes, des enfants, des vieillards, des mères et des filles, des pères et des fils, des nobles et de la canaille, des religieuses et des putains : « Tout sera pêle-mêle, tout sera vautré sur des carreaux, par terre, et, à l'exemple des animaux, on changera, on se mêlera, on incestera, on adultérera, on sodomisera », tel se trouve être l'un des préceptes des « règlements » ou « code des lois » établis par les libertins des *Cent Vingt Journées*. Dans cet ouvrage comme dans tous ceux de Sade, les protagonistes tiennent indifféremment le rôle actif ou passif, dans la sodomie ou dans la flagellation.

Les objets qui servent au plaisir sont tantôt candides, nobles et beaux, tantôt vieux, hideux, mutilés et puants. Des deux situations il est possible de retirer une jouissance particulière. Dans le premier cas, « le libertinage qui n'admet jamais aucune borne, se trouvait singulièrement échauffé de contraindre à des horreurs et à des infamies ce qu'il semblait que la nature et la convention sociale dussent soustraire à de telles épreuves ». Obliger des « filles de bon ton » à « renoncer à leur orgueilleux étalage et à l'insolence de leur maintien (...) (à) se livrer aux caprices les plus irréguliers et souvent même aux outrages » constitue une satisfaction vivement appréciée de ces sectateurs de Sodome.

◀ *Le thème de l'île dans la littérature et le cinéma :*
   une figuration du piège-anus qui se referme sur sa prise. (Bibl. nat.)

RÉDUITS A L'ÉTAT D'EXCRÉMENTS

Selon notre conception, il s'agit en effet de réduire à l'état d'excréments des êtres qui s'en éloignent le plus, sur qui la beauté et la noblesse ont jeté une aura d'idéalisation qui s'oppose radicalement à la fécalisation. Les créatures hideuses, maquerelles mutilées, d'une saleté repoussante, représentent une autre occasion de plaisir : « Il est très voluptueux de se vautrer pour ainsi dire dans l'ordure, avec des créatures de cette classe » lorsqu'on est entiché « de cette maudite manie de crapule et de débauche, qui fait trouver un attrait plus piquant avec un objet vieux, dégoûtant et sale qu'avec ce que la nature a formé de plus divin ». Il est encore plus voluptueux de se frotter à des « femmes tarées »... « borgnes, aveugles, boiteuses, bossues, culs-de-jatte, manchottes, édentées, mutilées de quelques membres, ou fouettées et marquées, ou clairement flétries par quelque autre acte de justice, et toujours avec cela de l'âge le plus mûr ». Et Sade d'ajouter à propos d'une extase éprouvée par deux des héros des *Cent Vingt Journées* avec ce qu'il nomme « un cadavre anticipé » : « Et qu'on explique l'homme après cela! »

Eh bien, il me semble que la conception selon laquelle les objets, chez Sade, sont soumis à un processus calqué sur celui de la digestion, permet de saisir le sens de la satisfaction éprouvée devant un « cadavre anticipé », comme si la réalité de la progression du processus était vérifiée : l'objet est déjà à moitié digéré, à moitié broyé et désintégré, à moitié fécalisé.

Dans un remarquable article sur « Un rêve du marquis de Sade » (1972), Sheldon Bach et Lester Schwartz montrent, en des termes très proches de ceux de Béla Grunberger cités plus haut, que chez Sade « toute la physiologie humaine est dégradée en un puzzle de particules qui sont équivalentes à la nourriture et aux fèces et deviennent interchangeables ». Ils ajoutent que les produits du corps, les contenus du corps et ceux de l'esprit, valeurs, principes, idéaux, sont métamorphosés fantasmatiquement « en parcelles standardisées d'une technologie anale folle ».

LA JOUISSANCE PERVERSE
ABOLIT LA DIFFÉRENCE

Or c'est en effet ce qui me paraît être l'essence même, non seulement du sadisme, mais de la jouissance qu'entraîne la *transgression*. Il s'agit de tout réduire – êtres, idées, zones érogènes, parties du corps – toutes choses hautement différenciées – à des particules homogènes auxquelles aura été soustraite toute spécificité. La jouissance obtenue par la transgression n'a rien d'œdipien, elle est – et les écrivains l'ont su avant les psychanalystes – consubstantielle à la perversion. Le plaisir lié à la transgression est soutenu par le fantasme d'avoir réduit l'objet à l'excrément, d'avoir, en brisant les barrières qui séparent la mère du fils, la fille du père, le frère de la sœur, les zones érogènes les unes des autres et les molécules du corps entre elles, *détruit la réalité et de ce fait même, en avoir créé une nouvelle, celle de l'univers anal où toutes les différences sont abolies.*

Cela nous fait revenir à la différence fondamentale, celle des sexes et des générations, qui fonde l'accès à la réalité.

UN MÉPRIS
DES ATTRIBUTS FÉMININS

Les femmes, dans l'œuvre de Sade, si elles ne sont pas les acolytes des libertins ou des criminelles elles-mêmes (Juliette, Delbène, les historiennes, etc.), sont l'objet du plus grand mépris. C'est ainsi que dans *Les Cent Vingt Journées* les libertins s'adressent aux épouses (qui sont aussi leurs filles) et aux fillettes : « Songez que ce n'est point comme des créatures humaines que nous vous regardons, mais uniquement comme des animaux que l'on nourrit pour le service qu'on en espère et qu'on écrase de coups quand ils se refusent à ce service. » Le sexe féminin est un objet de répulsion : « En général, offrez-vous toujours très peu par devant; souvenez-vous que cette partie infecte que la nature ne forma qu'en déraisonnant est toujours celle qui nous répugne le plus. » (*Les Cent Vingt Journées.*) Il s'agira de « cette indigne partie » ou de cette « maudite fente » qui est comparée à « l'autre temple » (c'est-à-dire l'anus), toujours au bénéfice de ce dernier; et même, cet anus, il est préférable qu'il soit celui d'un sujet masculin : « Le Président enfilait indistinctement tous les trous, quoique celui du derrière d'un jeune garçon lui fût infiniment plus précieux. »

Les seins sont l'objet d'un égal dédain : « Que le diable emporte les tétons (...) Eh! qui vous demande des tétons? Voilà ce qui m'impatiente avec toutes ces créatures-là : c'est toujours cette impudente manie de montrer des tétasses... » Certaines des « passions » décrites dans *Les Cent Vingt Journées* impliquent la défécation sur les seins ou dans le vagin.

NIER L'ANCIENNE INSUFFISANCE SEXUELLE

L'une des « cérémonies religieuses » auxquelles se livrent les amis est le mariage entre les petites filles et les petits garçons du sérail. Il advient qu'elle s'exécute alors que les enfants sont parés « en sens contraire, c'est-à-dire que le petit garçon était en fille et la fille en garçon ». Car, au-delà d'une crainte de castration que la vue des organes génitaux féminins activerait, selon une conception freudienne classique, il me semble qu'il s'agit de quelque chose de plus profond qui relève d'un désir fondamental de briser la différence entre les sexes. Or cette différence ne renvoie pas seulement, ainsi que je l'ai dit plus haut, à la crainte de castration mais à la blessure narcissique d'être, à l'âge de l'Œdipe, un objet sexuel insuffisant et dérisoire pour la mère, faute de capacités génitales non encore développées. Si le vagin est répugnant, tout au plus équivalent à un anus (on y défèque) et, en fait, moins qu'un anus, si, des femmes, l'on ne désire que l'orifice anal, les fesses et les excréments (*cf.* les pratiques coprophagiques), au mépris de leurs organes proprement féminins (seins, vagin), si, de surcroît, les hommes font encore mieux l'affaire que les femmes, alors la blessure narcissique liée à l'insuffisance primaire sera effacée.

UN UNIVERS DU SACRILÈGE

De même, l'inceste chez Sade, constamment présent et constamment pratiqué, n'a pas pour but d'apaiser une longue nostalgie de la mère, mais d'abolir l'existence même de la catégorie « parents » et de la catégorie « enfants » par l'avènement d'une société parfaitement et totalement égalitaire, entièrement nivelée par le bas. La féminité de la femme est annihilée par la seule prise en compte de ce qui en elle ne la distingue pas de l'homme. L'homme est pénétré comme s'il était femme. La mère, la fille, sont mises au rang d'objets sexuels et traitées comme des putains. Les putains sont mises au rang des mères (dans le récit de la Duclos, par exemple). Cet univers est par essence celui du *sacrilège* puisque tout – et particulièrement ce qui est interdit, tabou, sacré – est engouffré dans une gigantesque machine à broyer (le tube digestif) qui désintègre toutes les molécules pour ramener la masse ainsi obtenue à l'excrément. Les zones érogènes, les diverses parties du corps sont interchangeables et fécalisées : le vagin, la bouche deviennent anus (puisqu'on y défèque), le lait est introduit dans l'anus afin d'y être bu, une femme est opérée afin d'accoucher par l'anus. Une chirurgie diabolique métamorphose ainsi les corps, crée des chimères et des monstres. Le thème du chirurgien fou est du reste fréquemment utilisé dans les films d'épouvante et les médecins nazis ont fait passer à la réalité ces fantasmes démiurgiques. (Dans l'œuvre même de Sade, il existe un personnage de chirurgien sadique, Rodin.)

SADE, CRÉATEUR D'UNE NOUVELLE RÉALITÉ

Il s'agit en effet de remplacer les lois naturelles, de se substituer d'une certaine façon à Dieu et à la Nature, c'est-à-dire aux deux parents – Dieu et Nature – qui sont l'objet de la constante vindicte de Sade, tout au long de son œuvre, et de devenir créateur d'une nouvelle réalité, de devenir le Créateur. En somme, l'équation pénis = enfant = fèces (Freud, 1917) est prise au pied de la lettre. En effet, dans la réalité, avoir un enfant ou un pénis génital nécessite de grandir et de mûrir. Les fèces, à l'inverse, occupent dans cette équation une place particulière : elles sont une possession commune à l'homme et à la femme, à l'adulte et à l'enfant. Elles représentent donc, de façon patente, la possible négation de la différence entre les sexes et les générations. De surcroît, les fèces sont indéfiniment renouvelables et donc éternelles et invulnérables, alors que l'enfant est mortel et le pénis châtrable. La vie est obligatoirement liée à la mort. Les êtres vivants se distinguent, on le sait, des êtres inanimés par le fait qu'ils sont mortels : « Méfiez-vous de la vie, vous n'en sortirez pas vivants. »

LA DIFFÉRENCE ESCAMOTÉE

Il existe des liens étroits entre la magie et l'analité, cela est bien connu. Il faut, à mon sens, les rapporter au déni de la double différence dont je parle. De surcroît, la fonction excrémentielle possède un caractère inépuisable. Je pense que le « sac à malice », « sac d'où les escamoteurs tirent les objets dont ils ont besoin », selon le dictionnaire [8], n'est rien d'autre que le rectum d'où sortent indéfiniment les fèces. Le magicien fait surgir une infinité d'objets de son sac ou de sa boîte, déroule des mètres et des mètres d'objets chatoyants. Il a « plus d'un tour dans son sac ». Tel un Créateur tout-puissant, il sait faire croître le nombre des objets, les agrandir et les amenuiser. Il les escamote et les fait resurgir à volonté. La femme coupée en morceaux ou transpercée de poi-

8. Quillet.

L'auteur des Cent Vingt Journées de Sodome *a donné son nom au sadisme.*
(Illustration pour Félicia, *Bibl. nat.)*

gnards jaillit intacte de la malle où elle était enfermée. La corde, réduite, il y a un instant, à l'état de tronçons, est maintenant redevenue entière sous nos yeux. Faire mourir et ranimer les objets, les sectionner et rétablir leur unité, les faire apparaître et disparaître tour à tour, les multiplier et les escamoter, tels sont les exploits avec lesquels le magicien nous fascine. Autrement dit, il nous fait partager un instant l'illusion que « le champ des possibles » s'est étendu à l'infini. L'absence, la castration, la mort n'existent plus. (Dans le sadisme, le meurtre, moment final du processus et équivalent à l'expulsion, n'existe pas non plus en tant que donneur de mort. Les auteurs de l'article intitulé « Un rêve du marquis de Sade » citent un passage où le divin marquis affirme que le meurtre n'est après tout qu'un petit réassemblage de cellules qui, plongé dans le chaudron de la Nature, réémerge sous une nouvelle forme.) Ce qui, en fin de compte, est escamoté et maîtrisé, c'est *la différence* elle-même.

La négation de toutes les différences, calquée sur la fonction anale, est commune au sadique et au pervers. Elle a pour but d'effacer, comme je l'ai dit précédemment, la blessure narcissique liée à l'insuffisance infantile résultant de la prématuration humaine qui fait que le désir œdipien apparaît avant que l'enfant ait les moyens de le satisfaire. Cette négation des différences est cependant *un but* en soi chez le sadique; c'est en transmuant l'univers en excrément, créant ainsi, *ipso facto,* par la destruction de la réalité qui est faite de différences, une réalité nouvelle, qu'il obtient sa jouissance. S'il en est ainsi, c'est pour des raisons vraisemblablement liées à l'histoire personnelle du sadique. Il semble que le conflit maternel soit en tout cas beaucoup plus ouvert chez le sadique que chez les autres pervers chez qui il est parfois, au contraire, très refoulé. Pour le pervers en général, cette négation des différences est le *moyen* qui rend sa jouissance possible. Cela implique qu'il n'est pas de perversion sans la nécessaire subversion de la réalité mettant en jeu l'activité anale-sadique. Cela implique aussi que le désir de subvertir la réalité est toujours présent dans l'homme, car tout homme cherche à cicatriser son ancienne blessure narcissique. Aussi bien ce désir, quand il est sublimé, donne-t-il lieu aux plus grandes découvertes et est-il un facteur inégalable de progrès.

LE RÊVE DE LA GUILLOTINE

Je voudrais, pour illustrer mon propos, citer un fragment d'analyse. Il s'agit d'un patient, extrêmement intéressant et attachant, toxicomane, à la limite de la perversion et de la psychose, mais avec des points d'ancrage dans la réalité, qui présentait, entre autres, le matériel suivant : il était saisi de la plus grande excitation, allant jusqu'à l'orgasme, lorsqu'il lisait des récits d'exécution capitale. Sa vie sexuelle réelle était très pauvre et très insatisfaisante. Il reliait son goût

Ruines du château de Sade, à La Coste.

pour les récits d'exécution capitale au souvenir d'une lecture qu'avait faite sa mère lorsqu'il était âgé de sept ou huit ans, à ses enfants réunis – il était issu d'une famille nombreuse – de la nouvelle de Gertrud von Lefort, « Dernière à l'échafaud », d'où Bernanos tira *Le Dialogue des Carmélites*. Il adorait sa mère, femme sensible, cultivée, musicienne, qui elle-même adorait son petit garçon. Il rêva, au début de son analyse – c'était sa deuxième tentative – de ce qui était l'objet favori de ses fantasmes érotiques, c'est-à-dire d'une exécution capitale. On devait guillotiner à l'aube une jeune fille vêtue de blanc. Au début, le rêveur ne savait pas très bien ce qui se tramait. Il y avait des préparatifs, des chuchotements; c'était encore la nuit. Le tout se déroulait très lentement et son excitation fut à son comble quand il comprit ce qui allait avoir lieu : des gardes saisissaient la blanche créature dont la tête fut tranchée par le bourreau, dans un grand flot de sang qui jaillit de la carotide et s'accompagna d'un étrange murmure. Je pus entrevoir à travers le récit circonstancié de son rêve qu'il s'agissait en fait d'une scène primitive : les chuchotements, les préparatifs mystérieux, l'étrange murmure, le caractère spectaculaire de l'exécution, tout convergeait pour faire de la victime et du bourreau des représentants des parents durant le coït.

UNE THÉORIE SEXUELLE INFANTILE

Cela n'expliquait cependant pas le caractère spécifique de la scène. S'il se fût agi d'une représentation sado-masochique banale, c'eût déjà posé certes un problème, mais la répétition d'une scène où le cou de la victime était rituellement tranché restait inexpliquée. L'hypothèse de l'existence d'une haine envers la mère dissimulée derrière l'adoration n'était pas à rejeter mais n'expliquait pas la nature particulière de ses manifestations. Puis le patient révéla que son père était oto-rhino-laryngologiste, et parla d'interventions qu'il effectuait sur la gorge de ses patients et sur celle de son fils : ablation des amygdales, ouverture d'abcès. Il devint clair qu'il était plus facile pour ce petit garçon d'imaginer que son père entaillait la gorge de sa mère durant les rapports sexuels que d'accepter l'idée qu'il la pénétrait de son pénis. Du reste, lui-même avait joué au jeu du docteur avec une petite fille, le jour où il avait été amené par son père chez des voisins. Au retour, il avait trouvé un petit frère à la maison. On me dira que jouer au docteur est une variante du jeu du papa et de la maman et qu'il est en effet facile à un petit garçon de jouer à ce jeu-là, mais rien ne permet de dire qu'il soit aisé à un petit garçon de trancher la tête de sa mère.

Voilà qui est l'apanage de bourreaux recrutés pour leur force et leur vigueur.

Un autre rêve vint préciser les données du problème. Le patient était dans un train. On passait devant la gare d'une ville où, dans la réalité, avait eu lieu une exécution capitale qui avait été l'objet de l'intérêt passionné du patient. Dans le rêve, le patient se savait l'inventeur d'un procédé pour fabriquer les truffes en chocolat. Ce procédé devait lui rapporter une fortune; il s'agissait d'un petit cercle métallique dont le rétrécissement permettait de mouler le chocolat. Il craignait qu'on ne lui volât son secret précieux et merveilleux.

L'ANALITÉ IDÉALISÉE

Autrement dit, le procédé de fabrication des truffes en chocolat dans lequel il est aisé de reconnaître l'activité du sphincter anal, se confond avec la hache du bourreau ou la guillotine de l'échafaud qui détache la tête du tronc. La scène de l'échafaud identifiée à la scène primitive n'est qu'une transposition du fractionnement des fèces par le sphincter anal. Le père ne fait donc rien à la mère que le petit garçon de la phase anale ne puisse faire. On peut remarquer, dans le rêve d'exécution capitale, qu'un flot de sang jaillit de la carotide de la victime, comme en une éjaculation. Dans un autre rêve, la mère fumait un gros cigare. Le phallus prêté à la mère permet à l'enfant de sauvegarder l'illusion de l'absence d'activité proprement génitale entre ses parents. On voit donc ici, à nouveau, l'abrasion de la différence entre les sexes aller de pair avec l'abrasion de la différence entre les générations. On peut remarquer que le « secret » que le patient détient, celui de la fabrication des truffes en chocolat, contient le germe d'une activité de l'esprit dirigée vers la technologie. Dans la réalité, mon patient avait une profession qui lui offrait l'occasion d'exercer son sadisme en même temps que son goût pour la recherche. Malheureusement, une sublimation insuffisante rendait ses échecs professionnels fréquents. Le « secret » de son rêve qui doit lui rapporter une fortune est celui de la transmutation de l'activité génitale des parents en activité anale, la réduction du coït à la défécation. L'aura qui entourait ces représentations d'exécutions capitales, le caractère précieux et merveilleux du secret impliquent que ces activités défécatoires se trouvent soumises à un processus d'idéalisation. Ainsi, l'analité prend la place de la génitalité et lui devient supérieure. Le patient peut transformer l'or en excrément (magie noire) et en retour l'excrément en or (magie blanche). Le secret qu'il possède est quelque chose comme la pierre philosophale.

« LE PERVERS, CE MAGICIEN »...

Le névrosé s'effraie devant le pervers. Plutôt que d'attribuer cette peur à des considérations sociales, ne pourrait-on penser qu'il perçoit intuitivement les liens que la perversion entretient avec le sadisme?

Mais le névrosé envie aussi le « secret » du pervers, lui qui est entravé dans sa jouissance par ses conflits, même si, grâce à son activité fantasmatique, il s'en détourne. Il connaît la souffrance de celui qui reste rattaché à la réalité. Aussi est-il souvent fasciné par le pervers, ce magicien.

JANINE CHASSEGUET-SMIRGEL [9]

---

9. « Réflexions sur les rapports entre la perversion et le sadisme ». Exposé présenté au Congrès de l'Association internationale de psychanalyse (Jérusalem, 1977), et publié en anglais dans l'*International Journal of Psychoanalysis*.

Les tendances criminelles chez les enfants proviennent
de leurs fantasmes sadiques, et sont souvent dirigées sur leurs jouets.
(Dessin de Hans Bellmer, 1934.)

Chapitre IX

Fantasmes sadiques
et tendances criminelles

Singulièrement, l'étude de la perversion fait défaut chez Melanie Klein, bien que cette lacune tende à être comblée aujourd'hui grâce aux auteurs post-kleiniens comme Donald Meltzer ou Betty Joseph[1].

L'article que nous présentons ci-dessous a été publié en 1927 et s'intitule « Les tendances criminelles chez les enfants normaux ». Selon Melanie Klein, les criminels agissent des fantasmes présents chez tous les enfants, et les théories sexuelles infantiles sont à l'origine de fixations extrêmement primitives et sadiques. Ces théories sexuelles donnent lieu à de terrifiants fantasmes, dont l'importance pour la vie sexuelle ultérieure se révèle capitale. S'ils disparaissent apparemment, ils n'en persistent pas moins et produisent des effets inconscients. Le garçon dont les fantasmes à l'égard de la mère ont été les plus sadiques essaie de les fuir en se tournant vers l'image paternelle. A nouveau, il s'en détournera s'il découvre un rapport entre ce nouvel objet et ses fantasmes sadiques-oraux. Ce processus constitue, à en croire Melanie Klein, la base de toutes les perversions : notons de plus en passant qu'elle considère celles-ci comme étant en relation de continuité avec les actes criminels des adultes.

Melanie Klein relate ici le cas d'un enfant délinquant dans lequel elle voit un futur criminel. Gerald, qui se sent écrasé et châtré, doit se prouver qu'il peut être l'agresseur et qu'il est encore un homme. Le futur criminel n'est pas dépourvu de Surmoi; au contraire, il possède un Surmoi très cruel et très primitif. L'enfant est submergé par l'angoisse; le refoulement qui en résulte est si puissant qu'il ferme toute issue à l'activité fantasmatique et à la sublimation, de sorte que l'enfant ne peut plus exprimer son désir et sa peur qu'à travers des actes conti-

---

1. Voir chapitre III (deuxième partie du présent ouvrage) (N. de l'Éd.).

nuellement répétés. Ainsi, le manque apparent d'inhibitions du pervers comme du criminel n'est que la marque d'un Surmoi non pas moins strict que celui du névrosé, mais opérant d'une façon différente.

Toutefois, Melanie Klein manque ici à nous donner une théorie générale de l'organisation perverse ou criminelle. Elle fait davantage appel à des facteurs quantitatifs qu'à une modification générale de la structure psychique des cas qu'elle présente.

Freud découvrit – et c'est là une des bases de la psychanalyse – que tous les stades du développement de la petite enfance se retrouvent chez l'adulte. Ils se retrouvent dans l'inconscient, qui contient toutes les tendances et tous les fantasmes refoulés. Le mécanisme du refoulement, nous le savons, est régi surtout par les facultés de critique et de jugement – par le Surmoi. Il est évident, d'autre part, que les refoulements les plus profonds sont ceux qui frappent les tendances les plus antisociales.

L'individu répète psychiquement l'évolution de l'humanité, comme il la répète biologiquement. Nous découvrons chez lui, réprimés et inconscients, les stades que nous observons chez les peuples primitifs : celui du nannibalisme et des tendances meurtrières les plus diverses. Cette partie primitive de la personnalité s'oppose radicalement à la partie civilisée et qui est donc à l'origine du refoulement.

L'analyse des enfants, des jeunes enfants surtout, j'entends, des enfants de trois à six ans, donne une image très éclairante de la précocité de cette lutte entre la partie civilisée et la partie primitive de la personnalité. Les résultats de mes analyses de jeunes enfants prouvent que, dès la seconde année, l'action du Surmoi a déjà commencé.

A cet âge, l'enfant a déjà traversé certains stades très importants de son développement psychique; il a dépassé ses fixations orales, parmi lesquelles nous devons distinguer la fixation orale de *succion* et la fixation orale de *morsure* [2]. Cette dernière est intimement liée aux tendances cannibaliques. Les morsures fréquentes que les bébés infligent au sein maternel attestent bien, parmi d'autres faits, la nature de cette fixation.

C'est aussi la première année que s'accomplit une bonne partie des fixations sadiques-anales. Le terme d'érotisme sadique-anal désigne le plaisir que procurent la zone érogène anale et la fonction d'excrétion,

---

2. Melanie Klein reprend ici la distinction, établie par Abraham en 1924, entre les deux étapes du stade oral. Voir *les Stades de la libido : de l'enfant à l'adulte,* chap. v. (N. de E.).

ainsi que plaisir tiré de la cruauté, de l'autorité, de la possession, etc., qui, comme on a pu le constater, se rattache aux plaisirs anaux. Parmi toutes les tendances que je me propose d'examiner ici, les tendances sadiques-orales et sadiques-anales jouent le rôle le plus important.

Je viens de dire que, dès la seconde année, le Surmoi est à l'œuvre; à ce moment il est, bien entendu, encore en train de se développer. Ce qui le fait apparaître, c'est l'avènement du complexe d'Œdipe. La psychanalyse a montré que le complexe d'Œdipe joue le plus décisif des rôles dans le développement général de la personnalité, chez les gens qui plus tard seront normaux comme chez ceux qu'atteindra la névrose. Les recherches psychanalytiques n'ont cessé de démontrer que la formation tout entière du caractère relève elle aussi du développement œdipien, que toutes les nuances des problèmes caractériels, depuis la déformation légèrement névrotique jusqu'à la déformation criminelle, en dépendent. L'étude de la criminalité en est encore à ses premiers pas, mais les développements qu'elle nous laisse espérer sont pleins de promesses [3].

LE CAS DE GERALD

Il me faut retourner maintenant au point d'où je suis partie. Lorsque le complexe d'Œdipe fait son apparition, ce qui, selon les résultats de mes analyses, survient à la fin de la première ou au début de la seconde année, les stades primitifs dont j'ai parlé – le stade sadique-oral et le stade sadique-anal – sont pleinement à l'œuvre. Ils s'intriquent aux tendances œdipiennes et visent donc les objets autour desquels le complexe d'Œdipe se développe, c'est-à-dire les parents. Le petit garçon, qui déteste son père avec lequel il rivalise pour l'amour de sa mère, lui voue la haine, l'agressivité et les fantasmes nés des fixations sadiques-orales et sadiques-anales. Les fantasmes où l'enfant s'introduit dans la chambre à coucher et tue le père ne font défaut dans aucune analyse de petit garçon, même si celui-ci est normal. Je voudrais citer un cas précis, celui d'un garçon de quatre ans tout à fait normal et bien portant à tout point de vue, prénommé Gerald. C'est un cas très éclairant à bien des égards. Gerald était un enfant très enjoué, apparemment heureux, qui n'avait jamais donné aucun signe d'angoisse et que l'on ne m'avait amené en analyse que pour des raisons prophylactiques.

---

3. Voir FREUD, *Collected Papers*, vol. IV, p. 342; et REIK, *Geständniszwang und Strafbedürfnis (Intern. Psychoanalyt. Verlag).*

Au cours de l'analyse, je constatai que l'enfant avait souffert d'une angoisse intense et que cette angoisse l'accablait encore. Je montrerai plus loin comment un enfant peut si bien cacher ses frayeurs et ses difficultés. Un de ses objets d'angoisse, que nous découvrîmes pendant l'analyse, était une bête qui n'avait d'une bête que les mœurs, et qui était en fait un homme. Cette bête, qui faisait grand bruit dans la chambre voisine, était le père qu'il entendait dans la chambre à coucher, contiguë à sa chambre. Gerald avait envie de s'introduire dans cette pièce, d'aveugler le père, de le châtrer et de le tuer; ce désir lui faisait craindre d'être traité de la même manière par la bête. Certaines habitudes passagères, telles qu'un geste des bras consistant, comme l'analyse le montra, à repousser la bête, provenaient de cette angoisse. Gerald avait un petit tigre qu'il aimait beaucoup, en partie parce qu'il espérait sa protection contre la bête. Mais ce tigre était quelquefois non pas un défenseur, mais un agresseur. Gerald proposa de l'envoyer dans la chambre voisine pour satisfaire sur son père ses désirs d'agression. Le pénis du père, ici aussi, devait être coupé d'un coup de dents, cuit et mangé; ce désir provenait, d'une part, des fixations orales de l'enfant, et représentait, d'autre part, un moyen de combattre l'ennemi; car un enfant n'a pas d'autre arme, et utilise ainsi, d'une manière primitive, ses dents. Cette partie primitive de la personnalité était représentée ici par le tigre qui, je le découvris plus tard, était Gerald lui-même. L'enfant formulait également des fantasmes où il s'agissait de découper son père et sa mère en morceaux; ces fantasmes se rattachaient à des actes anaux, consistant à salir son père et sa mère avec ses fèces. Après ces fantasmes, il organisait un dîner au cours duquel l'enfant et sa mère mangeaient le père. Il est difficile de montrer combien de tels fantasmes, sévèrement condamnés par la partie civilisée de la personnalité, font souffrir un enfant aussi généreux que celui-ci : ce petit garçon ne manifestait jamais assez d'amour et d'affection à son père. Nous voyons aussi dans ces fantasmes de bonnes raisons pour expliquer le refoulement de son amour pour sa mère : elle en était, d'une certaine manière, la cause. Ils expliquent aussi l'attachement tenace pour le père dans un redoublement de fixation qui pouvait fort bien constituer la base, plus tard, d'une attitude homosexuelle permanente.

DES DÉSIRS SADIQUES CHEZ LES ENFANTS

Je mentionnerai le cas analogue d'une petite fille. La rivalité avec la mère, le désir de prendre la place de celle-ci dans l'amour du père, engendre également les fantasmes sadiques les plus divers. Dans le cas qui nous occupe, le désir de détruire la beauté de la mère, de mutiler son visage et son corps, de s'approprier celui-ci – fantasme très primitif de mordre, de couper et ainsi de suite –, ce désir éveillait un intense sentiment de culpabilité, qui renforçait la fixation à la mère. A cet âge, entre deux et cinq ans, nous voyons souvent les petites filles manifester beaucoup d'affection à leur mère, mais cet attachement se fonde en partie sur l'angoisse et sur le sentiment de culpabilité, et pousse l'enfant à s'éloigner de son père. Ainsi, cette situation psychique compliquée se complique encore : en se défendant contre des tendances que son Surmoi condamne, l'enfant fait appel à ses tendances homosexuelles et les renforce; c'est ce que nous appelons le complexe d'Œdipe « inversé ». Cette situation se manifeste par une très forte fixation, chez la petite fille, à sa mère, chez le petit garçon, à son père. Un pas de plus, et nous voilà à l'étape où cette relation à son tour devient inopérante, et l'enfant se détourne des deux parents à la fois. Là se trouve certainement le fondement d'une personnalité asociale, car la relation au père et à la mère détermine toutes les relations ultérieures. Il est une autre relation qui joue un rôle fondamental : c'est la relation aux frères et aux sœurs; les analyses prouvent toutes que les enfants souffrent d'une grande jalousie à l'égard de leurs frères et sœurs plus jeunes ou plus âgés. Ue petit enfant qui, apparemment, ne sait rien sur la naissance, a une connaissance *inconsciente* très précise du fait que les enfants poussent dans le sein de leur mère. La jalousie éveille une haine violente contre l'enfant dans le sein maternel, et suscite le désir – fantasme habituel chez un enfant pendant une nouvelle grossesse de sa mère – de mutiler le ventre de celle-ci et de défigurer l'enfant qui s'y trouve en le mordant et en le coupant.

L'enfant nouveau-né éveille lui aussi les désirs sadiques d'un frère ou d'une sœur. Ces désirs s'attaquent également aux frères et sœurs plus âgés, car l'enfant se sent dédaigné par rapport aux enfants plus âgés, même quand ce n'est pas effectivement le cas. D'autre part, cette haine et cette jalousie donnent à l'enfant un fort sentiment de culpabilité, qui peut avoir une action définitive sur ses rapports avec ses frères et sœurs. Le petit Gerald, par exemple, possédait une petite poupée dont il s'occupait très tendrement et qu'il pansait souvent. Elle représentait son petit frère que son sévère Surmoi l'accusait d'avoir mutilé et châtré alors que le bébé se trouvait dans le sein de sa mère.

L'AMOUR TRANSFORMÉ EN HAINE

Dans toutes ces situations, l'enfant réagit, pour peu que ses sentiments soient négatifs, avec toute la puissance et toute l'intensité de la haine qui caractérisent les stades sadiques de la première enfance. Mais comme les objets haïs sont en même temps ses objets d'amour, les conflits qui se nouent deviennent vite insupportablement lourds pour un Moi encore bien faible; la seule solution est la fuite par le refoulement, et la situation conflictuelle tout entière, qui n'est jamais mise au jour, reste donc active dans l'inconscient. La psychologie et la pédagogie ont toujours entretenu la croyance qu'un enfant était un être heureux et sans conflits; elles ont toujours admis que les souffrances des adultes provenaient des fardeaux et des épreuves de la réalité; il nous faut affirmer cependant que c'est *exactement le contraire qui est vrai.* Ce que la psychanalyse nous apprend sur l'enfant et sur l'adulte montre que les souffrances de la vie ultérieure sont pour la plupart les répétitions de ces douleurs précoces, et que tout enfant passe, pendant les premières années de sa vie, par des souffrances démesurées.

On ne saurait nier que les apparences contredisent ces affirmations. A observer un enfant de près, on remarque certes quelques signes de difficultés, mais il semble les surmonter sans grand mal en définitive. Comment explique-t-on la différence entre les apparences et la situation psychique effective? Nous examinerons ce problème plus loin, lorsque nous parlerons des divers moyens que l'enfant utilise pour surmonter ses difficultés.

Il me faut revenir au passage de mon exposé où je parlais des sentiments négatifs de l'enfant. Ceux-ci visent le parent du *même* sexe et les frères et sœurs. Mais, comme je l'ai mentionné, la situation se complique du fait que certains sentiments négatifs s'adressent aussi au parent du sexe opposé, en partie à cause de la frustration que ce parent impose lui aussi, et en partie parce que, dans ses efforts pour échapper au conflit, l'enfant se détourne de son objet d'amour et transforme son amour en aversion. La situation se complique encore plus du fait que les tendances amoureuses de l'enfant se colorent par des théories et des fantasmes sexuels typiques des stades prégénitaux, comme c'est le cas également de ses sentiments négatifs. L'analyse des adultes a révélé bien des choses sur les théories sexuelles des enfants; mais une variété stupéfiante de théories sexuelles se déploie devant l'analyste qui s'occupe *des enfants eux-mêmes.*

DES FANTASMES SUIVIS D'ANGOISSE

Je dois me borner à affirmer que j'obtiens ce matériel dans de si nombreuses productions différentes et avec une telle variété que je ne puis me tromper sur sa signification; ceci est d'ailleurs confirmé par l'effet résolutoire et libérateur des interprétations. Les tendances primitives ainsi que les tendances de réaction critique apparaissent à l'évidence. Si l'enfant montre dans un jeu, par exemple, qu'un tout petit homme qui se bat contre un homme plus grand a pu le vaincre, il est fréquent que l'homme plus grand, une fois mort, soit mis dans une charrette et emporté chez le boucher qui le coupe en morceaux et le fait cuire. Le petit homme mange la viande avec plaisir et invite même à ce festin une dame qui représente quelquefois la mère. Elle accepte que le petit meurtrier prenne la place du père tué. La situation peut être toute différente, bien entendu. Admettons que la fixation homosexuelle soit au premier plan; nous verrons alors, tout aussi bien, deux frères faire cuire la mère et la manger en se partageant le repas. Comme je l'ai dit, nous voyons se déployer une immense diversité de fantasmes; ceux-ci vont jusqu'à varier, chez le même enfant, d'une étape de son analyse à l'autre. Mais une telle manifestation de tendances primitives est invariablement suivie d'angoisse; les jeux qui lui succèdent prouvent que l'enfant cherche à réparer et à compenser ce qu'il a fait. Quelquefois, il tente d'arranger les personnages mêmes, les trains et les objets qu'il vient de casser. Quelquefois, le dessin, les jeux de construction, etc., expriment les mêmes tendances réactionnelles.

LA BASE DE TOUTES LES PERVERSIONS

Les théories sexuelles constituent la base d'une série de fixations extrêmement primitives et sadiques. Nous savons par Freud que l'enfant reçoit, apparemment de façon phylogénétique, un certain savoir inconscient. La connaissance des rapports sexuels des parents, de la naissance des enfants, etc., fait partie de ce savoir; mais elle est d'une nature assez vague et confuse. Selon la nature du stade, sadique-oral ou sadique-anal, que l'enfant traverse, le coït en vient à signifier pour lui un acte consistant essentiellement à manger, faire cuire, échanger les fèces et exécuter toutes sortes d'actes sadiques (battre, couper, etc.). Je voudrais mettre l'accent sur *l'importance que prendra, dans la vie ultérieure, le rapport entre ces fantasmes et la sexualité.* Tous ces fantasmes auront alors apparemment disparu, mais leur effet inconscient sera décisif dans la frigidité, l'impuissance, et dans d'autres troubles sexuels. L'analyse des jeunes enfants permet à cet égard des observations très précises. Le petit garçon qui a manifesté ses désirs pour sa mère et exprimé à ce sujet les fantasmes les plus sadiques, essaye de fuir en remplaçant l'objet maternel par l'image paternelle, pour se détourner de celle-ci à son tour s'il découvre un lien entre cet autre objet d'amour et ses fantasmes sadiques-oraux. Nous nous trouvons ici devant la base de toutes les perversions dont Freud a découvert l'origine dans le développement de la première enfance. Les fantasmes dans lesquels le père, ou l'enfant lui-même, éventre la mère, la bat, la griffe, la coupe en morceaux, représentent la conception enfantine des rapports sexuels. Notons en passant que les fantasmes de cette espèce sont effectivement traduits en actes par les criminels : contentons-nous de citer l'exemple de Jack l'Eventreur. Dans la relation homosexuelle, ces fantasmes subissent une transformation; il s'agit alors de châtrer le père, de lui arracher le pénis en le coupant ou en le mordant, et de toutes sortes d'autres actions violentes. La naissance se rattache souvent à des fantasmes où le corps est ouvert au couteau, à tel ou tel endroit, pour que les bébés en soient retirés. Ce ne sont là que des exemples; les fantasmes sexuels que l'on trouve *chez tout enfant normal* – c'est là un point sur lequel j'insiste tout particulièrement – sont d'une abondance et d'une variété extrêmes. Je puis l'affirmer, car j'ai eu la chance d'avoir plusieurs enfants normaux en analyse, amenés pour des raisons prophylactiques.

PETER, OU LA PEUR DU CHÂTIMENT

Dans une communication faite il y a quelques années devant la Société analytique de Berlin, j'ai relevé une analogie entre certains crimes horribles qui venaient d'avoir lieu, et les fantasmes correspondants qui m'étaient apparus dans l'analyse de plusieurs jeunes enfants. Un de ces crimes combinait en fait la perversion et l'assassinat. Procédant avec beaucoup d'adresse, de telle sorte qu'on mit fort longtemps à le découvrir, le criminel en question, qui s'appelait Harmann, put agir de la manière suivante avec un grand nombre de personnes : il se liait avec des jeunes gens dont il se servait d'abord pour satisfaire ses tendances homosexuelles, puis il leur coupait la tête, brûlait diverses parties de leur corps ou en disposait d'une façon ou d'une autre, et vendait ensuite leurs vêtements. Un autre cas horrible était celui d'un homme qui tuait des gens et se servait de leurs corps pour faire des saucisses. Les fantasmes infantiles auxquels je faisais allusion ci-dessus ressemblaient à ces crimes dans tous leurs détails. Les victimes étaient, par exemple, le père et le frère d'un petit garçon de presque cinq ans, auxquels l'enfant était lié par une très forte fixation sexuelle. Après avoir représenté la masturbation mutuelle et les autres actions dont il avait le désir, il coupa la tête de la petite poupée et vendit le corps à un boucher imaginaire qui devait le revendre comme nourriture. Il garda la tête qu'il voulait manger lui-même, trouvant que c'était le morceau le plus appétissant. Comme le criminel, il s'appropria les biens de sa victime.

J'étudierai ce cas de plus près, car je pense qu'il est plus éclairant de donner des détails sur un seul cas que d'énumérer plusieurs exemples. Quand il vint chez moi pour être analyser, ce petit garçon, Peter, était un enfant plein d'inhibitions, extrêmement craintif, très difficile à élever, complètement incapable de jouer; il ne savait rien faire de ses jouets que les casser. Son inhibition à l'égard du jeu, aussi bien que son angoisse, étaient intimement liées à ses fixations sadiques-orales et sadiques-anales. Les fantasmes étant les véritables moteurs du jeu, il ne pouvait pas jouer, car ses fantasmes, très cruels, devaient rester refoulés. Craignant ce qu'il éprouvait inconsciemment le désir de faire, il s'attendait toujours qu'on lui infligeât les mêmes traitements. Les envies sadiques liées au désir qu'il éprouvait pour sa mère le poussèrent à s'éloigner d'elle, et à établir avec elle d'assez mauvaises relations. Sa libido s'orienta vers son père, mais comme il avait également très peur de lui, la seule relation véritable qu'il put maintenir était celle qui le liait à son petit frère. Cette relation était évidemment très ambivalente, elle aussi. La manière dont cet enfant attendait toujours une punition apparaît clairement dans l'exemple suivant : il jouait un jour avec de petites poupées qui les représentaient, lui et son petit frère; ils s'attendent à être punis par leur mère pour n'avoir pas été sages; elle vient, les trouve sales, les punit et s'en va. Les deux enfants recommencent à faire ce qu'ils avaient fait de sale, sont punis de nouveau, et ainsi de suite. Finalement, leur peur de la punition est si forte que les deux enfants décident de tuer la mère : Peter exécute une petite poupée. Ils découpent alors le corps et le mangent. Le père vient en aide à la mère; il est tué, lui aussi, avec beaucoup de cruauté; ensuite les enfants le découpent et le mangent. A présent, les deux enfants semblent heureux. Ils peuvent faire ce qu'ils veulent. Mais bientôt, le petit garçon manifeste une grande angoisse : il apparaît que les parents tués sont de nouveau vivants et qu'ils reviennent. Dès qu'il avait montré son anxiété, l'enfant avait caché les deux poupées sous le divan pour que les parents ne puissent pas les trouver. Alors eut lieu ce qu'il appelait leur « éducation ». Le père et la mère trouvent les deux poupées, le père coupe la tête de Peter, la mère coupe celle de son frère, puis ils font cuire eux aussi les enfants et les mangent.

Ce qui est caractéristique, je voudrais le souligner, c'est que bientôt, les actes répréhensibles se répètent; il se peut même qu'ils soient repris dans d'autres jeux; l'agression contre les parents recommence et les enfants sont de nouveau punis. Nous étudierons plus bas le mécanisme que représente ce cercle vicieux.

Je ne dirai que quelques mots sur les résultats obtenus dans le cas de cet enfant. Bien qu'il eût, alors qu'il était encore en analyse, de pénibles expériences à traverser, car ses parents divorcèrent et se remarièrent tous deux dans des circontances difficiles, sa névrose fut complètement guérie. Il se débarrassa de son angoisse et de son inhibition à l'égard du jeu, devint bon élève, socialement bien adapté et heureux.

UN SURMOI TRÈS CRUEL

Peut-être se posera-t-on la question suivante : pourquoi, étant donné que le titre de mon article annonce une étude d'enfants normaux, ai-je exposé le cas d'un enfant atteint d'une névrose obsessionnelle manifeste? Comme je l'ai dit plusieurs fois, on trouve chez les enfants normaux le même matériel. Simplement, un enfant névrosé laisse apparaître avec plus de netteté des traits qui existent aussi, mais avec moins d'intensité, chez un enfant normal. C'est là un des aspects fondamentaux de ce problème : comment, à partir des mêmes principes psychiques, peut-on aboutir à des résultats si différents? Dans le cas du petit Peter, l'intensité de la fixation sadique-orale et sadique-anale était si grande qu'elle avait dominé tout son développement. Certaines expériences avaient eu elles aussi un rôle déterminant dans l'apparition de sa névrose obsessionnelle. A deux ans, l'enfant avait changé d'une manière très frappante. Les parents mentionnèrent la chose sans pouvoir l'expliquer. A ce moment-là, il avait repris l'habitude de se salir, cessé complètement de jouer, commencé de briser ses jouets et il était devenu difficile à élever.

L'analyse révéla que, pendant l'été où la transformation s'était produite, l'enfant avait partagé la chambre de ses parents et avait été témoin de leurs rapports sexuels. L'impression qu'il en avait reçue était celle d'un acte oral et très sadique, et ses fixations en avaient été renforcées. Il avait déjà atteint, dans une certaine mesure, le stade génital, mais sous le coup de cette expérience, il régressa jusqu'aux stades prégénitaux. Tout son développement sexuel restait ainsi, véritablement, sous la domination de ces stades. Six mois plus tard, la naissance d'un petit frère accrut encore ses conflits et sa névrose. Mais il est un autre facteur encore, qui est généralement d'une grande portée dans le développement de la névrose obsessionnelle, et qui l'était particulièrement dans ce cas. C'est le sentiment de culpabilité engendré par le Surmoi. Dès un âge très tendre, un Surmoi non moins sadique que les tendances de Peter était à l'œuvre en lui. L'intensité de cette lutte, insupportable pour son Moi trop faible, aboutit à un refoulement très puissant. Un autre facteur est encore ici d'importance : c'est le fait que certains enfants ne supportent qu'une quantité réduite d'angoisse et de culpabilité. Tel était précisément le cas de Peter : la lutte entre le sadisme de ses tendances et le sadisme dans son Surmoi (qui le menaçait, pour le punir, de ses propres actes) devint pour lui un effrayant fardeau. Dans l'inconscient, le précepte biblique « œil pour œil » demeure agissant. C'est ce qui explique les idées si fantastiques que conçoivent les enfants sur *ce que les parents pourraient leur faire* : les tuer, les faire cuire, les châtrer et ainsi de suite.

CE QUI DISTINGUE L'ENFANT NORMAL DE L'ENFANT NÉVROTIQUE

Comme nous le savons, les parents sont à la source du Surmoi : mais c'est l'enfant, lui, qui absorbe leurs ordres, leurs interdictions, etc. Aussi ce Surmoi n'est-il pas identique aux parents; ce sont les fantasmes sadiques de l'enfant qui le constituent en partie. Or un refoulement aussi sévère que celui de l'enfant en question ne fait que stabiliser la lutte, sans jamais la faire cesser. De plus, en enchaînant les fantasmes, le refoulement interdit à l'enfant de les abréagir dans le jeu ou de les utiliser pour d'autres sublimations, de telle sorte que le poids de ces fixations reste entier dans ce cercle vicieux que le refoulement ne saurait briser. Le sentiment de culpabilité, refoulé à son tour, n'est pas moins lourd à porter. L'enfant répète donc sans cesse un certain nombre d'actions qui expriment à la fois ses désirs et son envie d'être puni. Le désir de punition, un des facteurs déterminants, chez un enfant, de la constante répétition d'actes répréhensibles, se retrouve dans les méfaits répétés du criminel; j'y reviendrai plus loin. Je rappellerai seulement ce que faisait le petit Peter quand il jouait avec des poupées les représentant lui-même et son frère; ils n'étaient pas sages, ils étaient punis, ils tuaient leurs parents, leurs parents les tuaient, et tout recommençait. Il s'agit là d'une compulsion à la répétition aux causes diverses, mais où le sentiment de culpabilité, réclamant punition, joue un rôle important. Dès à présent, nous voyons certains des points qui distinguent l'enfant normal de l'enfant névrotique : l'intensité des fixations, la manière dont ces fixations se lient à des expériences et le moment où cela se produit, le degré de sévérité et le type de développement du Surmoi, qui dépendent eux aussi de causes internes et de causes externes, et enfin, l'aptitude de l'enfant à supporter l'angoisse et le conflit; voilà quelques-uns des facteurs les plus importants dont dépend un développement normal ou névrotique.

« C'est justement l'angoisse et le sentiment de culpabilité qui poussent le criminel

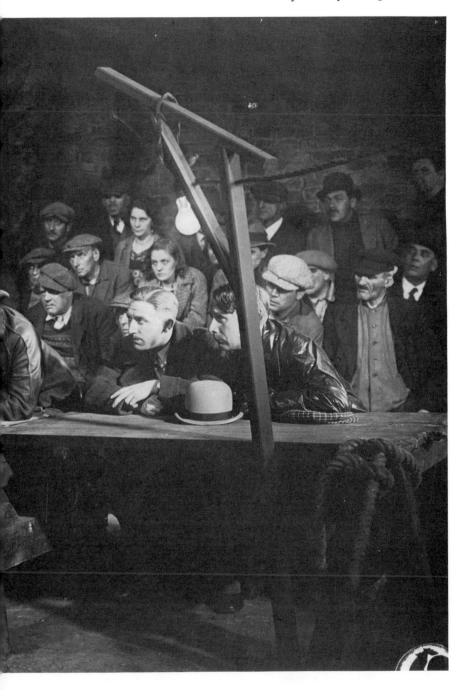

à commettre ses délits. » *(Une scène de* M. le Maudit, *film de Fritz Lang.)*

L'enfant normal, tout comme l'enfant anormal, use du refoulement à l'égard de ses conflits, mais comme ceux-ci sont moins intenses, les éléments du cercle vicieux seront tous moins forts. Il est également d'autres mécanismes communs à l'enfant normal et à l'enfant névrosé; là encore, c'est une différence de degré qui en déterminera l'issue. Un de ces mécanismes est la fuite devant la réalité; l'enfant ressent, beaucoup plus que cela n'apparaît en surface, les désagréments de la réalité, et il essaye *d'adapter celle-ci à ses fantasmes,* et non *ses fantasmes à la réalité.*

LE DÉSIR D'ÊTRE PUNI

Revenons au petit Gerald. Son bonheur et son enjouement étaient en partie destinés à dissimuler son angoisse et sa détresse aux autres et à lui-même. L'analyse modifia cette situation en aidant l'enfant à se débarrasser de son angoisse et à substituer une satisfaction bien fondée à la sienne, qui était en partie artificielle. C'est dans ce domaine que l'analyse des enfants normaux trouve son principal champ d'application. *Il n'y a pas* d'enfants sans difficultés, sans craintes ni sentiments de culpabilité; même lorsque ceux-ci semblent de peu d'importance, ils causent une souffrance beaucoup plus grande qu'il n'apparaît; ils annoncent alors, par surcroît, des troubles ultérieurs bien plus graves.

J'ai dit, en parlant du cas de Peter, que le sentiment de culpabilité joue un rôle important dans la compulsion à répéter sans cesse des actes interdits, encore que, plus tard, ces actes prennent un caractère tout différent. On peut considérer ceci comme une règle : tout enfant qu'on appelle « vilain » est poussé par le désir d'être puni. Qu'il me soit permis de citer Nietzsche et ce qu'il appelait son « pâle criminel »; il en savait long sur le criminel poussé par son sentiment de culpabilité. Nous voici parvenus à la partie la plus difficile de mon article : au problème concernant l'évolution que ces fixations doivent subir pour créer le criminel. Il est malaisé de répondre à cette question, car la psychanalyse s'est très peu occupée jusqu'à présent de ce problème particulier. Malheureusement, je n'ai que peu d'expérience de ce domaine si intéressant et d'une si grande portée. Certains cas néanmoins, assez proches du type criminel, m'ont permis d'avoir une idée sur la manière dont ce développement se déroule. Je citerai un exemple qui me semble très instructif. On m'amena, pour une analyse, un garçon de douze ans que l'on allait envoyer dans une maison de correction. Ses délits étaient les suivants : il avait forcé le placard de sa classe et avait une tendance générale à voler, mais surtout à briser les serrures, et s'était livré à des agressions sexuelles contre de petites filles. Les liens qu'il avait avec les autres étaient exclusivement destructeurs : ses amitiés avec d'autres garçons avaient elles aussi, essentiellement, le même but. Il ne s'intéressait à rien et semblait même indifférent aux punitions et aux récompenses. L'intelligence de cet enfant était très au-dessous de la normale, mais il apparut que ce n'était pas un obstacle à l'analyse : celle-ci progressa fort bien et sembla promettre de bons résultats. On me dit au bout de quelques semaines que l'enfant commençait à changer à son avantage. Malheureusement, je dus m'interrompre longtemps de travailler pour des raisons personnelles, alors que son analyse avait duré deux mois. Pendant ces deux mois, l'enfant aurait dû venir trois fois par semaine, mais je ne le vis que quatorze fois, car sa mère adoptive faisait tout son possible pour l'empêcher de me voir. Au cours de cette analyse, pourtant très troublée, il ne commit aucun délit, mais il en commit de nouveau lorsque l'analyse s'interrompit; là-dessus, on l'envoya aussitôt dans une maison de correction, et tous mes efforts, après mon retour, pour qu'il me soit de nouveau confié, restèrent vains. La situation de cet enfant, dans son ensemble, ne me laisse aucun doute : il a fait les premiers pas d'une carrière de criminel.

SAVOIR QUE L'ON EST ENCORE UN HOMME...

Voici un bref aperçu des causes de son développement, de celles du moins que l'analyse put me révéler. L'enfant avait grandi dans les conditions les plus lamentables. Alors qu'il était très jeune, sa sœur aînée l'avait contraint, ainsi que son frère cadet, à des actions d'ordre sexuel. Le père mourut pendant la guerre; la mère tomba malade; la sœur domina la famille tout entière; tout cela était déjà assez affligeant. Lorsque la mère mourut, il fut confié successivement à plusieurs mères adoptives et devint de plus en plus difficile. Le fait principal de son développement semblait être la crainte et la haine de sa sœur. Il détestait sa sœur qui représentait pour lui le principe du mal, à cause de la relation sexuelle dont j'ai parlé, mais aussi parce qu'elle l'avait maltraité, qu'elle avait été pleine de dureté pour la mère alors que celle-ci était mourante, et ainsi de suite. D'autre part cependant, il était attaché à sa sœur par une fixation dominante qui n'était fondée apparemment que sur la haine et l'angoisse. Mais ses délits avaient des causes encore plus profondes. Pendant toute son enfance, ce garçon avait partagé la chambre de ses parents et avait reçu une impression très sadique de leurs rapports sexuels. Comme je l'ai indiqué plus haut, cette expérience avait renforcé son propre sadisme. Son désir d'avoir des rapports sexuels à la fois avec son père et avec sa mère était resté sous la domination de ses fixations sadiques, et faisait naître en lui une forte angoisse. Dans ces circonstances, la violence de sa sœur prit alternativement, dans son inconscient, la place du père, violent lui aussi, et celle

Le besoin de se prouver sans cesse qu'il était encore un homme...
(Marlon Brando, dans l'Équipée sauvage, *de Laslo Benedek.)*

de la mère. Dans un cas comme dans l'autre, c'est à être châtré et puni qu'il devait s'attendre, et ici aussi, cette punition était celle dont le menaçait son propre Surmoi, très sadique et primitif. Manifestement, il répétait sur des petites filles les agressions qu'il avait subies lui-même; la situation n'était modifiée que dans la mesure où c'était lui l'agresseur. Son habitude de briser les serrures des placards et d'y prendre des objets, comme ses autres tendances destructrices, avaient les mêmes causes inconscientes et la même signification symbolique que ses agressions sexuelles. Ce garçon, qui se sentait écrasé et châtré, devait transformer la situation en se prouvant à lui-même qu'il pouvait être l'*agresseur*. Un des motifs principaux de ses tendances destructrices était le besoin de se prouver sans cesse à nouveau qu'*il était encore un homme,* un autre motif étant l'abréaction sur d'autres objets de la haine qu'il éprouvait pour sa sœur.

Néanmoins, c'était également son sentiment de culpabilité qui le poussait à répéter sans cesse des actes que devaient punir un père ou une mère pleins de cruauté, ou même les deux ensemble. Son indifférence apparente devant les punitions, son apparente absence de peur étaient totalement trompeuses. Peur et sentiment de culpabilité écrasaient cet enfant. La question suivante se pose à présent : en quoi son développement différait-il de celui de l'enfant névrosé décrit plus haut? Je ne puis que faire certaines hypothèses. Il est possible que, du fait des expériences vécues avec sa sœur, son Surmoi très cruel et très primitif fût, d'une part, resté fixé au stade de développement qu'il avait alors atteint; d'autre part, qu'il fût solidement lié à cette expérience et que ce fût à elle qu'il eût sans cesse affaire. Il était donc inévitable que cet enfant fût submergé par l'angoisse plus que le petit Peter. Un refoulement encore plus fort, lié lui aussi à cette expérience, fermait toutes les issues à l'activité fantasmatique et à la sublimation, de telle sorte qu'il ne restait pas d'autre voie à ce garçon que d'exprimer continuellement son désir et sa peur *dans les mêmes actes.* Par rapport à l'enfant névrosé, il avait eu l'expérience effective d'un Surmoi écrasant, que l'enfant névrosé ne crée que pour des raisons intérieures. Il en était de même pour sa haine qui, à cause de son expérience *réelle,* trouvait à s'exprimer dans des actes destructeurs.

VERS LA SUBLIMATION DE L'AGRESSIVITÉ

J'ai déjà dit que dans ce cas, comme probablement dans d'autres cas semblables, le refoulement très fort et très précoce, en emprisonnant les fantasmes, avait empêché l'enfant d'éliminer ses fixations par d'autres voies, c'est-à-dire de les sublimer. Les fixations agressives et sadiques jouent elles aussi un rôle dans de nombreuses sublimations. Il est un moyen permettant d'éliminer de grandes quantités d'agressivité et de sadisme, et même de les éliminer par des voies physiques : je veux parler du sport. C'est ainsi que des attaques contre l'objet haï peuvent être effectuées d'une manière socialement autorisée; en même temps, le sport sert de compensation à l'angoisse, car il prouve à celui qui le pratique qu'il ne succombera pas devant l'agresseur.

Dans le cas du petit criminel, il était très intéressant d'observer, à mesure que l'analyse atténuait le refoulement, la sublimation qui apparaissait à sa place. Le garçon, qui ne s'intéressait à rien, si ce n'est à détruire, à abîmer et à briser, manifesta un intérêt absolument nouveau pour la construction des ascenseurs et pour tous les travaux de serrurerie. On peut penser que c'eût été là un bon moyen de sublimer ses tendances agressives, et qu'ainsi, l'analyse en aurait fait un bon serrurier, alors que l'on peut s'attendre maintenant à ce qu'il devienne un criminel.

Il me semble que la cause principale de la différence entre le développement de cet enfant et celui d'un enfant névrosé est une angoisse plus grande, née des événements traumatisants vécus avec sa sœur. Les effets de cette angoisse se manifestaient, me semble-t-il, dans plusieurs domaines. Une peur plus intense avait produit un refoulement plus profond, à un stade où la voie de la sublimation n'était pas encore ouverte, de telle sorte qu'il ne restait aux fixations aucune autre issue et aucun autre moyen d'être éliminées. Cette peur plus intense augmentait en outre la cruauté du Surmoi et le fixait, par suite de cette expérience, au stade où il se trouvait.

Cette forte angoisse peut produire un autre effet, dont je voudrais parler, mais je dois, pour l'expliquer, faire une brève digression.

L'ORIENTATION DES ENFANTS PAR LA PSYCHANALYSE

Nous savons que Freud appelait la névrose le négatif de la perversion. Sachs apporta une contribution importante à l'étude de la psychologie des perversions; il aboutit à la conclusion que le pervers ne se contente pas de se permettre, grâce à son manque de conscience morale, ce que le névrosé refoule à cause de ses inhibitions. Il découvrit que la conscience du pervers n'est pas moins stricte que celle du névrosé, mais qu'elle opère d'une manière différente. Elle ne permet de retenir qu'une partie seulement des tendances interdites afin d'échapper à l'autre partie qui semble encore plus répréhensible au Surmoi. Ce qu'elle rejette, ce sont les désirs œdipiens. Le manque apparent d'inhibition chez le pervers n'est que l'effet d'un Surmoi, non pas moins strict, mais opérant d'une manière différente.

Il y a quelques années, je suis parvenue à une conclusion analogue au sujet du criminel, et j'en ai parlé dans le rapport mentionné au début de ce chapitre : j'y examinais l'analogie entre les actes des criminels et les fantasmes des enfants.

Dans le cas étudié plus haut et dans d'autres cas moins nets mais cependant fort instructifs, j'ai constaté que la disposition criminelle n'était pas due à un Surmoi moins rigoureux, mais à un Surmoi opérant dans un sens différent. C'est justement l'angoisse et le sentiment de culpabilité qui poussent le criminel à commettre ses délits. Ceux-ci constituent en outre une tentative d'échapper à sa situation œdipienne. Dans le cas de mon jeune criminel, le fait de forcer les placards et de s'attaquer à de petites filles se substituait aux attaques contre sa mère.

Bien entendu, ces aperçus doivent être réexaminés et élaborés. A mon avis, tout semble indiquer que le facteur principal de la criminalité n'est pas l'absence de Surmoi, mais un développement différent du Surmoi – probablement sa fixation à un stade très précoce.

On pourra m'objecter que, dans l'enfance, les tendances ne sont pas encore clairement définies, de telle sorte que bien souvent, on ne peut voir si un enfant prend le chemin qui fera de lui un criminel. Cela est incontestable, mais cette objection me conduit justement aux observations que je veux faire pour conclure. Il est certainement difficile de savoir à quel résultat doivent aboutir les tendances d'un enfant, si son type psychologique doit être normal, névrotique, psychotique, pervers ou criminel. C'est précisément parce que nous ne le savons pas que nous devons chercher à le savoir. La psychanalyse nous en donne le moyen. Elle fait plus encore : elle peut non seulement informer sur le développement futur de l'enfant, mais le modifier et le diriger vers des voies meilleures.

MELANIE KLEIN [4]

---

4. *Essais de psychanalyse* (« Les tendances criminelles chez les enfants normaux », 1927), Payot, coll. « Science de l'homme », p. 211-228.

Tableau N° 10. — La Tempérance.

B. — LA MISÈRE DANS LA FAMILLE.

Martial a cédé à l'attrait du cabaret, et la misère règne en **son** intérieur. Sa femme, ses enfants n'ont presque plus ni vêtements, ni pain... L'ivrogne a toujours sa bouteille d'absinthe, la terrible liqueur qui a annihilé ses forces et va éteindre son intelligence.

Chapitre X

Une toxicomanie :
l'alcoolisme

Pour une psychanalyse de l'alcoolisme : *cet ouvrage de A. de Mijolla et S.A. Shentoub, dont nous présentons ici certains extraits, constitue une approche psychanalytique de la toxicomanie. Mais pourquoi peut-on mettre en regard actes délinquants, toxicomanie et perversions? Sans entrer ici dans les détails, disons d'emblée que ces différents troubles constitutionnels possèdent un noyau commun : délinquants, toxicomanes et pervers font appel à des mécanismes s'inscrivant dans la réalité extérieure pour combler une faille interne. Ils ne se contentent pas de fantasmer leurs peurs ou leurs désirs, comme le fait par exemple le névrosé. Eux sont contraints au passage à l'acte : rituel sexuel du pervers, meurtre ou délinquance du criminel, absorption de drogues du toxicomane. Ces failles dans leur Moi sont liées à des identifications défectueuses entraînant une perturbation de l'identité du Moi et de l'image du corps.*

A. de Mijolla et S.A. Shentoub, qui ont traité des alcooliques chroniques au centre psychiatrique Sainte-Anne à Paris, nous entraînent ici, pour reprendre leurs propres termes, « à la découverte d'un de ces "continents noirs" qui parsèment encore le planisphère psychanalytique : l'alcoolisme ».

C'est généralement par un raisonnement *a posteriori* que nous pouvons nous interroger sur ce qui se passe lors de ce que nous désignerons comme *la rencontre initiatique avec un liquide alcoolisé* de ces malades que nous voyons condamnés à y revenir sans cesse.

Avec l'adjectif « initiatique », nous n'entendons pas parler d'un fait

◀ *Les futurs alcooliques présenteraient en fait une « réaction thérapeutique négative inconsciente » à l'alcool. (Scène d'éducation morale et civique.)*

historique précis et daté, car notre matériel ne nous le permet pas, mais d'une rencontre initiale en quelque sorte *mythique*, qui ne coïncide pas d'office avec le premier verre avalé de la biographie du malade, mais plutôt avec une certaine expérience d'ivresse alcoolique particulièrement marquante en raison du contexte psychique entourant et préparant sa survenue bouleversante. C'est-à-dire que si elle n'est pas forcément l'expérience première d'absorption d'alcool, par rapport à un passé non alcoolique, elle s'avère par contre un moment originaire, traumatique, de l'existence alcoolique chronique puisque vouée à la répétition.

Il semble de plus, pour justifier son importance et que soient cohérentes les suites qu'elle entraîne, ce dont le destin ultérieur de ces malades fait la preuve, que nous devions la considérer comme un véritable *traumatisme,* au sens psychanalytique du terme. A en croire J. Laplanche et J.-B. Pontalis, le traumatisme psychique est un « événement de la vie du sujet qui se définit par son intensité, l'incapacité où se trouve le sujet d'y répondre adéquatement, le bouleversement et les effets pathogènes durables qu'il provoque dans l'organisation psychique. En termes économiques, le traumatisme se caractérise par un afflux d'excitation qui est excessif, relativement à la tolérance du sujet et à sa capacité de maîtriser et d'élaborer psychiquement ces excitations [1] ». C'est le caractère psychique spécifique qui, pour nous, différencierait radicalement d'un point de vue qualitatif et quantitatif les rencontres transitoires que peuvent s'aménager tous les hommes avec une boisson alcoolisée de celle qui, dans une inscription définitive dont nous avons à rendre compte, fera qu'*après coup,* nous nous trouvons en droit de parler, à propos de certains sujets, d'alcoolisme chronique.

INITIATION, MAIS AUSSI TRAUMATISME

Nous suggérons donc l'hypothèse que cette rencontre initiatique constitue pour le Moi du futur malade alcoolique une expérience traumatique, tant par l'excès d'excitations impossibles à maîtriser qu'elle comporte que par l'intensité des phénomènes de dépersonnalisation qu'elle peut développer, avant même que l'angoisse ait eu le temps de se sécréter dans sa fonction d'évitement de telles attaques. Rappelons-nous, pour les reconnaître justifiées, à côté de tout ce folklore qui chante l'ivresse, les peurs que certains sujets ressentent devant l'alcool, le refus de boire d'un grand nombre de personnes dont Freud lui-même nous donne l'illustration, comme le rapporte E. Jones.

---

1. J. Laplanche et J.-B. Pontalis, *Vocabulaire de la psychanalyse,* Paris, P.U.F. 1967.

Disons également que notre conception de ce moment traumatique, le plus généralement tardif dans l'histoire des individus, prépubertaire ou pubertaire (à cette période où nous avons vu tous nos malades commencer le récit de leur existence), s'inscrit dans le schéma que nous propose Freud, dans l'*Introduction à la psychanalyse* [2], lorsqu'il additionne, pour rendre compte de l'étiologie des névroses, à la « disposition par fixation de la libido » (comprenant elle-même la constitution sexuelle, les événements de la vie préhistorique et les événements de la vie infantile), un « événement accidentel (traumatique) » qui semble bien, dans un rebond, séparé de la fixation par un espace plus ou moins long de temps, déterminer le destin pathologique. Certes, et nous l'avons répété, les phénomènes alcooliques ne peuvent être absolument assimilés à la névrose, mais le modèle évolutif proposé par Freud reste le même, la question importante qui s'ouvre étant celle de la « fixation de la libido ».

Pour Freud, la situation traumatique « nous montre le chemin pour ainsi dire *économique* des processus psychiques. Et même, le terme *traumatique* n'a pas d'autre sens qu'un sens économique. Nous appelons ainsi un événement vécu qui, en l'espace de peu de temps, apporte dans la vie psychique un tel surcroît d'excitation que sa suppression ou son assimilation par les voies normales devient une tâche impossible, ce qui a pour effet des troubles durables dans l'utilisation de l'énergie [3] ». On conçoit ainsi que les modifications économiques longuement décrites à propos des expériences d'alcoolisation transitoire puissent être, *même dans l'excès de plaisir* qu'elles procurent, ressenties par certains sujets comme une insoutenable attaque. Car d'évidence, l'action supposée traumatique de la rencontre avec l'alcool ne prend son plein effet que sur un appareil psychique préparé, c'est-à-dire, entre autres, un Moi déjà débordé par ses conflits et peu capable de lier ce surcroît d'excitation instinctuelle du Ça que l'action extérieure va faire flamboyer.

Si nous avions décrit, par une comparaison un peu hâtive mais parlante en ce qu'elle reliait les phénomènes alcooliques à notre pratique psychanalytique, une réaction thérapeutique positive à l'alcool s'épanouissant chez ceux qui s'y adonnent occasionnellement, nous pouvons conjecturer maintenant que les futurs malades alcooliques – qui ignorent comme nous en cet instant précis leur destin – développent *d'emblée,* dans le mouvement du traumatisme alcoolique primordial, une *réaction thérapeutique négative inconsciente* à l'alcool (car lorsqu'elle est consciente s'organise une phobie de l'alcool), voire un véritable

---

2. S. FREUD, *Introduction à la psychanalyse*, Paris, Payot, 1949, p. 389 (trad. fr. par S. Jankélévitch).
3. *Ibid.*, p. 298 (les passages soulignés le sont par Freud).

transfert inconscient dont on pourra percevoir ultérieurement et suivre l'infini destin. Celui-ci n'est-il pas d'ailleurs parallèle à ces interminables cures psychanalytiques qui nous posent à tous tant de problèmes et dont les débuts – le transfert sur le psychanalyste, la situation psychanalytique tenant lieu et fonction de l'alcool – doivent bien avoir quelque dynamique et quelque économie proches de ce que nous essayons d'exprimer.

LES ALCOOLIQUES HAÏSSENT L'ALCOOL...

Il est pourtant bien agréable de boire! Pour la plupart des sujets sans doute, mais probablement n'en est-il pas de même en ce qui concerne les futurs malades alcooliques lors de leur expérience princeps. Ce pourrait être eux, les seuls qui haïssent profondément l'alcool, cet apparent paradoxe se vérifiant moins provocant qu'il n'en a l'air si l'on veut bien considérer que le premier orgasme éprouvé est également ressenti par un certain nombre de personnes comme une expérience traumatisante. Rappelons à ce propos, comme Ilse Barande nous y convie, que Sandor Ferenczi « postule que l'utilisation érotique des fonctions vésicales et anales exige la tolérance à un certain degré de tension qui terrifierait les patients ». Il n'élucide pas davantage cette particulière susceptibilité psychique et physique à la douleur de la région génitale et la peur conséquente de l'activité sexuelle normale, sinon en rappelant l'identification inconsciente du Moi tout entier avec cette zone et cette fonction. Il ajoute : « De façon générale, à mon avis, ce qui est spécifiquement érotique est fait du déplacement jouissif d'une difficulté organique que l'on s'est procurée à soi-même [4]. »

Si nous suivons encore Ferenczi, peut-être pouvons-nous nous attarder un peu sur cette analogie que nous faisons, à propos de son vécu traumatique, entre la rencontre initiatique avec l'alcool et l'orgasme, dont nous soulignons qu'il nous semble précisément exclu de tous les substituts sexuels décelables dans le comportement des malades alcooliques chroniques. Dans *Thalassa*, Ferenczi écrit, en effet, à propos de l'aspect psychologique du processus orgastique : « Tout semble se passer comme si, dans les conditions du coït, une tension arrivée à un très haut degré d'intensité s'apaisait de *façon inattendue* et avec une *extrême facilité,* de sorte que la mobilisation intense des énergies d'investissement devient *brusquement* inutile. C'est de là que vient le puissant sentiment de bonheur qui peut donc être ramené, tout comme

4. *Loc. cit.*, p. 163.

le plaisir que procure le mot d'esprit, à l'économie en énergie d'investissement (Freud). Parallèlement à ce sentiment, on peut imaginer un reflux "génitofuge" de la libido vers les divers organes, image en miroir du flux "génitopède" qui, pendant la phase de tension, a conduit les excitations des divers organes vers l'appareil génital. (...) La satisfaction orgastique correspond à la *génitalisation pour ainsi dire explosive de l'organisme tout entier,* à l'identification *complète* de l'organisme entier avec l'organe exécutant, sous l'effet de la friction [5]. »

Tout, dans cette description qui ne parle pourtant pas de la « petite mort » que l'orgasme représente, ni de ce « rétrécissement considérable ou même d'abolition complète de la conscience » [6] qu'il entraîne, nous paraît fondamentalement contradictoire avec ce que nous avons pu mettre en évidence des défenses alcooliques. L'étalement dans le temps des gestes de boire s'oppose à la brusquerie de l'apaisement tensionnel, le contrôle à jeun, par le regard, du psychanalyste, amortissant aussi un inattendu particulièrement redouté et contre lequel son énergie se mobilise. Mais beaucoup plus importante nous apparaît la suggestion d'un reflux « génitofuge » qui viendrait réinvestir en retour les divers organes du corps, car elle nous conduit directement à ce que nous supposons de soubassement aux effets de l'action traumatique présumée.

UN ORGASME IMPOSSIBLE

Pour nous d'ailleurs, nous éloignant ici de la lettre des considérations de Ferenczi, l'orgasme impossible des malades alcooliques, ressenti également comme traumatique et probablement lié dans le temps historique pubertaire à la rencontre avec l'alcool, ne serait pas forcément celui du coït, mais plutôt celui des premières éjaculations. Sans vouloir insister sur le symbolisme d'une perte de liquide qu'il faudrait alors combler, nous pouvons tout de même nous demander si, ce que les malades alcooliques souhaitent remplir, ce ne sont pas leurs bourses, conçues comme réservoir dangereusement épuisable de sperme, la perte de substance ainsi constatée, du fait « de l'identification complète de l'organisme entier avec l'organe exécutant », pouvant susciter ou plutôt réveiller des terreurs d'authentique dépersonnalisation. Nous pensons que l'apparition de l'orgasme génital et de l'éjaculation, outre les phénomènes fantasmatiques qui l'accompagnent, est un moment

---

5. S. FERENCZI, *Thalassa, Psychanalyse des origines de la vie sexuelle.* Édition établie par N. Abraham, Paris, « Petite Bibliothèque, Payot », 1962, p. 71-72 (trad. fr. par J. Dupont et S. Samama) (les passages soulignés le sont par Ferenczi).

6. *Id.,* p. 67.

particulièrement important en ce qu'il différencie deux types de masturbation bien distincts dans leur acception psychique malgré le mot unique qui les désigne. Que nos malades soient impuissants, ou, sous alcool, parviennent à de semi-érections qui n'aboutissent pas à la décharge, voire à jeun se montrent souvent éjaculateurs précoces (d'où l'emploi allégué d'alcool pour que « ça » dure plus longtemps), nous semble aller dans le sens d'une incapacité orgasmique génitale qui, dans le contexte psychique et non uniquement somatique où nous nous plaçons, les conduit à une régression aux stades antérieurs de leurs fantasmes, de leurs conduites masturbatoires et surtout de la finalité de ces attouchements sans fin qui caractérisaient leur enfance. Sans doute, pour les malades alcooliques hommes, ces gestes stéréotypés dont nous avons décrit la fonction de réassurance mécanique et d'emprise par l'investissement corporel qu'ils manifestent, laissent à penser qu'ils ne peuvent accéder aux représentations masturbatoires adultes ressaisies dans le moule œdipien d'une génitalité *pubertaire* et qu'ils ont échoué dans leur identification préalable aux protagonistes des fantasmes sexuels de scène primitive.

Pour les femmes le problème est certainement différent, mais notre expérience ne nous permet pas de l'aborder ici. Suggérons cependant que l'existence, reconnue par de nombreuses cures psychanalytiques, d'un orgasme complet éprouvé très précocement par les petites filles serait à mettre au dossier de la fréquence moindre de l'alcoolisme féminin, sinon de sa plus grande gravité.

Il ne faudrait cependant pas que ce que nous essayons d'indiquer ici puisse faire penser que les malades alcooliques sont tous impuissants, au sens physiologique du terme. Certains se servent même de l'alcool pour accomplir sur le stade du coït des prouesses sportives qui tendent à prouver le contraire. Nous nous référons davantage à la notion d'orgasme dans la définition psychique qu'en donne Ferenczi, avec les mouvements dynamiques génitopète et génitofuge qui sont la preuve d'une souplesse psychique dont nos malades nous semblent dépourvus, de plus en plus d'ailleurs au long de leur évolution pathologique. Ce n'est pas ici le lieu de discuter les ambiguïtés dont est surchargée toute description phénoménologique des activités sexuelles, et nous devons, pour éviter toute équivoque, nous contenter de préciser que la sensation recherchée et éprouvée par les malades alcooliques, au moment où ils sont encore capables d'investir la « motricité » amoureuse, tient plus de la décharge d'excitations non liées, de la réassurance de leur image d'eux-mêmes, d'une sorte de constat de maîtrise ou de triomphe maniaque sur un objet-prétexte, que de l'apothéose dans l'unité d'un organisme tout entier génitalisé par l'entremise d'une relation amoureuse avec un objet privilégié.

LES RACINES D'UNE FIXATION

Tout ce débat nous ramène aux questions qui se posent en ce qui concerne l'état psychique préexistant à ce traumatisme alcoolique initiatique que nous présumons. Quels événements traumatiques antérieurs la rencontre avec l'alcool fige-t-elle en une représentation désormais intangible, objet d'une répétition et rebelle à toute exploration du passé, comme si elle en était absolument coupée?

Pendant un temps, et cette interprétation nous avait été suggérée par nos réflexions à propos des entretiens cliniques, nous avons pensé réduire le drame alcoolique à quelque impossibilité d'élaboration du fantasme de la scène primitive. Nos malades paraissaient faire revivre par leurs interlocuteurs le scénario projeté d'une scène sado-masochique dont ils occupaient répétitivement le rôle du témoin, témoins voyeurs y prenant un certain plaisir ou apparemment indifférents, mais en tout cas nullement choqués ou traumatisés et nécessairement organisateurs, en coulisses, d'un spectacle par eux voulu et imposé à des substituts de parents-marionnettes.

Cette approche ne nous semble pas devoir être complètement abandonnée, car elle correspond à une perception clinique trop souvent retrouvée pour ne pas mériter réflexion. Mais de telles difficultés d'élaboration de ce fantasme ne sont pas propres aux malades alcooliques et ne sauraient en aucun cas être considérées comme le *primum movens* de troubles qui, à l'étude de l'acte de boire, à la considération de la transformation du désir en besoin, à l'écoute de tout un langage somatique où l'objet « alcool » revient comme agent provocateur d'excitations internes, nous ont conduits à la nécessité de prendre nos malades au mot. La difficulté d'élaboration de la scène primitive, ainsi que de bien d'autres fantasmes, loin d'être au principe de l'organisation psychique des malades alcooliques, n'en constitue qu'une étape. Peut-être même, en ce qu'elle a de communicable aux autres (car derrière ce mode particulier de projection du passage à l'acte il nous reste possible d'en capter le message), serait-elle un symptôme positif, témoin d'un secteur non alcoolique du Moi, une ébauche de fantasmatisation névrotique ayant valeur de ressaisie, après coup, d'éléments peu dicibles et mal figurables.

Il nous est ainsi apparu qu'il convenait de remonter plus loin dans le passé et d'élargir notre éventail d'hypothèses en ce qui concernait les racines de cette fixation primaire que la rencontre avec l'alcool vient réveiller et lier à l'acte de boire en une *fixation secondaire tardive* mais suffisamment efficace pour devenir le lieu d'action d'une compulsion de répétition si souvent définitive.

L'organisation motrice et corporelle de l'acte de boire, avec les contenus auto-érotiques que nous y voyons, mérite d'être considérée pour ce qu'elle est. *Cet acte, par sa fonction de fixation après coup et l'engloutissement du passé qu'il réalise, doit prendre en quelque sorte la place de traces mnésiques préexistantes, comme pour en masquer irrémédiablement les empreintes. Ce processus nous paraît différent du refoulement au sens classique du terme et nous pouvons nous demander si l'acte de boire n'est pas le seul représentant possible enfin trouvé par le Moi, de souvenirs traumatiques très archaïques, marquages corporels surtout, n'ayant peut-être jamais réussi auparavant à se lier à des représentations visuelles ou verbales pour s'abréagir et qui, par le silence psychique de leurs permanentes excitations pulsionnelles (penchant plutôt ici vers la limite biologique du concept de pulsion), auraient perturbé très précocement tous les processus de maturation psychique et d'organisation libidinale des sujets qui en étaient victimes. C'est cette quantité d'excitations en suspens qui conférerait, après coup, sa valeur traumatique à la rencontre initiatique avec l'alcool et ferait ainsi le lit d'une compulsion de répétition.*

L'AUTOMATISME DE RÉPÉTITION

Nous savons le lien que Freud a établi entre la fixation et cette compulsion de répétition que l'observation la plus élémentaire nous montre à l'œuvre au cœur des phénomènes alcooliques chroniques, lien dont on trouve la trace dans *Inhibition, Symptôme et Angoisse* : « Dans le refoulement, le facteur de fixation est donc la compulsion de répétition du Ça inconscient et, normalement, cette compulsion ne peut être supprimée que par la fonction librement mobile du Moi [7]. »

Ce qui a été montré au début de ce chapitre à propos de l'alcoolisation venant au secours de processus intellectuels inhibés rend encore plus parlante pour nous la poétique formule de Michel Fain évoquant « les effets de l'automatisme de répétition et son compagnon de misère : la pauvreté d'élaboration [8] ». C'était, en effet, cette esquive économique d'élaboration que nous avions trouvée au principe de l'appoint éthylique chez les buveurs occasionnels.

Mais nous pouvions alors parler en termes d'épargne, comme on voit quelque particulier un tant soit peu nanti mettre de l'argent à gauche dans l'espoir de faire une bonne affaire, qu'il se trompe ou non dans

---

7. S. FREUD, *Inhibition, Symptôme et Angoisse*, P.U.F., 1965, p. 81 (trad. fr. par M. Tort).

8. M. FAIN, « Ébauche d'une recherche concernant l'existence d'activités mentales pouvant être considérées comme prototypiques du processus psychanalytique », *Revue française de psychanalyse*, 33, 1969, p. 933.

son pronostic financier. En ce qui concerne les malades alcooliques, tout ce que nous venons de décrire témoigne d'une situation fondamentalement différente malgré une certaine analogie dynamique. Les facteurs économiques ne sont plus les mêmes, entraînant une régression topique où prévalent processus primaires et poussées du Ça, et l'épargne psychique du Moi s'inscrit effectivement dans un contexte de misère lié à tout ce que comporte la notion de rencontre initiatique telle que nous la concevons.

Ce n'est pas le lieu de discuter la théorie de la compulsion de répétition (nous préférons renvoyer le lecteur aux travaux qui lui furent consacrés lors du colloque de la Société psychanalytique de Paris, en 1969 [9]), aussi nous ne ferons que rappeler son caractère irrésistible, témoin d'un besoin du Ça, son asservissement, en partie, à l'instinct de mort, et sa place comme marque d'un masochisme érogène qu'on pourrait dire, en ce qui concerne les malades alcooliques, au plus près de ses assises corporelles. Nous ne devons surtout pas oublier ce caractère dramatique qu'elle présente chez eux, et dont Michel de M'Uzan nous fournit une si saisissante évocation, à propos d'un autre type de patients pourtant, lorsqu'il décrit la « répétition de l'identique » qui « peut aussi bien appartenir à un Ça dénudé qui ne peut se confondre avec l'inconscient psychique, qu'à une sorte de réalité sensible au sein de laquelle, toutefois, la frontière séparant l'intérieur de l'extérieur reste incertaine (...). Activités de représentation, de symbolisation appauvrie, condensation, déplacement et dramatisation rudimentaire, on conçoit que les énergies, en outre très imparfaitement liées, donnent le sentiment qu'elles pourraient déferler. La valeur de tendance à la décharge de la répétition est accentuée [10] ».

La pauvreté d'élaboration participe à l'ancrage de la compulsion de répétition chez nos malades alcooliques, et nous en avons à plusieurs reprises souligné les manifestations si éclatantes au cours des entretiens cliniques, comme suggéré les origines dans ces parties blessées du corps qui demeurent, au fil du temps, muettes et, ne donnant pas naissance en elles-mêmes au fantasme, ne se liant pas aux représentations verbales, trouent en permanence la trame du fonctionnement psychique. Dans les nuances de la réalité clinique, ces sombres tableaux que nous avons peints à gros traits se trouvent heureusement diversifiés par les infinies ressources des pulsions d'Éros, car l'atmosphère y serait par trop irrespirable, mais les phénomènes ici mis en valeur se retrouvent cependant, plus ou moins contraignants, chez tous les malades alcooliques que nous avons eus à connaître.

---

9. In *Revue française de psychanalyse*, 34, 1970.
10. M. de M'Uzan, *loc. cit.*, p. 447.

UNE « CARICATURE » DE FANTASME

La rencontre initiatique avec l'alcool vient ainsi apporter des contenus représentatifs désormais fixés en une opération pauvre et stéréotypée qui, si elle en ébauche la fonction, n'est qu'une caricature (une clownerie, pourrait-on dire, dans le registre d'une analisation dont les malades alcooliques aiment à exhiber le spectacle) de ce que, par exemple, René Major décrit à propos de « la formation du fantasme et sa réalité symbolique » : « Pour que le fantasme ou le délire se constituent, il est donc nécessaire qu'en même temps que s'établit une répartition du sensorium et des objets chargés de les "représenter", soient "interprétés" par eux des rôles primitivement dévolus au sujet lui-même : double opération d'une division extérieur-intérieur, sujet-objet, et d'une représentation de l'un prêté à l'autre pour devenir expérience de perception. Mais c'est tout autant l'opération symbolique qui alors s'effectue : une partie du symbole est placée en quelqu'un d'autre pour être retrouvée sous une autre forme. Au cours de ces diverses transformations peut se marquer un "progrès". Le mot est de Freud [11]. » On voit ici que la formulation du fantasme alcoolique, condensée et évitée en partie dans l'investissement moteur de l'acte de boire, est chez nos malades extrêmement tardive, cette toute particulière phase de latence expliquant peut-être que les objets, au sens psychanalytique, n'y peuvent être utilisés vraiment, car leur statut s'est rigidifié et ils ne possèdent plus, comme à l'orée du fonctionnement psychique, une souplesse représentative manipulable qui apparaît nécessaire aux opérations ci-dessus décrites. Et ce n'est plus en « quelqu'un » qu'est placée une partie du symbole, mais en « quelque chose », l'alcool, ce qui est bien différent et rend, en retour si l'on peut dire, infirme et incomplet, à l'image du processus corporel initial projeté, le fantasme qu'il contribue à former.

Cette opération constitue cependant, semble-t-il, un progrès par rapport à la situation de mutisme antérieur, même si nos malades ne peuvent pas verbaliser le plaisir que leur procure la boisson, comme l'un de nos patients, prétendant « aimer ça », se montre incapable d'aller plus loin dans l'expression de cette affirmation. A ce propos, il y a bien des points communs entre ce que les malades alcooliques nous montrent de la fonction de l'acte de boire ou de sa place dans leurs processus idéiques, et ce que Pierre Marty et Michel de M'Uzan ont écrit de la « pensée opératoire » : « Tout ce que l'on peut dire, c'est que la pensée opératoire établit son contact avec l'inconscient au niveau le

---

11. R. Major, « La formation du fantasme et sa réalité symbolique », *Revue française de psychanalyse*, 35, 1971, p. 401.

plus bas, le moins élaboré, comme en deçà des premières élaborations intégratrices de la vie pulsionnelle. Elle semble enjamber ou court-circuiter toute l'activité fantasmatique élaboratrice, pour s'articuler avec les formes initiales des pulsions, lesquelles peuvent soit effectuer des retours inopinés, soit donner lieu à des somatisations, soit encore s'inscrire sous des apparences rudimentaires dans une prédominance de la tension activité-passivité, si commune chez les malades psychosomatiques. La recherche devrait donc porter sur la qualité des fantasmes inconscients : les plus évolués, affectant une forme audio-visuelle, pourront être récupérés par l'analyse classique et retrouver ainsi leur chemin interrompu vers la conscience; les plus archaïques imposeront des confrontations thérapeutiques où la verbalisation restera longtemps très en deçà du plan réel de la relation [12]. »

BESOIN DE BOIRE ET HANTISE DU MANQUE

Mais l'acte de boire, en même temps qu'il l'occulte ou le court-circuite, crée tout de même un rudiment fantasmatique malgré son attachement à l'actuel ou à un futur immédiat et moteur. Il devient dans l'existence alcoolique porteur d'un projet dont l'empêchement entraîne l'état de manque où naît ce besoin... de boire dont on peut espérer qu'il sera possible, chez tel malade particulier, d'en dépasser la carapace biologique pour lui conférer la qualité et le statut d'un désir, c'est-à-dire lui faire une place dans un procès psychanalytique auquel il prétend se dérober. Si l'élaboration psychique impose la transformation de la quantité physique d'énergie en qualité psychique (charnière, donc, entre économique et symbolique) et l'établissement des voies associatives, la rencontre initiatique avec l'alcool nous paraît remplir ces deux conditions, en n'oubliant pas toutefois que la liaison associative ainsi réalisée est une « fausse liaison » (ce qui nous a fait envisager l'alcool comme l'objet d'un « transfert », positif dans l'alcoolisation transitoire, négatif dans l'alcoolisme chronique). Le chaînon que constitue la représentation « alcool » doit donc être pris très au sérieux car, même dans sa fonction de leurre pour le sujet et les autres, il est tout de même garant d'une continuité qui n'existait pas avant lui. Qu'il disparaisse, sans qu'un travail psychique ait permis de lui substituer autre chose ou de l'enrichir par des « transferts latéraux » plus personnifiés, et voilà que tout s'écroule dans les incidents d'un sevrage vite remis en question.

---

12. P. Marty et P. de M'Uzan, « La pensée opératoire », *in* XXIIIe Congrès des psychanalystes de langues romanes, P.U.F., 1963, p. 352.

DE L'ALCOOL A LA DÉPRESSION : LE CERCLE VICIEUX

Les malades alcooliques vivent sans cesse dans la hantise du manque, ce qui donne quelques caractères propres à l'état dépressif si souvent retrouvé chez eux et dont nous avions reconnu l'existence, sous une forme plus nettement névrotique, au principe des expériences d'alcoolisation transitoire. Dans ces exemples, en effet, nous faisions davantage appel aux manifestations cliniques d'une dépression auxquelles les considérations de Sacha Nacht et P.-C. Racamier pouvaient s'appliquer sans correctifs, voire la position théorique un peu différente de Béla Grunberger concernant les déprimés névrosés.

Avec les malades alcooliques chroniques, il n'en est plus exactement de même. Lorsque Sacha Nacht et P.-C. Racamier écrivent à propos du déprimé : « Ce n'est pas tant le plaisir qu'il cherche que la constante confirmation de sa valeur, de sa force et de sa bonté à travers son objet d'élection », nous entendons au lieu du mot « objet », ici utilisé dans son acception psychanalytique, le mot « alcool » ou « acte de boire ». De même, lorsqu'ils évoquent un « objet fonctionnel » et rappellent que le déprimé « n'a pas pu fonder sa relation d'objet ou son estime de soi sur une intériorisation stable d'une bonne image d'autrui [13] ».

Déjà, la description que Béla Grunberger fait du mélancolique va plus près de ce que les malades alcooliques nous laissent entrevoir. Ne cite-t-il pas les tendances suicidaires dans lesquelles nous avons si souvent insisté, à propos des entretiens cliniques, en commentant le jeu de mot d'un patient : « Je suis le tubard que les bars tuent, disait un alcoolique tuberculeux, et ses besoins auto- ou plutôt *égo-agressifs,* n'admettaient aucun doute concernant leur authenticité [14]. » Pour cet auteur, l'objet perdu par désinvestissement, c'est le Moi lui-même du sujet projeté lors de la reviviscence de ce qu'il décrit comme « trauma narcissique initial », la perte du paradis intra-utérin. Dans les cas que nous envisageons, il semble moins s'agir d'une projection cataclysmique d'un Moi unitaire désinvesti narcissiquement que de la projection permanente au dehors, dans un travail de deuil ininterrompu du manque à soi-même, de ces parties mortes ou blessées, investies auto-agressivement, qui témoignent de l'éternelle incomplétude. Et c'est parce que l'alcool et l'acte de boire, par leur rencontre, viennent à les représenter qu'ils deviennent l'objet d'une nécessité de complétude, d'une incorpo-

13. S. Nacht et P.-C. Racamier, « La dépression », *Revue française de psychanalyse,* 32, 1968 p. 569-573. Cf. également « Les états dépressifs : étude psychanalytique (Congrès international de psychanalyse, 1959) », *Revue française de psychanalyse,* 23, 1959, p. 567-605.
14. B. Grunberger, *op. cit.,* p. 301. C'est l'auteur qui souligne.

ration incessante luttant contre une dépression aussi chronique que l'alcoolisme désormais. Car l'alcool, par la facilité de son obtention, épargne le travail de deuil de soi-même dans sa toute-puissance et son unité immortelle. Et si bien des caractères cliniques mis en lumière par Béla Grunberger nous paraissent s'appliquer parfaitement à nos malades, tel le processus d'analisation (« il n'y a rien de beau dans la vie », « on dit des choses laides, des merde pour un oui, pour un non », cette complaisance à se vautrer dans ses vomissures ou ses excréments), la fameuse formule « l'alcool tue lentement, on n'est pas pressé », montre que leur mode dépressif chronique est bien différent dynamiquement et économiquement de celui du mélancolique, même si le résultat final auto-destructif, ou plutôt, pour suivre Béla Grunberger, « égo-destructif », est le même, la mort, résultat d'ailleurs que nous obtenons tous avec des fortunes diverses...

LE SURMOI : UN « BRAS SÉCULIER ABSTRAIT »

Quant au problème du Surmoi et de son rôle dans tous ces phénomènes, nous dirons seulement qu'il nous apparaît extrêmement rudimentaire, au plus proche de son fondement narcissique d'idéal du Moi. Mais celui-ci même, du fait des manques traumatiques corporels, s'avère troué et insuffisant à la tâche. Il a souvent été répété, après Simmel, que le Surmoi était soluble dans l'alcool, formule qui se fondait sur les comportements pervers et les fêtes apparemment maniaques de l'ivresse. Nous pouvons nous demander plutôt si le malade alcoolique n'est pas un personnage en quête d'un « Surmoi-auteur de ses jours » sur qui déverser les reproches de l'avoir fait si incomplet. Sans évoquer les auto-accusations pleurnichardes ou les remords bruyants des poivrots de Dostoïevski, le comportement des alcooliques, dans un temps premier de leur évolution tout au moins, par son scandale même, peut s'interpréter comme imploration des coups d'un Surmoi. Mais celui-ci n'est pas personnel et reste en dehors d'eux, non introjecté. C'est un bras séculier abstrait qui doit les frapper, dont ils provoquent la fureur mais récusent le droit qu'il prend d'exercer son pouvoir, arguant à ce moment-là de cette grande vérité : ce Surmoi n'est pas le mien propre, il est très bien pour les autres mais ne me concerne pas personnellement, il n'a pas de répondant intérieur à Moi.

C'est sans doute cette capacité projective qui permet aux malades alcooliques chroniques, au moins tant que l'envahissement par la compulsion de répétition toxique n'est pas complet, de se différencier un peu de la terrible description que nous donne Pierre Marty de la « dépression essentielle » vers laquelle pourtant ils tendent progressive-

Pour caractériser la tonalité des comportements dus à l'ivresse, Simmel disait que « le Surmoi est soluble dans l'alcool » (Gravure du XVIIᵉ siècle, Bibl. des Arts décoratifs.)

*De Baccus la douce liqueur
A plusieurs réjouit le cœur*

*Mais en nos corps autrement elle opere
Car elle nous met en colere.*

ment. Cet auteur y voit un « effacement, sur toute l'échelle de la dynamique mentale, de fonctions capitales. Je veux parler de l'identification, l'introjection, la projection, le déplacement, la condensation, l'association des idées et, plus loin, l'effacement probant des vies onirique et fantasmatique ». Il résume : « La dépression essentielle se présente comme une disparition de la libido tant narcissique qu'objectale, et cela sans compensation économique autre que le morcellement fonctionnel [15]. »

ALCOOL-MÉDICAMENT ET ALCOOL-LEURRE

Nos malades alcooliques, eux, s'en défendent par ce « raccrochage libidinal », dont Pierre Marty pense dépourvu le déprimé qu'il peint, et qui pour eux a nom : alcool, acte de boire, répétition des traumatis-

15. P. MARTY, « La dépression essentielle », *Revue française de psychanalyse,* 32, 1968, p. 596.

mes à l'origine de la dépression dans une fonction de maîtrise. L'alcool-médicament, une fois de plus, apparaît avec son rôle érotique de liaison des pulsions destructrices.

C'est ainsi que nous pouvons assigner quelques aspects positifs à cette compulsion de répétition à boire dont on ne privilégie que trop les faces négatives incontestables. Dans l'optique traumatique qui est la nôtre, elle nous paraît également vouée, tout au moins dans les débuts de la destinée alcoolique – car il y a en ce domaine un facteur évolutif où le temps, trop souvent oublié, tient une place parallèle et concomitante à la notion de quantité –, à abréagir des quantités d'excitation pulsionnelle que la misère élaborative ne permet pas de lier dans des complexes représentatifs. Le Moi, comme l'a décrit Nunberg, libidinise la compulsion de répétition pour tenter de l'intégrer en son sein. Nous pouvons voir ainsi dans cet acte de boire incessamment réitéré une sorte de compromis entre le Moi et la compulsion de répétition, une halte chèrement payée qui permettrait au Moi quelques tentatives de contre-investissements tant psychiques que corporels, même si celles-ci nous apparaissent bien stéréotypées, et nous pensons ici à la place que nous avons vu tenir, dans l'économie psychique de nos malades, aux représentations liées à leur travail ou à leur vie conjugale. Halte et répit évoquent à nouveau la boutade : on n'est pas pressé.

Mais les malades alcooliques mettent tous leurs œufs dans le même panier, et le mécanisme de libidinisation de la compulsion à boire, de halte peut devenir un arrêt définitif. Loin d'être un tremplin, il menace bientôt d'engloutir toutes les prémisses d'élaboration qu'il contenait. Le Moi risque d'utiliser son déclenchement lors de chaque situation évocatrice d'un possible danger de détresse, d'un traumatisme éventuel éveillant les traces des traumatismes princeps. A ce propos, il serait fructueux d'étudier sur le plan d'une clinique psychanalytique (c'est-à-dire incluant le transfert) quelles expériences réelles ou imaginaires, quels fantasmes préconscients ou quelles traces inconscientes, liées par le leurre alcoolique, peuvent être relevés, de façon constante ou non, chez tel patient précis, comme facteur déclenchant de ce que l'on nomme – ô contre-transfert! – les rechutes.

L'ALCOOL, DERNIER RAPPORT A SOI-MÊME ET AU MONDE

Devenir toxicomane de la compulsion de répétition nuit... et le Moi des malades alcooliques ne peut finalement que s'y épuiser, tel Sisyphe à hisser son rocher. L'évolution répétitive rend la lutte de plus en plus stérile tandis qu'au fil des jours s'ajoute aux modifications psychiques

L'absinthe, *par Degas, musée du Louvre.*

le poids des délabrements corporels, comme autant de reviviscences des traumatismes primaires, sources, sur le mode d'un éternel retour, d'excitations supplémentaires à projeter et à lier. La peau de chagrin se rétrécit, et la fonction d'abréaction de la compulsion s'avère peu à peu dérisoire, sa libidinisation de plus en plus réduite. Tout devient danger, toute modification extérieure ou intérieure s'avère traumatisante, tout pousse à boire.

Le seul plaisir qui reste est finalement lié à la réitération quasi mécanique, dans une visée de décharge chaotique et affolée, d'un acte de boire progressivement éloigné de son sens, détaché de ses premières implications dynamiques et économiques de liaison énergétique des pulsions du Ça.

On devrait parler ici d'une *répétition de la répétition,* dans un mouvement graduellement dévitalisé. Plutôt que de nous référer à l'image de « viscosité de la libido », telle que nous l'avions évoquée lors de nos commentaires de Freud, suggérons la notion d'une opiniâtre *adhésivité* libidinale à une représentation unique, l'acte de boire réitéré, sans qu'il puisse y avoir désormais ni déplacements ni substitutions nouvelles possibles. Une quantité d'énergie pulsionnelle désintriquée cherche à se décharger au plus vite tandis que les capacités de liaison du Moi s'engluent au niveau de ce seul acte. C'est souligner dans ce processus la prévalence d'une régression narcissique au-delà du narcissisme secondaire, à ce point archaïque qu'il ne reste plus guère aux sujets en atteignant les profondeurs abyssales, comme relations au monde et à eux-mêmes, que celles qui les lient à l'unique alcool, image projetée de ces parties blessées de leur corps.

A. DE MIJOLLA et S.A. SHENTOUB[16]

---

16. *Pour une psychanalyse de l'alcoolisme,* Payot, coll. « Science de l'Homme », 1973, p. 327-333, 344-351.

DEUXIÈME PARTIE

La perversion :
une vue d'ensemble

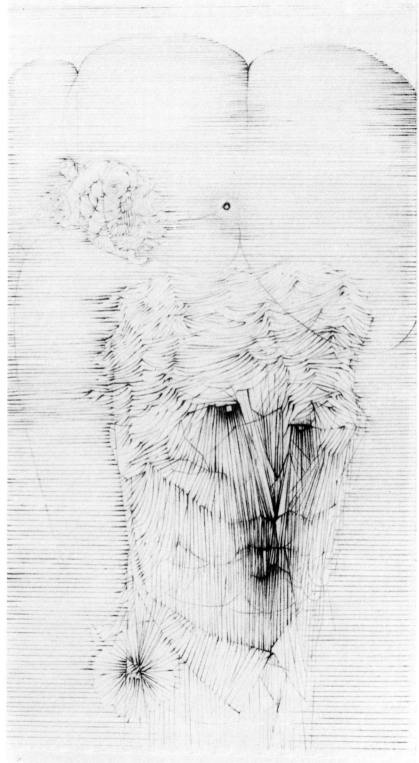

Epreuve d'essai   Bellmer

Chapitre I

Castration, culpabilité, perversion

Cette deuxième partie est consacrée à des conceptions générales – et actuelles – des déviations sexuelles. Les articles que nous avons choisis sont tous inédits en français.

Le premier auteur que nous allons découvrir est un Anglais, W.H. Gillespie, dont l'étude, publiée en 1964 [1], s'inscrit dans une perspective freudienne. L'auteur n'en pense pas moins pour autant que la formule freudienne – déjà citée à maintes reprises dans ce livre, et selon laquelle « la névrose est le négatif de la perversion » –, a quelque peu fait obstacle à la recherche en la matière, l'attrait qu'elle exerce ayant contribué à occulter une partie de la vérité.

Selon Gillespie, le Surmoi du pervers le conduit à privilégier un élément de la sexualité infantile au détriment des autres [2], et à refouler violemment les désirs œdipiens. La perversion constitue un aménagement contre l'angoisse et la culpabilité, un « imperméable », écrira même Gillespie. Avec Freud, il note que l'angoisse de castration est déterminante dans la perversion, mais donne une large place aux angoisses liées aux composantes sadiques de la sexualité. Il adopte également la conception de Glover, selon qui la perversion ne s'oppose pas à la névrose, mais bien plutôt à la psychose, l'une de ses fonctions étant de combler des failles dans le développement du sens de la réalité.

Gillespie s'intéresse également ici au fétichisme, dont il dit qu'« un bon nombre de raisons font [de lui] l'une des perversions les plus intéressantes du point de vue psychologique ». Le fétichiste s'identifie à la mère dépourvue de pénis afin de rester semblable à sa mère et de ne s'en point séparer; en même temps, il s'identifie à la mère phallique :

---

1. Comme pour les deux travaux qui suivent, nous en avons sélectionné de larges extraits, mais l'on trouvera les références des publications originales à la fin des chapitres.
2. Le pervers, contrairement à l'enfant, ne présente pas de disposition perverse polymorphe.

◀ *Des difficultés rencontrées à un stade particulier du développement sexuel provoqueront une fixation à ce stade. (Dessin de Hans Bellmer.)*

ce double mouvement est conforme au clivage du Moi déjà décrit par Freud. De plus, le fétiche a pour fonction de préserver l'objet œdipien, la mère, contre la sexualité destructrice liée à la régression libidinale.

Disons enfin que pour l'un des directeurs de cette collection, Béla Grunberger, le fétiche constitue le monument commémoratif des intenses échanges érotiques survenus au stade anal entre la mère et le fils [3].

Nous essaierons de présenter aussi simplement que possible la théorie psychanalytique des déviations sexuelles ou perversions, avec une référence particulière au fétichisme. Avant de commencer, il serait utile, à mon avis, de considérer ce que nous entendons par « perversion sexuelle ». Évidemment, nous traitons d'un type de déviation du comportement sexuel normal, et cela implique naturellement que nous ayons un modèle normal de référence. Ce n'est cependant pas aussi évident que cela peut paraître à première vue, car le fait est qu'il existe nombre de variations dans le comportement sexuel, même dans une culture comme la nôtre. Assurément, certaines de ces déviations doivent être tenues pour normales, sans quoi nous serions dans la situation ridicule qui consisterait à postuler l'existence d'un modèle normal qu'on ne trouverait en fait que dans une faible proportion de la population.

Bien qu'il soit imprudent de donner une définition à la fois rigoureuse et rapide, je pense qu'il est juste de dire ceci : nous ne devons parler de perversions sexuelles que si nous nous référons au comportement sexuel habituel d'un individu plutôt qu'à une manifestation occasionnelle ou à un pur fantasme. En fait, comme Freud l'a signalé plus d'une fois, les deux particularités qui nous permettent de considérer comme pathologique un type donné de comportement sexuel sont tout d'abord sa nature tenace et répétitive, et, deuxièmement, son caractère exclusif et sa tendance à remplacer une relation sexuelle amoureuse avec un adulte du sexe opposé.

Cette approche provisoire nous oblige, il est vrai, à étudier et à classifier les perversions sexuelles comme l'ont déjà fait un certain nombre de chercheurs tels que Krafft-Ebing et Havelock Ellis. Cependant, c'est la conception de Freud qui m'intéresse le plus ici; pour lui, essentiellement, dans ce domaine comme dans celui des névroses, il s'agissait d'aller au-delà de la classification et d'essayer de comprendre les origines et les significations psychologiques de ces états.

---

3. *Cf.* Béla Grunberger, « Essai sur le fétichisme », *Revue française de psychanalyse*, 1976.

SEXUALITÉ INFANTILE, NÉVROSE
ET PERVERSIONS : UN RAPPORT ÉTROIT

Freud publia sa première étude d'ensemble des perversions sexuelles en 1905 dans les *Trois Essais sur la théorie de la sexualité*. Sa découverte centrale, celle qui est au cœur des *Trois Essais*, est celle d'une relation étroite entre la sexualité infantile, les névroses, les perversions et le développement de la sexualité adulte normale pendant et après la puberté. Le terme « sexualité infantile » renvoie aux activités et aux fantasmes sexuels que Freud considérait comme un phénomène habituel aux quatre ou cinq premières années de la vie de l'enfant. Avant Freud, il était généralement admis que les manifestations sexuelles apparaissent normalement, pour la première fois, à la puberté et prennent la forme d'une attirance irrésistible pour les individus du sexe opposé. Cela impliquerait que la fonction sexuelle est, à un degré extrême, innée ou instinctuelle. En dépit de sa propre hypothèse, selon laquelle la sexualité est essentiellement fondée sur l'instinct, Freud vit clairement que l'idée populaire d'une poussée instinctuelle de l'activité sexuelle survenant seulement à la puberté ne correspondait pas aux faits, et qu'une histoire longue et décisive dans l'enfance précède et détermine pour une bonne part l'issue de la puberté.

TROIS FACTEURS QUI INFLUENCENT
LE DÉVELOPPEMENT SEXUEL

La sexualité infantile elle-même possède une base instinctuelle que l'enfant apporte avec lui dans sa constitution héréditaire : son déroulement est une sorte de maturation automatique et, dans cette mesure, suit un cours préétabli. L'erreur courante consistant à penser que les sensations et les activités sexuelles sont identiques et limitées au fonctionnement génital ne résiste pas à un examen critique, même chez l'adulte le plus « normal »; chez l'enfant, naturellement, une telle mise en équation du « sexuel » avec le « génital » est manifestement absurde. On doit reconnaître que chez tout le monde mais surtout chez le jeune enfant, les sensations sexuelles peuvent être associées à la stimulation et au fonctionnement de plusieurs parties du corps. Ces parties qui sont prédisposées à la montée de l'excitation sexuelle, Freud les qualifie de zones érogènes. Naturellement, les organes génitaux en constituent l'exemple le plus évident, mais la bouche et les organes d'excrétion sont également très importants à cet égard, surtout dans les premières années. Aussi la sexualité infantile est-elle d'abord, et de façon prédo-

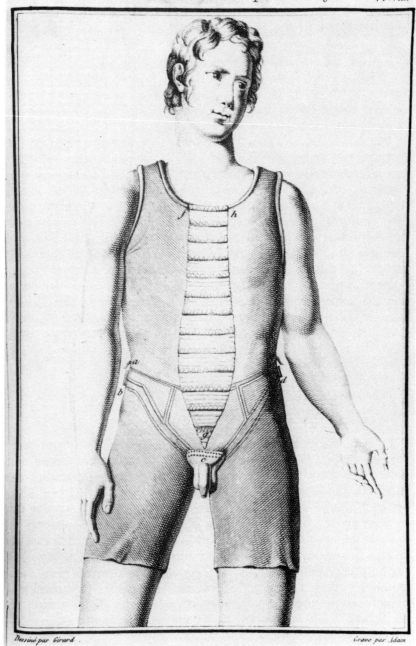

Le corset contre l'onanisme : une expérience traumatisante
qui pourrait déterminer une fixation masochiste
(Traité des bandages, *1815. Bibliothèque de l'ancienne Faculté de Médecine.*)

minante, associée aux activités et aux jouissances orales; puis elle est de plus en plus dominée par l'intérêt et le plaisir liés aux activités d'excrétion; finalement, elle se concentre de plus en plus sur les zones érogènes génitales. Il n'y a pas remplacement d'une zone par une autre, mais déplacement de l'intensité. Ainsi, l'érotisme oral persiste tout au long des stades suivants, et l'érotisme génital est présent dès le début. En plus des variations quantitatives dues au stade de maturation de l'enfant à un moment donné et des variations dues à sa constitution héréditaire particulière, la forme précise que prend la sexualité d'un enfant est également influencée par des expériences personnelles telles que certaines difficultés à un stade particulier. Par exemple, un enfant peut connaître des problèmes d'allaitement par suite d'une mauvaise adaptation anatomique ou psychologique de la mère aux besoins du bébé, ou bien avoir eu un sevrage traumatique; ses fonctions excrétoires peuvent être perturbées par de fréquents lavements; il peut être séduit, génitalement parlant, par sa nurse. Quand de telles expériences surviennent chez l'enfant prédisposé à y réagir intensément en raison de sa constitution ou du stade de développement qu'il a atteint au moment de l'expérience, le résultat sera probablement une *fixation* à ce stade particulier du développement émotionnel.

DEUX VICISSITUDES DU DÉVELOPPEMENT LIBIDINAL

Puisque les concepts de fixation et de régression jouent un rôle si essentiel dans la théorie psychanalytique des déviations sexuelles, il serait judicieux de les examiner plus attentivement. Notons d'abord que « fixation » se rapporte à quelque chose de relatif plutôt que d'absolu; quand nous employons ce terme pour indiquer un processus pathologique, nous devrions nous rappeler que nous parlons simplement d'un phénomène normal en l'exagérant. Car bien qu'il existe chez l'enfant une forte tendance à la croissance, à la maturation et au développement progressif due à des facteurs innés, normalement renforcés par les pressions de l'environnement (c'est-à-dire ce que les parents et, plus tard, les professeurs, attendent de l'enfant en croissance), tout enfant présente néanmoins un élément conservateur, une répugnance à abandonner d'anciens modes de satisfaction, en général une mauvaise volonté à grandir.

Le concept de *régression* est complémentaire de celui de fixation, et il correspond à un phénomène très familier en clinique. Il suppose un recul dans le développement, un retour à des attitudes émotionnelles et à des types comportementaux plus anciens. Un tel recul est susceptible de se produire quand de graves difficultés surgissent dans la vie émotionnelle d'un enfant; on peut en voir un bon exemple dans le cas d'un enfant chez qui l'apprentissage de la propreté est bien établi et qui, pourtant, recommence à mouiller son lit lorsqu'il doit affronter la venue d'un bébé rival. Dans ces cas-là, où une tension continue entraîne une telle régression à un stade de développement antérieur, ce stade est habituellement déterminé par la présence de points de fixation. Freud les comparait à des villes où une armée en marche laisse des garnisons dans son sillage; quand l'armée rencontre des difficultés et doit reculer, elle est susceptible de se replier vers ces villes de garnison qui correspondent aux points de fixation.

Si les difficultés du développement précoce ne sont pas trop graves, l'enfant parvient vers l'âge de trois ou quatre ans à un stade où sa vie psychosexuelle est dominée par des pulsions et des fantasmes génitaux, ceux-ci étant dirigés vers les parents ou leurs substituts : dans une famille normale, cela produit une variation du complexe d'Œdipe classique. La phase œdipienne est particulièrement difficile et compliquée, et un enfant prédisposé de par sa constitution ou de par des expériences précoces – c'est-à-dire ayant acquis des points de fixation très forts – est davantage susceptible d'échapper à ses problèmes œdipiens en régressant et, ainsi, de réactiver les modes précoces d'activité libidinale caractéristiques du point de fixation par exemple anal ou oral.

DES ÉLÉMENTS SEXUELS INFANTILES DANS LA NÉVROSE ET LA PERVERSION

Les psychonévroses et les perversions sexuelles peuvent être considérées comme des modalités différentes de ce développement normal. Le concept de perversion sexuelle qui ressort des *Trois Essais* peut se formuler ainsi : la perversion représente la persistance dans la vie adulte d'éléments de l'activité sexuelle infantile. Cette persistance se fait aux dépens de la génitalité adulte, dont l'altération est un trait essentiel de la véritable perversion. Ainsi, il y a eu une défaillance dans les transformations normales apparaissant à la puberté; elles auraient dû modifier les poussées sexuelles infantiles et mettre l'accent sur les poussées génitales hétérosexuelles, afin de conduire à une sexualité adulte normale.

Cependant, dans le cas des perversions sexuelles, un autre dénouement possible, différent de l'issue normale, a manqué de se produire :

c'est l'issue pathologique de la névrose. Nous pouvons donc dire ceci : non seulement les conflits sexuels infantiles n'ont pas subi les transformations normales de la puberté, mais ils n'ont pas cédé non plus à des mécanismes de défense qui les auraient transformés en symptômes névrotiques. Dans le cas des névroses où l'on aboutit à ce résultat, il se fait aux dépens de la sexualité adulte et les symptômes névrotiques sont en partie un substitut de celle-ci.

Il apparaît donc alors clairement que perversion et névrose partagent la particularité de remplacer la sexualité adulte, du moins dans une certaine mesure. Mais elles semblent être par ailleurs diamétralement opposées, à savoir que la perversion *n'est pas* et que la névrose *est* le résultat de l'action de mécanismes de défense sur la sexualité infantile. Freud a exprimé cette opposition de façon mémorable quand il note dans les *Trois Essais* que les névroses sont pour ainsi dire le négatif des perversions. Cette formulation implique que la perversion doit être considérée comme la persistance de l'infantile. L'antithèse freudienne entre névrose et perversion suggère que si, dans la névrose, les éléments sexuels infantiles persistent mais sont transformés par les mécanismes de défense en symptômes névrotiques, dans la perversion, ils subsistent tout simplement sous une forme inchangée. L'accent se porterait sur la fixation plutôt que sur une régression défensive, et la perversion devrait être considérée comme une vicissitude de l'instinct, comme, essentiellement, un phénomène du Ça.

PERVERSION ET NÉVROSE SE REJOIGNENT DANS LE COMPLEXE D'ŒDIPE

Le motif qui m'a poussé à étudier ce point est le suivant : ces formulations faites par Freud dès 1905 ont eu une énorme influence à l'intérieur et en dehors des cercles psychanalytiques. Elles donnaient en effet de certains aspects primordiaux une image assez fausse de la théorie psychanalytique des perversions sexuelles qui s'est progressivement dégagée depuis 1905, en grande partie grâce au travail personnel de Freud. Un tel aphorisme sur les névroses vues comme négatif des perversions a le mérite de fixer en mémoire une part de vérité. L'ennui est qu'il recouvre rarement *toute* la vérité, et c'est pratiquement le cas ici.

Car, bien qu'il soit important de reconnaître les *différences* existant entre perversion et névrose, ne pas ignorer certains caractères fondamentaux qu'elles ont en commun l'est tout autant. L'un de ces traits communs apparaît déjà dans les *Trois Essais*; chacune d'entre elles doit être considérée comme un aboutissement imparfait ou anormal du développement psychosexuel.

Cependant, le parallèle est plus étroit que ne le laisse entendre cet énoncé très général. Peu de temps après la publication des *Trois Essais* en 1905, on admit progressivement dans les écrits psychanalytiques que la perversion *ne* pouvait *pas* être simplement considérée comme une persistance de l'infantile sans aucune action des mécanismes de défense. Il est vrai que le refoulement brillait par son absence apparente – mécanisme caractéristique des névroses hystériques sur lesquelles se fondaient largement les premières études et théories de Freud; mais quand Freud, en 1910, mit en lumière certains aspects de l'homosexualité dans son travail consacré à Léonard de Vinci, il reconnut implicitement la présence de mécanismes de défense.

Cette conception des défenses dans les perversions, qui les rapproche des névroses sur un point capital, apparaît en 1919 dans l'article de Freud intitulé « On bat un enfant ».

On verra que la perspective théorique avait manifestement changé à ce moment, et qu'il ne fut plus possible de considérer les perversions et les névroses comme diamétralement opposées, l'une étant simplement le négatif de l'autre. En fait, les deux extrêmes se rejoignent dans le complexe d'Œdipe.

DANS LA PERVERSION, LE MOI ACCEPTE LE FANTASME

La position théorique fut clarifiée en 1923 par Hanns Sachs, dans un article qui prenait comme base le travail de Freud auquel je viens de me référer. Il est évident, faisait-il observer, que la perversion manifeste ou le fantasme pervers représentent seulement la partie consciente d'un système inconscient beaucoup plus vaste, tout comme un symptôme névrotique. Tous deux sont de simples résidus d'un important processus de développement de la sexualité infantile : des représentants conscients de pulsions inconscientes.

S'il n'existe pas entre névrose et perversion l'antithèse que Freud semblait supposer tout d'abord, quelle est alors leur différence essentielle? Cliniquement parlant, nous pouvons dire que dans la névrose le fantasme refoulé se fraye un passage vers le conscient sous la seule forme d'un symptôme désagréable au Moi, typiquement accompagné d'une souffrance névrotique, alors que dans la perversion le fantasme reste conscient, accepté par le Moi et agréable. Ce qui les distingue serait une différence dans l'attitude du Moi et un signe émotionnel positif ou négatif plutôt qu'une différence de contenu.

LA PERVERSION DISSOUT
LES SENTIMENTS DE CULPABILITÉ

Le concept de Surmoi commença à apparaître en 1923, et il est évident que toute la formulation serait incomplète si elle n'incluait pas son rôle. Freud avait découvert que les fantasmes de fustigation sont la conséquence de différents modes de défense contre les conflits œdipiens. Le Surmoi, tel qu'il fut décrit par Freud, doit maintenant être regardé comme l'héritier du complexe d'Œdipe, et il semble donc raisonnable de rechercher un rapport très étroit entre perversion et Surmoi, puisque tous deux peuvent être considérés comme une sorte de solution au complexe d'Œdipe. C'est peut-être dans le masochisme que le rôle du Surmoi et de la résolution des sentiments de culpabilité est le plus évident, mais il est clair à présent qu'une fonction importante de la perversion est de dissoudre les sentiments de culpabilité. Certains analystes américains (Johnson et Szurek, 1952; Kolb et Johnson, 1955; Sperling, 1956) ont étudié les comportements sexuels des parents pervers, et montré comment un Surmoi défectueux peut s'édifier sur la base du modèle parental. Le modèle parental type qu'on est susceptible de rencontrer dans les cas de perversion sexuelle chez l'enfant est un modèle qui interdit avant tout l'hétérosexualité normale; il traite de plus les activités prégénitales et perverses avec une relative indulgence ou même les encourage, car elles répondent à un besoin pervers inconscient chez les parents. Ceux-ci sont donc incapables de venir à bout du comportement de l'enfant et de son Surmoi défectueux.

UNE FAIBLE QUANTITÉ DE PLAISIR SEXUEL

Si nous essayons maintenant d'élargir la formulation de Sachs en accordant toute son importance au Surmoi, nous devrions peut-être la modifier pour obtenir quelque chose de ce genre : la perversion consiste dans l'acceptation et l'adoption par le Moi d'un ou plusieurs éléments de la sexualité infantile, les autres éléments (et en particulier les désirs œdipiens) étant repoussés par le refoulement ou par d'autres moyens. Les aspects dynamique et économique de la situation ne peuvent être compris sans référence au Surmoi. Cela revient à dire que le choix par le Moi de cet élément particulier de la sexualité infantile est en grande partie dicté par le jugement émis par le Moi sur ce qui plaira, ou, du moins, ne sera pas contredit par les images parentales intériorisées par la suite, c'est-à-dire par les formations du Surmoi. Les perversions peuvent être considérées comme ayant affaire avec le danger des pulsions destructrices dirigées contre l'objet qui menace à la fois le soi et l'objet. La perversion procure ainsi une faible quantité de plaisir sexuel, tandis que dans le même temps elle évite le déplaisir de l'angoisse et des sentiments de culpabilité qui autrement surgiraient.

UNE LIBIDINISATION EXCESSIVE
SERVANT DE DÉFENSE CONTRE L'ANGOISSE

Un autre domaine qui nécessite d'être approfondi est celui de l'angoisse de castration, dont la signification dans les perversions fut soulignée par Freud. Les faits cliniques ne permettent pas de douter que les pervers sont certainement dominés par l'angoisse de castration et les défenses contre celle-ci; cependant, des divergences d'opinion sont apparues parmi les analystes sur la signification de ces phénomènes qui s'offrent à différentes interprétations. Il y a eu une insistance croissante sur l'importance des désirs agressifs et du sadisme, par lequel on entend un composé de pulsions agressives et libidinales.

L'influence de l'agressivité fut de plus en plus reconnue au cours des dernières décennies, et elle a de nombreux rapports avec notre sujet. Par exemple, Freud décrivit en 1922 un mécanisme présent dans certains cas d'homosexualité; la relation homosexuelle constitue une défense contre un état de choses plus précoce où l'individu éprouve une jalousie et une hostilité intenses envers ses frères rivaux. Le rôle des mécanismes primitifs d'introjection et de projection a été largement souligné, et l'influence de l'œuvre de Melanie Klein fut grande dans ce domaine. En 1933, Edward Glover suggéra que les perversions pouvaient former une suite de développements reflétant les étapes dans la maîtrise de l'angoisse concernant le corps propre ou les objets extérieurs de l'individu; à son avis, les perversions représentent des tentatives de défense contre l'angoisse liée à l'introjection et à la projection, au moyen d'une libidinisation excessive. Ces mécanismes primitifs sont apparentés aux formations psychotiques; Glover suggéra de plus que certaines perversions devaient être considérées non pas comme le négatif [4] des névroses, mais comme celui des psychoses; selon lui, elles aident à combler des failles dans le développement du sens de la réalité.

---

4. Il est probable que l'auteur, se référant ici à la célèbre formule de Freud selon laquelle « la névrose est le négatif de la perversion », a voulu en fait écrire que « les perversions doivent être considérées non pas comme le *positif* des névroses, mais comme celui des psychoses » (N. d. T.).

Le pervers lutterait désespérément contre une angoisse de castration omniprésente (Illustration de H. Hoffmann pour Pierre l'ébouriffé, *1845.)*

UN RÉALITÉ INTOLÉRABLE ET POURTANT TOLÉRÉE

Les compléments importants aux premières formulations de Freud sont en rapport étroit avec l'intérêt croissant que des analystes ont porté au Moi et à ses activités, dans les deux ou trois dernières décennies. Un autre aspect doit être mentionné. Je me réfère à ce que Freud appelait le clivage du Moi, et qu'il reliait au mécanisme de négation ou désir. Ce mécanisme diffère sur un point essentiel du refoulement, bien que par ailleurs il lui ressemble. Dans le refoulement, un élément indésirable de la réalité, tel qu'un souvenir déplaisant, est rejeté du conscient; pour le Moi, il a cessé d'exister. En ce qui concerne la négation, l'élément indésirable de la réalité est accepté par la conscience mais, en même temps, il est constamment dénié.

Prenons comme exemple le cas du fétichisme où les sentiments érotiques sont liés, non pas à l'aspect génital d'une personne du sexe opposé, mais à une partie non génitale du corps ou à un vêtement; il peut alors parvenir à éliminer la personne en tant que telle. Pour Freud, la psychopathologie essentielle est ici liée à l'angoisse de castration intense du garçon, angoisse qui le met dans l'impossibilité d'accepter la réalité des organes génitaux féminins, car l'absence de phallus constitue une menace trop grave pour l'intégrité de ses propres organes génitaux. Cette angoisse de castration conduit alors à une défense par le mécanisme du désir : le garçon dénie sa perception de la femme sans pénis. Néanmoins, dans le même temps, il abandonne la croyance selon laquelle le phallus féminin existe, et il constitue à la place un objet de compromis : le fétiche. Le fétiche représente le phallus féminin auquel il peut encore croire et absorbe tous ses intérêts érotiques; cependant, il est conscient de l'existence des organes génitaux féminins et il éprouve un sentiment d'aversion à leur égard. Une telle attitude double vis-à-vis de la réalité inacceptable est ce que Freud a appelé le clivage du Moi.

Vous remarquerez qu'il y a une grande similitude entre ce mécanisme et le mécanisme plus général que Sachs proposait pour toutes les perversions. Le fétiche représente évidemment l'élément de sexualité infantile qui est choisi et accepté par le Moi comme *pars pro toto,* le reste étant rejeté. La principale raison de ce rejet, selon Freud, est l'angoisse de castration; mais l'expérience clinique de nombreux analystes a montré que la situation est généralement plus compliquée et que des éléments prégénitaux primitifs jouent un rôle important. Après avoir présenté dans un article en 1940 l'analyse d'un fétichiste, j'émis cette hypothèse : le fétichisme serait le résultat de l'angoisse de castration, mais d'une forme spécifique, produit d'un mélange de tendances anales et orales.

LA THÉORIE DU FÉTICHISME

Un bon nombre de raisons font du fétichisme l'une des perversions les plus intéressantes du point de vue psychologique. Tout d'abord, bien qu'il prenne parfois des formes curieuses, il ne fait dans le fond que caricaturer sous bien des aspects l'amour sexuel normal.

Dans sa forme mineure, que nous avons vu apparaître dans le comportement sexuel normal, le fétichisme se traduit par l'exigence que l'objet sexuel possède certaines particularités physiques bien déterminées ou qu'il porte certains types de vêtement. Ici, l'objet sexuel humain a encore une importance. Dans la forme plus pathologique du fétichisme, le processus va plus loin : le désir ardent pour le fétiche, une chaussure, un imperméable, des fourrures par exemple, prend véritablement la place du but sexuel normal d'union génitale. En fait, le fétiche peut être totalement séparé de tout objet humain; la possession de cet objet inanimé et le jeu qui l'accompagne deviennent l'activité sexuelle exclusive du fétichiste.

L'« OBJET TRANSITIONNEL » DU BÉBÉ EST-IL UN FÉTICHE?

L'amour qui est ainsi ressenti pour un objet inanimé dans les formes les plus extrêmes du fétichisme trouve un parallèle intéressant dans le développement de nombreux jeunes enfants – phénomène décrit par Winnicott en 1953, qui introduisit le terme d'« objet transitionnel » [5]. Il entendait par là l'attachement que tant de bébés développent à l'égard d'un objet inanimé spécifique, un châle par exemple, duquel ils ne veulent en aucun cas être séparés et qui doit rester inchangé (il ne doit pas être lavé).

Il est cependant important de ne pas confondre « objets transitionnels » et fétiches. Les premiers apparaissent à un stade précoce du développement et sont étroitement liés à l'allaitement ou au biberon. Bien que sans doute sexuel au sens large, ils ne sont pas spécifiquement apparentés aux organes génitaux ou à leurs fonctions. On les trouve dans les deux sexes, alors que l'un des traits les plus marquants du fétichisme est sa grande rareté chez la femme. Dans certains cas, il peut s'avérer que ce qui est en fin de compte choisi comme fétiche a représenté l'objet transitionnel des premières années de la vie de l'individu. Comme nous le verrons, un fétiche est essentiellement un produit de la phase génitale, même s'il doit être considéré comme une sorte de recul par rapport à cette phase.

« CERTAINS HOMOSEXUELS SONT DE VÉRITABLES FÉTICHISTES DU PÉNIS »

Binet, le premier, suggéra en 1887 que le fétichisme résulte d'une expérience, habituellement infantile, où l'excitation sexuelle fut éveillée dans des circonstances particulières restant associées de façon permanente à une telle excitation; sa théorie aurait été sans doute exprimée plus tard en termes de conditionnement. Freud confirma d'abord cette découverte de Binet, mais fit remarquer ensuite que l'expérience initiale

---

5. Voir *Les Stades de la libido : de l'enfant à l'adulte* (2ᵉ partie, chap. IX), dans la même collection; *Cf.* aussi *De la pédiatrie à la psychanalyse,* Payot, 1969. (N. d. E.).

d'excitation sexuelle dans des circonstances particulières exige, elle aussi, une explication; en réalité, derrière ce premier souvenir de l'apparition du fétiche, il y a une phase de développement sexuel plus primitive mais oubliée. En outre, Freud attira l'attention sur la relation symbolique qui parfois explique le sens du fétiche, comme dans le cas du pied, de la chaussure ou de la fourrure, tous symboles bien connus des organes sexuels mâles et femelles. L'importance que de nombreux fétichistes attachent à l'odeur de l'objet est liée aussi au plaisir qu'éprouvent les jeunes enfants pour ce qui, plus tard, en raison du refoulement, sera ressenti commme odeurs désagréables. Lorsque Freud écrivit en 1927 un court article sur le fétichisme, il arriva à la conclusion qu'il se trouve un facteur dans l'étiologie du fétichisme, un facteur essentiel et même primordial, à savoir l'angoisse de castration et l'incapacité de tolérer l'idée qu'il existe des êtres humains dépourvus de pénis, des êtres, donc, qui auraient été considérés par le petit garçon comme châtrés. Cela conduit à l'impossibilité d'accepter les organes génitaux féminins comme un fait de nature et, à plus forte raison, comme une chose sexuellement excitante et désirable. De tels sentiments, bien sûr, peuvent aisément conduire à un développement homosexuel : la condition *sine qua non,* pour un homosexuel, est que son partenaire doit posséder un pénis et, en effet, certains homosexuels peuvent être tenus, non sans raison, pour de véritables fétichistes du pénis.

LE FÉTICHE FAIT DE LA FEMME UNE PARTENAIRE SEXUELLE TOLÉRABLE

Cependant, le véritable fétichiste évite justement l'homosexualité grâce à la création de son fétiche, car le fétiche représente le pénis douloureusement manquant de la femme, qui peut alors être acceptée sans trop d'angoisse de castration, pourvu que le fétiche rassurant soit présent. Néanmoins, comme nous l'avons vu, dans les cas les plus graves le fétichiste se passe totalement de la femme. L'angoisse de castration implique naturellement que le garçon ait soit perçu les organes génitaux féminins, soit en ait pris connaissance d'une autre façon; par conséquent, une croyance dans le phallus féminin implique le déni d'une perception réelle. L'enfant entretient alors en esprit deux idées contradictoires dans le même temps, ou plutôt son Moi résout ce dilemme en créant un compromis, le fétiche. Chose concrète et réelle, qui peut être vue et touchée – à la différence du phallus féminin –, elle représente aussi celui-ci, confirmant ainsi son existence et apaisant l'angoisse de castration. Le fétiche reste le signe d'une victoire sur la menace de castration et épargne au fétichiste la nécessité de devenir homosexuel, en faisant de la femme un objet sexuel tolérable. Le déni de la perception à la base de ce mécanisme évoque ce qui se produit dans le déni de la réalité du psychotique; mais, chez le fétichiste, seul un courant de la vie mentale s'oriente de cette façon : la vie sexuelle est clivée du reste, qui peut être assez bien adapté à la réalité. Ainsi, Freud en vint à accorder une grande importance au clivage défensif du Moi dans l'étiologie du fétichisme.

*Le Prince Charmant du conte de Cendrillon
était-il en fait un fétichiste de la chaussure? (Lithographie romantique
Bibl. des Arts décoratifs.)*

SELON FÉNICHEL, LE TRAVESTI S'IDENTIFIE A LA FEMME PHALLIQUE

En relevant ces mécanismes et ces fantasmes essentiels, Freud semble avoir délaissé les autres aspects du fétichisme qu'il avait pourtant été le premier à mettre en évidence. Il insistait sur la façon dont l'angoisse de castration peut survenir chez un garçon à la suite de menaces de castration liées à la masturbation, elles-mêmes suivies d'une possible observation des organes génitaux féminins. Cette séquence a pour effet de convaincre le garçon que la menace de castration n'est pas une vaine menace, mais correspond à « quelque chose qui est réellement arrivé à d'autres », et qui, donc, pourrait lui arriver. Cependant, il semble que ce ne soit pas là toute l'histoire. Avant qu'une telle perception des organes génitaux puisse constituer une menace, il est évidemment nécessaire que le petit garçon s'identifie lui-même à la petite fille ou à la femme, du moins à certains égards. Dans son article de 1930 sur le problème très proche du transvestisme, Fénichel essaie de montrer que le travesti combine les manœuvres défensives du fétichiste à celles de l'homosexuel. Ce dernier a résolu l'amour possessif qu'il éprouve pour sa mère en s'identifiant à elle, tandis que le fétichiste n'a pas accepté l'absence de pénis chez la femme. Le travesti, selon Fénichel, se représente toujours dans ses fantasmes la femme dotée d'un pénis, afin d'apaiser son angoisse de castration; de plus, il s'est lui-même identifié à cette femme phallique. Il semble cependant que cette double défense puisse également se trouver dans des cas cliniquement tenus pour des cas de fétichisme et non de transvestisme.

UN DÉSIR INCONSCIENT D'IDENTIFICATION AVEC LA MÈRE « CHÂTRÉE »

L'importance de l'identification dans le fétichisme fut clairement mise en évidence par Bak en 1953. Il montra qu'il existe une double idée de la mère, à la fois pourvue et dépourvue d'un pénis. Le garçon s'identifie parfois à la mère phallique, parfois à la mère non phallique et parfois simultanément aux deux; ces différentes identifications correspondent au « clivage du Moi » décrit par Freud. L'identification à la mère sans pénis conduit à un désir de renoncer à son propre pénis, et cela crée un conflit aigu avec l'orgueil narcissique et le désir de le conserver. Les deux dangers qui menacent le garçon, la séparation d'avec la mère et la castration, sont écartés par le compromis fétichiste.

L'insistance sur l'existence du pénis de la mère est réellement une protection contre le désir inconscient de perdre le pénis afin de rester semblable à la mère.

UNE AUTRE FONCTION DU FÉTICHE : PRÉSERVER L'OBJET D'AMOUR

La relation particulière du fétichiste à son objet est d'une importance cruciale et un certain nombre de facteurs y participent, autre que ceux déjà mentionnés. Comme nous l'avons vu, il y a fuite d'un objet total en chair et en os vers une partie de celui-ci ou vers une chose inanimée ayant un rapport avec l'objet. L'objet substitutif, le fétiche, possède certains avantages outre celui de préserver le fétichiste de l'angoisse de castration. Ils ont principalement trait, pour la plupart, au souci de conserver intact l'objet d'amour œdipien originel, la mère. Les angoisses dues au complexe d'Œdipe conduisent à une régression libidinale considérable vers des formes précoces de sexualité infantile associées aux processus alimentaire et excrétoire (stades oral et anal). Sans doute les fixations à ces stades précoces caractérisent-elles le fétichiste. Une particularité dominante de ces formes prégénitales de sexualité consiste en ceci qu'elles comportent une très puissante composante agressive qui fusionne avec les pulsions libidinales pour produire le sadisme. Ainsi, l'objet sexuel, menacé par ces pulsions sadiques, a besoin de protection. Un exemple de ces attaques prégénitales serait la destruction par l'urine dangereuse, et l'imperméable-fétiche aurait dans ce cas un rôle protecteur. D'une façon beaucoup plus générale, le transfert d'intérêt de l'objet humain au fétiche épargne cependant le premier, et permet que l'objet soit approché à la fois libidinalement et agressivement avec moins de risques de rejet ou de représailles.

W.H. Gillespie[6]
Traduit de l'anglais
par R. Dorey et Y. Assedo

---

6 « The psycho-analytic theory of sexual deviations with special reference to fetishism ». Paru intégralement dans *The Pathology and Treatment of sexual deviation*, Ismand Rosen éd., Londres, Oxford University Press, 1964, p. 123-145.

Chapitre II

L'identification à la mère

Nous avons déjà pu lire, dans un précédent volume de cette collection[1], un article de l'Américaine Phyllis Greenacre, consacré à l'imposteur. Dans ce texte, écrit en 1968, elle examine le fondement génétique et dynamique des perversions. Comme dans un grand nombre d'autres textes, elle s'y intéresse tout particulièrement au fétichisme, qu'elle relie à une persistance inhabituelle de l'identification à la mère. Selon elle, les perversions s'enracinent dans le complexe de castration, qui possède une qualité particulière. Il peut en effet se produire dans certaines conditions une individuation insuffisante chez le petit garçon; elle fait obstacle à la séparation d'avec la mère et entraîne une confusion à l'égard des organes génitaux.

La perturbation de la relation mère-enfant joue ainsi un rôle de tout premier plan dans la détérioration ultérieure de la relation d'objet comme dans l'indétermination des images du corps et du self[2], particulièrement des organes génitaux. Phyllis Greenacre insiste également ici sur le rôle de l'agressivité. Les tendances sado-masochistes sont également présentes dans toutes les perversions, mais, dans le sado-masochisme proprement dit, le bourreau et la victime représentent différents aspects de l'image du self. Pour conclure, Phyllis Greenacre entame une intéressante discussion sur le crime en tant que forme de perversion.

Je voudrais résumer ici certaines idées concernant la nature des perversions, en mettant en particulier l'accent sur leurs aspects génétique

---

1. Voir *L'Identification : l'autre, c'est moi.* (N. de l'Éd.).
2. C'est-à-dire schématiquement le soi, la personne propre par rapport à l'objet. (N. de l'Éd.).

◀ *Une photo « carte de visite » datant de 1870 et conservée au musée de la Police.*

et dynamique [3]. Je me référerai d'abord au fétichisme qui, après l'homosexualité, est le plus fréquemment rencontré chez les patients que les autres perversions plus marquées. Cependant, ces malades cherchent rarement à se faire soigner, et comme Freud (1927) l'a noté, bien des sujets tiennent leur pratique pour anormale mais ne la considèrent pas comme un symptôme.

Le fétichisme se présente généralement comme une distorsion du comportement sexuel dans lequel on trouve l'utilisation obligatoire d'un objet non génital qui fait partie de l'acte sexuel; sans lui, aucune satisfaction ne peut être obtenue. Habituellement, le fétiche doit posséder des qualités représentant sous une forme à peine dissimulée des parties ou des attributs du corps. Il s'agit d'objets en cuir tels que chaussures, gants, lanières, de vêtements en relation étroite avec le corps comme les sous-vêtements, de tresses et de perruques; tous ces objets ont en commun des propriétés fétichistes. De plus, le fétiche doit être quelque chose de visible, tangible, inanimé, investi d'odeurs corporelles et difficilement destructible. Dans des cas plus bénins, ces exigences sont moins strictes et une partie du corps peut servir de support fétichiste; par exemple, le fétichiste concentre son attention visuelle ou tactile sur le cou, l'oreille, la poitrine ou les chevilles de la partenaire, de fait ou de mémoire; ou bien encore présente des fantasmes d'une complexité plus ou moins grande pouvant faire office de fétiche pendant le rapport sexuel, et même parfois pendant la masturbation.

L'une des questions qui se posent est la suivante : pourquoi est-il nécessaire que le fétiche soit représenté sous une forme aussi concrète? Pourquoi faut-il qu'il soit visible, tangible, résistant, odorant et à l'entière disposition du fétichiste? Pourquoi l'imagination n'en ferait-elle pas autant? Je reviendrai plus loin sur cette question.

UNE CONCEPTION ERRONÉE
DE L'APPAREIL GÉNITAL FÉMININ

Mais voyons ce qui arrive dans le véritable acte fétichiste. Il est clair que le sens de l'identité corporelle génitale propre au fétichiste n'est pas solidement établi et que celui-ci a besoin que le fétiche soutienne sa masculinité incertaine, ce fait étant particulièrement apparent dans l'accomplissement de l'acte sexuel. L'existence d'un complexe de castration exceptionnellement grave est évidente de diverses façons et

---

3. Cet article est une version plus développée de ma discussion de l'article de Robert Bak : « La femme phallique : un fantasme d'ubiquité dans les perversions », présenté à la Société psychanalytique de New York, le 27 février 1968.

s'associe à deux conceptions opposées de l'appareil génital féminin. Celui-ci est considéré comme avili, sale et inutile (essentiellement anal); ou bien il y a illusion latente que la femme possède un pénis. Manifeste dans certains cas, cette illusion est le plus souvent préconsciente et se trahit par divers lapsus, rêves et attitudes particulières. Ce hiatus dans le sens de la réalité peut être grave ou seulement bénin; il est quelquefois obligatoirement – mais pas toujours – associé à d'autres troubles importants de la perception de la réalité. Très souvent, la perception est extraordinairement subtile et claire quand elle ne s'applique pas à la zone génitale, et elle possède une propriété qui rappelle l'intensité du souvenir-écran [4]. Le fétichiste ne croit pas réellement que la femme a un phallus, puisque sa perception généralement bonne et le sens commun lui diraient le contraire.

Dans le fétichisme, et probablement dans la plupart des perversions, il y a prolongation inhabituelle du stade d'introjection-projection, au cours duquel on constate une séparation incomplète entre le « je » et l'« autre » et une oscillation entre les deux. Cela est associé à une aptitude plus grande que d'ordinaire à l'identification primaire [5]. Cette aptitude subsiste cependant, mais à un degré moindre, chez tous les êtres humains, et elle peut être réactivée au sein d'une foule où la communication tactile, visuelle et corporelle se fait avec ou sans participation verbale. L'identification primaire persistant chez lui à un degré inhabituel, le fétichiste se sent châtré quand il se trouve directement confronté à la zone génitale féminine. Le fétiche sert alors à concrétiser le phallus de la femme. Le sujet peut l'incorporer au moyen de la vision, du toucher ou de l'odorat et se l'approprier, sauvegardant par là sa virilité.

LE FÉTICHE : UN SUBSTITUT DU « PHALLUS MATERNEL »

La gravité du complexe de castration chez les fétichistes est reconnue depuis longtemps; elle fut clairement énoncée par Freud (1927), quand il se référa au fétiche en tant que substitut du phallus maternel auquel le petit garçon avait cru et ne parvenait pas à renoncer. Il décrivit le fétichisme comme « un signe du triomphe sur la

---

4. A la fois net et intense, le souvenir-écran présente à première vue un faible intérêt. Il s'agit en fait d'une formation de compromis entre les éléments refoulés et la défense, dont le mécanisme essentiel est le déplacement, et qui renvoie à des fantasmes inconscients et à des situations infantiles d'une très grande richesse du point de vue analytique. (N.d.Éd.).

5. L'identification primaire est, selon Freud, « la forme la plus originaire du lien affectif à un objet ». De même que pour les notions d'introjection et de projection, voir *L'Identification : l'autre, c'est moi*, dans la même collection. (N.d.Éd.).

menace de castration et un moyen de s'en protéger ». Dans son article sur le clivage du Moi dans les processus de défense, Freud (1938) reprit le thème du fétichisme et considéra que ce clivage défensif rendait compte de la capacité du fétichiste à maintenir deux images opposées des organes génitaux féminins. Il pensait encore que le complexe de castration avait son origine dans la phase phallique, comme il le décrivit en 1923. Le petit garçon suppose, lui semblait-il alors, que tous les autres êtres humains, de même que les objets inanimés, sont pourvus d'un phallus comme lui-même. Sans aucun doute, il perçoit la différence entre l'homme et la femme, mais n'a pas l'occasion d'établir un rapport avec les organes génitaux. Freud dit nettement que le tout premier développement de la petite fille est inconnu du petit garçon.

Mais nos observations se sont étendues et nos idées sur le complexe de castration et sur le Moi ont quelque peu changé depuis la période s'étendant de 1923 à 1938 [6]. Je voudrais rappeler ici les travaux se rapportant à l'agressivité, les études sur la maturation et les fonctions du Moi, les observations concernant le déroulement et les entraves de la séparation et de l'individuation, l'examen minutieux des étapes de la relation d'objet et, de façon tout à fait significative, l'intérêt renouvelé pour l'image du corps, le Moi corporel précoce, la représentation de soi et les problèmes d'identité. Je pense que tous ces travaux sont précieux pour la compréhension et l'élargissement de nos vues sur l'importance de la phase phallique et de ses variations, dans son étroite relation avec le complexe d'Œdipe. Ils nous éclairent sur les nuances et la complexité de l'organisation infantile qui existe déjà quand l'enfant entre dans cette phase phallique.

Il est aujourd'hui courant de dire que l'angoisse de castration chez les garçons et l'envie du pénis chez les filles surviennent plus tôt qu'on ne le pensait auparavant, c'est-à-dire bien avant la phase phallique, généralement à l'âge de deux ans environ. Cette angoisse de castration précoce diffère qualitativement, me semble-t-il, de sa forme tardive, celle de la phase phallique, et apparaît sous la pression et la poussée du conflit œdipien.

Cette crainte de « castration » de la période anale ne paraît pas toujours correspondre à la peur de renoncer aux selles en tant que parties du corps, mais aussi à la peur de perdre le phallus auquel les selles sont si intimement liées par leur forme et leur localisation corporelle.

---

6. E. Glover a publié en 1933 un article intitulé « La relation entre la formation de la perversion et le développement du sens de la réalité », dans lequel il remarque que les perversions aident à réparer les défectuosités du sens de la réalité au cours du développement. Fénichel (1930), Balint (1935), Gillespie (1940, 1952), Hermann (1949), Wulff (1946) et Wilson (1948) ont souligné l'importance des troubles du Moi et la persistance des mécanismes d'introjection-projection. Gillespie a mis l'accent plus tard sur le pôle oral et sur le rôle important de l'agressivité.

Mais après un certain temps, les selles deviennent *une chose* dont on peut disposer et, dans le même temps, le phallus en tant qu'organe séparé acquiert une valeur sensuelle accrue avec la maturation de la phase phallique. La fréquence plus grande des érections à ce moment peut aussi rehausser de façon significative l'importance du phallus, quand elles sont à la fois ressenties et observées, et cela augmente la peur de le perdre.

COMPLEXE DE CASTRATION ET CULPABILITÉ : UNE INTENSITÉ PARTICULIÈRE

C'est justement l'intensité particulière du complexe de castration, qui atteint son plein épanouissement et sa réalisation à la phase phallique – plutôt qu'il n'y trouve son origine, comme Freud l'a écrit en 1923, – et la culpabilité singulièrement aiguë de la période œdipienne, qui différencient les perversions des névroses. La violence de l'angoisse de castration et de la culpabilité œdipienne chez le patient pervers est proportionnelle à la force et à la qualité de l'hostilité œdipienne. Alors que les principaux problèmes de la phase phallique et du complexe d'Œdipe *paraissent* se révéler avec une force peu commune, un examen plus attentif indique que cela est dû à un effacement de la relation d'objet, accompagné d'une augmentation correspondante des composantes pulsionnelles agressives et narcissiques. L'envie, le dépit, la possessivité et la dépréciation de l'un ou des deux parents peuvent jouer un rôle plus important que dans la relation d'objet, plus saine, de jalousie, ce qui permet au petit garçon une identification post-œdipienne plus libre au père. La période œdipienne est nettement plus complexe que dans les névroses. Nous pouvons mieux comprendre la situation, me semble-t-il, si nous examinons les vicissitudes du développement prégénital.

UN TROUBLE QUI AFFECTE LES DEUX PREMIÈRES ANNÉES DE LA VIE

Tout d'abord, il faudrait souligner que peu d'analystes voient beaucoup de fétichistes au cours de leur pratique. Cela contraste avec la proportion actuellement assez élevée de patients présentant des défectuosités et des distorsions dans le développement précoce du Moi, et que l'on classe aujourd'hui comme « cas border line [7] ». Puisque les

---

7. Sur les cas limites ou « border line », voir *Les Psychoses : la perte de la réalité* (2ᵉ partie, chap. ʋ), dans la même collection. (N. de l'Éd.).

fétichistes ont aussi des problèmes similaires dans le développement du Moi, les éléments déterminants qui les différencient des « cas border line » peuvent être d'une certaine importance.

Ainsi, d'après ma propre expérience, il m'apparaît que se produit généralement un trouble bien précis du développement au cours des deux premières années de la vie, trouble affectant et minant la progression régulière du travail de séparation et d'individuation. Une défaillance dans les soins maternels – que la mère prive ou comble démesurément le bébé – rend le terrain propice au développement ultérieur de tendances perverses, mais cette défaillance n'explique pas à elle seule le contenu spécifique de la perversion. Cela signifie qu'il y a une augmentation de l'incertitude quant au « je » et quant à l'« autre », et qu'il existe déjà une situation conduisant à une oscillation continue

La prise de conscience de la différence anatomique entre les sexes :
un moment crucial dans le développement psychosexuel de l'enfant.
(Jeux d'enfants, *par Vivant-Denon, fin du XVIIIᵉ siècle*.)

dans les relations. Les conditions tendent aussi à détériorer ou à ralentir la relation d'objet, et, par conséquent, à maintenir anormalement l'agressivité primaire et à augmenter l'agressivité secondaire du fait de la frustration.

Mais la prise de conscience de la différence anatomique entre les sexes apparaît à peu près à ce moment-là. Déjà, vers la fin de cette période, des formes larvées de l'envie du pénis et de l'angoisse de castration commencent nettement à émerger.

UNE MAUVAISE PERCEPTION DE LA DIFFÉRENCE ANATOMIQUE

Nous savons aujourd'hui que l'accommodation visuelle apparaît beaucoup plus tôt qu'on avait coutume de le penser (Spitz, 1965); l'effet de la découverte de la différence anatomique dépend, quant à lui, non seulement de ce moment, mais aussi de la fréquence des confrontations avec le sexe opposé et des situations entourant ces observations répétées. Pendant cette première période, deux circonstances semblent particulièrement prédisposer le jeune enfant à la confusion en ce qui concerne la différence anatomique, au point de fausser les perceptions qu'il a de son propre corps, de ses organes génitaux en particulier, et, ainsi, d'entraver le développement d'une image corporelle nette de cette zone. La première situation est celle où le petit garçon est soumis précocement et de façon réitérée à la vue des organes génitaux féminins; la seconde situation apparaît quand il se produit réellement à cette même époque un trauma corporel grave, survenant chez l'enfant lui-même ou chez un proche.

Si l'enfant n'est pas vraiment exposé à la vue des organes génitaux féminins tôt dans sa vie, alors le postulat de Freud (1923) peut être confirmé : le garçon suppose que tous les autres sont comme lui et possèdent le phallus. Mais il semble que, sauf en cas d'isolement extrême, il existe généralement bien des occasions de prendre conscience de la différence anatomique génitale entre hommes et femmes et entre garçons et filles avant l'âge de quatre ans. Ces conditions se présentent dans les familles où les parents se montrent plus fréquemment nus devant l'enfant, mais davantage encore dans des situations où se trouvent deux enfants de sexe opposé, jumeaux ou n'ayant qu'un ou deux ans de différence, dont on s'occupe en même temps, que l'on baigne et habille ensemble. Si une telle confrontation est aussi répétée, voire presque constante, un intérêt et une confusion concernant les organes génitaux peuvent se développer à la fois.

UNE CONFUSION POSSIBLE
ENTRE LE « JE » ET L'« AUTRE »

Ces conditions prédisposent à la confusion, même chez des enfants dont la séparation et l'individuation n'ont pas gravement été entravées. Cela est dû au fait que, tandis que les organes génitaux viennent en seconde place par rapport au visage, aux doigts et aux orteils, en tant que centres d'intérêt, ils ressemblent dans une certaine mesure au visage car ils font apparaître des différences identifiables d'une personne à l'autre. De plus, bien que l'enfant ne puisse voir son propre visage, à l'âge de deux ans, on le lui a ordinairement montré souvent dans un miroir, et il a commencé à lui être familier en tant que *sien propre,* bien que le miroir suscite aussi la question du « je » et de l'« autre » chez les *jeunes* enfants. Pour ce qui est de ses organes génitaux, l'enfant peut aussi bien les voir que les toucher, mais sans doute pas aussi clairement ni d'aussi près que les parties génitales de l'« autre », qu'il soit enfant ou adulte. Pour le garçon, il y a, en fait, un décalage entre l'image obtenue en abaissant les yeux sur ses organes génitaux et celle qui est directement reflétée par le miroir. C'est parfois déconcertant. Un patient disait que, lorsque dans son enfance il se masturbait face à un miroir avec le fantasme qu'on l'observait, il avait toujours l'impression que l'image reflétée n'était pas fidèle, mais démesurément grossie. Ce problème du miroir est exploité dans le livre intitulé *A travers le miroir,* dont l'auteur s'intéressait particulièrement à la photographie des petites filles prépubères [8].

LE SEIN MATERNEL : UN RÉCONFORT
CONTRE L'ANGOISSE DE CASTRATION

Après avoir appris à se tenir debout et à marcher, le petit garçon voit sous un nouvel angle ses propres organes génitaux, mais, même ainsi, ce n'est pas aussi net que la vision qu'il a des organes des « autres ». Les circonstances qui affectent l'individuation de façon à empêcher la séparation de se faire augmenteront naturellement la confusion concernant les organes génitaux et favoriseront une oscillation permanente et la nécessité d'une incessante vérification; chez le garçon, cela se manifeste sous la forme du : « Qu'est-ce qui m'appartient? Le possède-t-elle aussi ou non? » Je pense que les enfants qui,

---

8. Il s'agit de Lewis Carroll, l'auteur d'*Alice au pays des Merveilles.* (N.d.E.).

à cette période, subissent un « stress », régressent aux pensées et aux sentiments [9] se rapportant au sein maternel considéré non seulement comme réconfort direct, mais aussi comme substitut venant compenser l'apparente castration de la mère. Il est possible que cela soit une composante de l'oralité mentionnée par Gillespie (1940, 1952) qui apparaît souvent comme une caractéristique importante du fétichiste; et l'intérêt porté au sein dans les préliminaires de l'acte sexuel peut être rassurant pour l'homme dont l'angoisse de castration, sans toutefois exiger un fétiche, est cependant assez grande. A cela il faut aussi relier le banal et fétiche *objet transitionnel* qui comble le vide entre le « je » et l'« autre » (Winnicott, 1953). Sa douceur, son odeur, l'importance de son identité propre et la nécessité de le garder près du visage pour qu'il ait un effet soporifique, toutes ces propriétés trahissent sa parenté avec le sein maternel.

UNE CROYANCE PLUS ACCENTUÉE CHEZ LE FÉTICHISTE

L'accent que Freud a très tôt mis sur la nécessité, pour le garçon, d'insister sur l'existence du phallus maternel, a conduit à donner à ce fait une place centrale dans la dynamique du fétichisme ou même de toutes les perversions (Bak, 1968). Puisque cette croyance est presque générale, consécutive à la découverte de la différence anatomique entre les sexes, elle nécessite un certain degré de prédisposition pour qu'elle ait plus de vigueur. Elle persiste plus ou moins intensément et sous des formes multiples dans les rêves, les fantasmes et dans des symptômes névrotiques variés. Elle est particulièrement forte et durable dans bien des états pervers et touche nettement à la compulsion dans le fétichisme. Mais ce besoin obligatoire et impérieux de croire à la mère phallique doit être précédé de troubles dans les deux premières années de la vie, troubles qui affectent sévèrement le processus de la séparation et de l'individuation (Mahler, 1968) et, par conséquent, entravent le développement de la relation d'objet et l'évolution régulière des phases libidinales.

Plus tard, il a semblé que les traumas jouaient un rôle important et spécifique dans les cas de fétichisme prononcé, de transvestisme et de perversion connexes.

9. En anglais : « feeling-thought » (N.d.T.).

LE FÉTICHE SERT A NIER
L'ABSENCE DE PHALLUS CHEZ LA FEMME

J'en reviens maintenant à la question : pourquoi doit-il y avoir une représentation si concrète du phallus? On sait que dans des cas où le trauma est peu grave, les fantasmes peuvent jouer un rôle utile, en particulier s'ils parviennent à une semi-concrétisation en étant fréquemment agis de façon rituelle et bizarre. Mais si le sujet a été le témoin ou a directement subi l'expérience d'un véritable trauma, le choc peut aller jusqu'à entraver l'épreuve de réalité [10]. Ensuite, les deuxième ou troisième regards posés sur la zone endommagée, nécessaires pour établir ou corriger la première impression vague laissée par cette atteinte, deviennent intolérables parce qu'ils risquent de réinstaurer le sentiment de panique envahissante qui fut vécu au début. Il ne peut y avoir déni de la blessure dont on est réellement le témoin que par l'utilisation d'un élément tangible, visible, odorant et indestructible : le fétiche. Toutefois, comme dans le cas de la plupart des systèmes de défense, le fétiche contient souvent des reliquats directs ou symboliques de la première situation accablante.

L'AGRESSIVITÉ DANS LES PERVERSIONS

On a dit jusqu'à présent fort peu de chose sur le rôle et les formes de l'agressivité dans les perversions et, particulièrement, dans les cas de fétichisme. Les manifestations variées de l'agressivité et les systèmes de défenses élaborés pour tenir en échec méritent une étude beaucoup plus poussée. Dans toutes les perversions, il y a certainement intensification du comportement sado-masochiste, et tendance à entrer dans une colère immotivée pour dissiper l'angoisse; cette colère est manifestement déplacée et a une fonction de décharge plutôt que de remède. Quand il s'est produit un véritable trauma d'une certaine importance, l'agressivité semble être déviée sur un mode paranoïde et diffus; dans les cas où le préjudice subi a été extrêmement grave, l'agressivité se trouve retenue ou figée d'une manière qui évoque son origine physiologique, avec, simultanément, une altération de la qualité des perceptions conscientes.

Pendant la période de latence, où l'intérêt sexuel persiste mais se trouve plus influencé que d'ordinaire par les pulsions agressives (en

---

10. Processus par lequel le sujet distingue les stimuli internes et ceux du monde extérieur (N.d.E.).

particulier lorsque le complexe d'Œdipe n'a pas vraiment reçu de solution adéquate), le fétichisme semble affleurer assez normalement (sous la forme de pierres porte-bonheur et d'ornements particuliers) chez les garçons et chez les filles, ainsi qu'une certaine propension au transvestisme sous des formes avortées, en particulier pendant la période incertaine de la prépuberté.

Si je devais donner une formule décrivant le développement des perversions (telles que fétichisme, transvestisme, voyeurisme et exhibitionnisme), je dirais que, du fait de perturbations précoces dans la relation mère-enfant, il se produit une détérioration grave de la relation d'objet qui s'associe à une faiblesse spécifique déterminée des images du corps et de soi, impliquant surtout les organes génitaux. Cela prend davantage de signification lors des périodes phallique et œdipienne, quand l'angoisse de castration est extraordinairement exacerbée par l'intensité de l'agressivité éveillée pendant ces périodes. Une distorsion des pulsions sexuelles en voie de maturation permet de soutenir l'image corporelle. On se trouve alors en présence d'un cercle vicieux consistant en une panique périodique liée à la castration, vis-à-vis de laquelle le fétiche ou le comportement ritualisé servent presque littéralement de bouche-trou, permettant le simulacre d'un accomplissement ou d'un rapport sexuel un peu plus adéquat. Il se peut que cela ait une valeur narcissique plus qu'une valeur de relation d'objet.

SADISME DE SURFACE ET MASOCHISME PROFOND DES PERVERS

Revenons-en au rôle de l'agressivité dans les perversions. Il est clair que la colère peut être utilisée comme décharge pour atténuer l'angoisse ou la tension; et, réciproquement, une forte agressivité peut surgir sans que l'enfant possède la faculté de la décharger sur-le-champ. Ces conditions favorisent les tendances sado-masochistes qui caractérisent toutes les perversions. Ainsi, le sadisme peut apparaître comme la principale manifestation de surface, le masochisme étant vécu, lui, à travers l'identification à la victime. Il semble donc que le sadique et sa victime ne fassent souvent qu'une seule et même personne, c'est-à-dire qu'ils représentent différents aspects de l'image de soi dans l'inconscient de l'agresseur. Dans certains cas, on constate aussi qu'à l'évidence le masochiste attire et fait surgir le sadisme comme pour se compléter lui-même ainsi. Cela ressemble un peu à ce qui se produit chez certains travestis, qui incarnent les deux parents à la fois et interprètent les différents rôles parentaux à l'aide de parties

différentes de leur propre corps. De plus, l'histoire de nombreux sadiques tend à prouver qu'ils ont été amenés à flirter avec le danger et l'autodestruction, comme si leur véritable but avait été la mort ou le retrait de la vie par l'intermédiaire d'une incarcération prolongée. Mais, là, nous empiétons sur le domaine des perversions qui se présentent sous forme d'actes criminels, et qui soulèvent aussi la question de l'incidence des autres perversions chez les criminels.

C'est là un terrain difficile pour l'analyste, car il n'a guère de possibilité dans ce cas d'analyser le patient. Les seules contributions que l'analyse puisse apporter sont fondées sur des déductions tirées des traitements psychanalytiques appliqués aux cas les moins graves et sur l'étude des rares comptes rendus biographiques des criminels.

UN PORTRAIT PSYCHANALYTIQUE DES CRIMINELS

Au cours de ces dernières années, quelques écrivains ont utilisé leur talent pour nous donner des études d'ensemble portant sur des criminels et sur leurs crimes. Ce qui m'a frappé, c'est la présence, chez eux, de troubles graves dès la première année de la vie. Il est également évident que, très souvent, il est question d'une vie familiale disloquée, ayant peu de chance d'apporter un apaisement, que l'on doit en même temps considérer dans un contexte social plus vaste (qu'il s'agisse d'une communauté ou d'un groupe social) tendant à stimuler et à perpétuer la prédominance de développements sado-masochistes.

Pour les perversions criminelles les plus graves s'exprimant par la violence un plaisir génital complet se développe rarement, me semblet-il. La génitalité peut être totalement abandonnée au profit de débauches d'agressivité ayant un support narcissique. Ou bien cette génitalité continue à suivre un cours hésitant et incertain, avec amalgame disparate d'homosexualité et d'autres perversions pour soutenir son existence fantomatique. Ou bien encore elle trouve à s'exprimer par déplacement et retournement, à travers l'utilisation d'armes offensives. On observe la présence de fortes pulsions orales, directement ou sous forme déguisée, dans l'intensité dévorante de l'agressivité.

◀ *Landru : l'un des plus célèbres criminels de ce siècle. (Bibl. nat.)*

SADISME ET MASOCHISME ORIGINAIRES
NE SONT PAS FORCÉMENT OPPOSÉS

En discutant ainsi du crime en tant que forme de perversion, je m'expose à la critique pour avoir appliqué des concepts analytiques à des cas que je n'ai pas vus et qui ne peuvent être analysés. Je dois l'accepter; mais j'espère pouvoir un jour présenter le matériel tiré de biographies de criminels et qui me semble significatif. J'ai aussi trouvé une certaine confirmation chez Freud, dans l'article intitulé « Le problème économique du masochisme » (1924). Après avoir exposé son point de vue, selon lequel l'excitation sexuelle survient en tant qu'effet accessoire d'une série de processus internes dès que leur intensité dépasse certaines limites quantitatives, il poursuit en notant que rien de très important ne se produit dans l'organisme qui ne fournisse une composante à l'excitation de la pulsion sexuelle. Il pensait encore, à cette époque, que la compassion éveillée par la douleur physique et la

Un couple sado-masochiste dans l'Antiquité. (Gravure par A. Racines et P. Benard pour l'Ane d'or *d'Apulée, 1872.)*

détresse, de même que l'excitation qui s'ensuivait, relevaient d'un mécanisme physiologique infantile qui cesserait d'agir plus tard. Il atteindrait un degré de développement variable selon les différentes constitutions sexuelles, mais fournirait de toute façon la base physiologique sur laquelle la structure du masochisme érogène s'édifie, par la suite, dans l'esprit. Plus loin, dans le même article, Freud déclare : « En prenant son parti d'une certaine inexactitude, on peut dire que la pulsion de mort qui est à l'œuvre dans l'organisme – le sadisme originaire – est foncièrement identique au masochisme [11]. »

J'aurai simplement à apporter deux légères modifications à cet énoncé : tout d'abord, la douleur physique et la détresse dans la toute petite enfance sont associées à l'éveil de l'agressivité, qui se trouve soulagée en partie par des décharges physiologiques et en partie par le contact avec la mère. Mais quand il n'y a aucun soulagement à attendre d'une relation avec un objet maternel ou son substitut, l'effet est paralysant. En second lieu, je crois que l'agressivité a une source normale (non hostile) et non liée à un objet, agressivité qui participerait ainsi à l'énorme poussée de la croissance prénatale, celle-ci se poursuivant à un degré élevé mais néanmoins décroissant pendant le premier mois de la vie (Greenacre, 1960). On ne peut considérer ceci comme hostile et franchement sadique tant qu'il n'existe pas tout au moins une ébauche de relation d'objet (sans cela, le nourrisson meurt de maladie physique intercurrente). Si, cependant, cette ébauche de relation d'objet se trouve très diminuée ou gênée par ce qui semble faire défaut, alors le masochisme et le sadisme originaires se rapprochent beaucoup l'un de l'autre.

PHYLLIS GREENACRE[12]
Traduit de l'américain
par R. Dorey et J. Assedo

---

11. Standard Edition, t. XIX, p. 164. Traduction tirée de *Névrose, psychose et perversion*, P.U.F., p. 292 (N.d.T.).

12. « Perversions : general considerations regarding their genetic and dynamic background. » Paru intégralement dans *The Psychoanalytic Study of the Child*, vol. 33, 1968, p. 47-62.

Masochisme et fétichisme du cuir.
(Bulle Ogier dans Maîtresse, *film de Barbet Schroeder, 1976.)*

Chapitre III

Psychanalyse d'un fétichiste

*L'Anglaise Betty Joseph appartient à l'école kleinienne et donne ici un compte rendu très détaillé de l'analyse d'un patient pervers. Cette communication, d'abord présentée à la Société britannique de psychanalyse en 1969, fut publiée trois ans plus tard dans l'*International Journal of Psychoanalysis. *Parmi les multiples problèmes soulevés par l'auteur, soulignons l'accent porté sur l'émergence de la perversion dans le transfert que l'on pourrait appeler la « perversion de transfert » par analogie avec la névrose de transfert.*

Betty Joseph parvient à dégager un élément essentiel du transfert de ce patient pervers : le désir d'attaquer « l'appareil à penser » de l'analyste et sa fonction interprétative, dans le but de maintenir l'illusion perverse comme d'empêcher l'analyste d'atteindre la vérité psychosexuelle du patient.

Je voudrais rapporter ici, depuis ses débuts, le matériel clinique de l'analyse d'un fétichiste du caoutchouc, afin de discuter tout d'abord de la façon dont les aspects de la perversion se manifestèrent dans le transfert, et, ensuite, de dire comment la manière dont ils apparurent me permit d'avoir un aperçu de la psychopathologie du patient. Je pense que certains éléments de celle-ci, qui se montrent particulièrement importants, peuvent avoir une signification générale dans le domaine des perversions.

Le patient, que j'appellerai B..., est un homme proche de la quarantaine. Il a été en analyse pendant quatre ans et demi à peu près. Il se plaignait de se sentir déprimé et de ne pouvoir établir de bonnes relations avec les femmes, bien qu'il songeât à se marier et à fonder une famille. Sa sexualité était anormale, principalement masturbatoire, avec des fantasmes dans lesquels il s'introduisait dans un vêtement de caoutchouc. Très tôt dans l'analyse, nous prîmes connaissance d'autres symptômes, et plus particulièrement de l'impression qu'il avait d'étouffer parfois la nuit, comme si quelque chose s'enfonçait dans sa gorge ou en coulait, si bien qu'il s'éveillait en essayant désespérément de le cracher en toussant. Il ressentait aussi de temps en temps une vive irritation de l'épiderme des bras et des jambes. Nous ne connûmes les détails concernant le caoutchouc fétiche qu'en cours d'analyse. Celui-ci avait parfois joué un rôle, avant le début de la cure, dans des rapports avec des prostituées ou seul, mais il servait principalement de contenu à de vifs fantasmes masturbatoires qui étaient, en gros, de trois sortes. Premièrement, le patient et une femme, tous deux enroulés dans du caoutchouc, de préférence noir, avaient des rapports sexuels, ou bien la femme le masturbait; deuxièmement, des silhouettes vêtues de caoutchouc venaient le menacer, le battre, l'attaquer et presque le tuer, lui-même étant vêtu aussi de caoutchouc; troisièmement, il était habillé de caoutchouc de la tête aux pieds, ce qui, très souvent, excitait toute la surface de son corps; il pouvait alors éjaculer. Il s'arrangea pour maintenir ses activités fétichistes à l'écart de toute femme à laquelle il tenait, ne les réalisant qu'avec des prostituées; mais, après quelque temps d'analyse, il commença à avoir peur de vouloir impliquer sa femme (il s'était déjà marié) et moi-même dans ces activités. L'un de mes buts sera de montrer qu'inconsciemment, dans ses fantasmes, il vécut effectivement sa perversion dans l'analyse et que c'était la seule façon de pouvoir la comprendre. Au cours du traitement, il fut longtemps persuadé – et s'en inquiéta d'ailleurs souvent – que l'intérêt et l'excitation des fantasmes du caoutchouc étaient bien supérieurs à tout le plaisir qu'une relation sexuelle normale pouvait lui offrir. Son penchant pour le caoutchouc, les imperméables, les revêtements de sol et autres objets semblables remontait aussi loin que sa mémoire consciente le lui permettait.

UN APPARENT DÉTACHEMENT

L'histoire de B... est la suivante : il est le quatrième et le plus jeune enfant de parents appartenant à la classe moyenne et venant du nord de l'Angleterre. Son père, un architecte, est décrit comme un homme au caractère violent, cela étant peut-être dû au fait qu'il avait été blessé à la tête lors de la Première Guerre mondiale. La mère apparaît comme une personne aimable, mais probablement pas très chaleureuse. Elle vit encore et reste en contact avec ses enfants; le père est mort depuis quelques années. Le patient a une sœur aînée et deux frères plus jeunes qu'elle. B... semble avoir été très attaché à sa sœur dans sa petite enfance, presque comme s'il en était amoureux, et à mon avis elle a dû lui être très dévouée et l'idéaliser.

Je voudrais d'abord essayer de présenter la personnalité de ce patient telle qu'elle apparut au début du traitement. C'est un homme mince, habillé avec soin, intelligent, gagnant très bien sa vie et ayant un poste administratif élevé dans un important organisme industriel. Quand il commença l'analyse, il était célibataire et n'avait presque pas eu de relations sexuelles avec la jeune femme qu'il épousa après trois ans d'analyse, en grande partie, je pense, sur son initiative à elle. Il lui était attaché, mais il y avait peu d'amour réel ou de passion. Occasionnellement, il eut des aventures passagères avec une ou deux autres femmes qui, émotionnellement, ne signifiaient rien pour lui.

Au cours de la cure, sa relation avec moi témoigne du même manque apparent d'implication. Il venait régulièrement, rapportait ses problèmes et ses rêves, il écoutait les interprétations; il répondait en disant « oui » ou « c'est très intéressant », et ces interprétations aussi bien que moi-même semblaient n'avoir aucune importance pour lui. Il parlait des interprétations de façon académique, ou devenait extrêmement prolixe jusqu'à ce que l'émotion et la signification de ce que j'avais dit fussent perdues. Ainsi, il était clair qu'inconsciemment, il essayait de nier le sens positif de l'analyse. Bien qu'il me traitât très poliment, il était en fait arrogant, distant et condescendant, calme et tolérant, et se montrait extrêmement passif dans l'analyse. Cette conduite contrastait avec ses angoisses et ses états de panique – des étouffements nocturnes par exemple qu'il rapportait de temps en temps.

UNE PREMIÈRE APPROCHE DU CAS DE B...

Il se révéla donc que B... était un homme très narcissique, qui maintenait un équilibre tout juste stable grâce à l'utilisation de mécanismes de projection et d'introjection. Il clivait son amour, ses besoins, ses désirs infantiles et la dépendance à ses objets, moi-même dans le transfert ou bien ses amies, et semblait introjecter la capacité et la supériorité de ses objets; comme, par exemple, lorsqu'il répondait aux interprétations par un « c'est très intéressant », de la même façon que si nous parlions d'une troisième personne. Il devint clair qu'il ne voulait pas dépendre d'une femme ou d'un analyste, mais qu'il introjectait leurs qualités nourricières et interprétatives, en se débarrassant de ses besoins par la même occasion; dans son entourage, d'ailleurs, les femmes semblaient vraiment courir après lui. Ainsi, il se présenta dès le début comme un être très poli, arrogant, omnipotent, qui n'avait besoin de personne, n'aimait personne, n'avait aucune raison d'envier quiconque ou même de le détester. J'avais l'impression que l'évitement de la dépendance, de l'envie et de la haine jouait un rôle crucial dans sa pathologie. Mais, en même temps, il avait besoin de gens autour de lui, qui supporteraient ces parties infantiles clivées et, à cette époque, il parvenait rarement à passer une nuit seul dans son appartement, car il était saisi de panique.

Jusque-là, il n'y a rien de vraiment spécifique. C'est l'image habituelle d'une organisation narcissique de la personnalité (Rosenfeld, 1964). Selon moi, ce qui était caractéristique chez cet homme, c'est la façon dont il traitait son excitation sexuelle, et c'est cela qui est si particulièrement associé à sa perversion et à sa passivité. B... utilisait l'identification projective pour se débarrasser de l'excitation sexuelle. Je dois indiquer que cette projection de l'excitation n'était pas seulement défensive, mais servait aussi à attaquer ses objets, le calme et la stabilité du sein, pour détruire ses paisibles et fortes qualités nourricières. Cette projection de l'excitation sexuelle le rendait naturellement apathique et impuissant et conduisit aussi à une érotisation du transfert de type silencieux et invisible.

LE PIÉDESTAL DE LA TOUTE-PUISSANCE

J'évoquerai à présent certains points de la structure de sa personnalité tels qu'ils apparurent pendant les trois premières années du traitement. Pour mieux illustrer la nature de l'adaptation de B... telle qu'elle se manifesta dans la première partie du traitement, je décrirai un rêve qu'il rapporta après moins de deux ans d'analyse. Il avait passé la plus grande partie de la nuit précédente en compagnie d'une de ses rares amies de passage. Le rêve comporte trois parties.

Rêve : 1) B... était au bord de la mer, près d'un hôtel sur la plage; une femme arriva avec un canard qu'elle avait modelé dans du sable et posé sur un plateau. Elle porta les mains vers l'arrière du cou, à l'intérieur de la gorge, afin d'y façonner une langue plus réaliste. Elle le peignit de couleurs vives et le mit sur un piédestal.

2) Pat (l'amie habituelle du patient, qu'il épousa plus tard) disait à des interlocuteurs quelque chose sur « ce que nous faisons quand nous allons au tir ». Le patient savait que ce qu'elle déclarait était snob, artificiel et mensonger.

3) B... était à l'hôtel, regardant avec anxiété le vent pousser les vagues vers l'hôtel. Il avait laissé sa valise près de là; aussi, il sortit en courant pour la sauver.

Je ne relate pas les associations du patient, mais j'utilise simplement ce rêve comme toile de fond. Je pense qu'il montre comment B... utilise l'analyse et moi-même pour se représenter semblable à ce canard aux couleurs vives, à jamais posé sur son piédestal. Sa langue est ici assimilée à un mamelon qu'il garde perpétuellement dans la bouche et la gorge; donc, au lieu d'avoir un bec ouvert et affamé, il renferme son propre sein nourricier interne. C'est l'une des significations de son habitude de tourner constamment autour du pot, comme s'il se parlait à lui-même ou me réduisait au silence. C'est sa langue et non la mienne qui le nourrit. Par les interprétations, la langue devint le mamelon et elle garda cette fonction (je me référerai plus tard aux autres aspects de ce propos). Nous savions, grâce à un matériel précédemment rapporté, quelque chose de l'utilisation omnipotente des fèces par B... – la référence au sable pourrait s'y rattacher, mais je ne vais pas entrer dans ce détail. L'idée du canard sur le piédestal est corroborée par l'admiration unilatérale de ses amies, en particulier de celle avec qui il avait passé la nuit, et, dans son enfance, par la dévotion de sa sœur aînée, dont je pense qu'il était réellement le petit canard.

Mais, dans le second rêve, nous nous apercevons que quelque chose d'artificiel et de mensonger se produit – pas en lui – mais en Pat, à propos du tir. Le patient n'avait pas à être fier de sa relation à la sexualité – de son tir – à ce moment-là.

Dans le troisième rêve, nous voyons quels sont les dangers qui le menacent si l'omnipotence échoue et si la compréhension la remplace; toute sa personnalité risque d'être submergée par la réalité externe et psychique et par les peurs qui l'accompagnent.

J'ai donc rapporté ce rêve pour illustrer l'organisation narcissique que j'ai décrite : comment B... vit sur un piédestal, soutenant qu'il est aimé, omnipotent et admiré, qu'il peut tout se procurer, le mamelon, la nourriture, les mots, si bien que ses besoins infantiles oraux (le bec) et ses besoins d'amour ainsi que les sensations d'être petit ou dépendant sont clivés et projetés. Aussi longtemps que cet équilibre s'est maintenu, les sentiments de rancœur, de perte, d'envie et d'agressivité pouvaient être détournés et une fausse politesse dominait le tableau.

DES RAPPORTS ENTRE LA CRUAUTÉ ET LA PERVERSION

Mais même à cette période, et avant elle, des signes d'une cruauté et d'un sadisme extrêmes s'étaient manifestés, n'apparaissant jusque-là que sous une forme projetée et très persécutive. Par exemple, aussitôt après les premières vacances de Noël, B... fit un rêve dans lequel il regardait un film consacré à Hitler; puis il se retrouva dans le film, dans une pièce semblable à une salle de clinique; on y apportait des

Il est courant de voir les enfants témoigner de sadisme envers leurs objets familiers.
(Illustration de Ch. Lellière pour Les Poupées de Marguerite, *1870.)*

corps pour les exterminer. Un domestique vêtu de blanc tirait une femme sur un fauteuil roulant. Le domestique enfonça ses dents saillantes pareilles à une trompe d'éléphant dans le palais de la femme et jusque dans sa cervelle; d'autres personnes l'aidaient. Le patient était si terrifié qu'il s'enfuit, proche de l'évanouissement; il savait qu'il devait écouter sinon il disparaîtrait dans le néant.

Je pense que l'on peut voir clairement dans ce rêve les attaques contre ma cervelle avec les dents, suggérant que mon travail intellectuel et analytique est assimilé à un sein. La violence est projetée sur une figure masculine et probablement rattachée aux violents éclats du père. Je rétablis un lien entre un éventuel suçotement du pouce dans l'enfance et le pouce appuyé contre le palais, qui devient le sein maternel intériorisé. Je reliai la trompe aux sensations et aux fantasmes qu'il eut quand, bébé, il perça ses dents. Il était à ce moment-là depuis quelques mois en analyse, et je lui rappelai son habitude de se ronger les ongles.

Cependant, ce fut seulement quand nous commençâmes à localiser cette cruauté clivée dans le transfert que nous pûmes voir son rapport avec la sexualité défaillante de B... et avoir quelques indices sur la relation entre la cruauté et la perversion. Je voudrais reprendre maintenant une partie du matériel de B... pour illustrer les étapes du développement de notre compréhension. Je rapporterai d'abord le matériel de la fin de la troisième année d'analyse, tournant autour de sa réaction aux vacances d'été.

LES PIÈGES DE L'ANALYSE ET DU MARIAGE

C'était la première séance après les vacances. B... décrivait comment lui et son amie Pat s'étaient finalement mariés. Il n'avait pas particulièrement désiré ce mariage. Ils allèrent à la mairie et cela lui rappela la déclaration du décès de son père. Il raconta qu'ils eurent nombre de rapports sexuels et parla ensuite de ses problèmes présents; il avait des difficultés de pénétration, comme s'il devait être très doux et n'avait pas assez de liquide lubrifiant sur son pénis.

Il me semblait donc que le mariage, à ce moment, était en quelque sorte une façon de fuir la séparation des vacances de l'analyse, et dans ce sens une fuite dans le fétiche, préférable à une réelle prise de conscience d'une relation avec une personne absente. B... relata ensuite un rêve qu'il avait fait juste avant le dernier week-end des vacances et dont il avait l'impression qu'il ne pourrait se défaire.

Le rêve se passait en France, pendant la Révolution. Il y avait une vallée plantée d'arbres sur le versant d'une colline et une trouée, comme si une partie s'était détachée. Un vieil homme allait être exécuté, pendu ou plutôt étranglé. B... devait signer un papier donnant son accord – mais il ne pouvait rien faire. L'homme se tenait debout sur une brique, un fil de fer se resserrait lentement autour du cou; sa tête commença à enfler horriblement. C'était inévitable et on ne pouvait rien à cela. B... avait l'impression de savoir exactement ce que l'homme ressentait; c'était un véritable cauchemar. Le papier qu'il avait signé se rapportait au fait que l'homme avait fait quelque chose de mal, sexuellement parlant, avec une tante.

Les associations sur la tante étaient les suivantes : le patient n'avait pas de tante qui fût importante pour lui; la seule qui lui vint à l'esprit était une grand-tante, Barbara, une femme plutôt masculine, passionnée d'horticulture. Sa mère disait que son frère et lui-même avaient été méchants avec elle, bien qu'il pensât l'avoir aimée. La France avait clairement trait aux vacances.

Je montrai à B... que les angoisses concernant la reprise de l'analyse étaient semblables aux angoisses relatives au mariage. Le papier qu'il signe, rachetant la mort de l'homme, est le certificat de décès de son père ainsi que celui de son propre mariage et les craintes exprimées sont celles des relations sexuelles et de la relation analytique liées à la mort. La grand-tante Barbara, qui avait fait quelque chose de mal, sur le plan sexuel, avec un homme, c'est moi-même, passionnée d'horticulture (mon jardin est très visible). Elle est plutôt masculine – ceci se rapporte, je pense, et j'en parlerai plus tard, à l'idée de force ou de solidité chez la femme. L'anxiété du retour est celle d'être pris au piège par moi-même, comme par Pat dans le mariage. Cela provient en grande partie des tentatives de B... pour se projeter dans Pat et dans le mariage en tant que substitut de moi-même, afin d'éviter de vivre la séparation d'avec l'analyse pendant les vacances – le mariage étant utilisé comme fétiche, comme quelque chose où il pourrait s'enfoncer, se préservant ainsi d'autres relations humaines. Il projetait aussi sa dépendance infantile dans la femme pour s'en débarrasser; on sentait que c'était Pat qui voulait l'épouser. C'est surtout cet usage massif de l'identification projective, exacerbée par les vacances, qui aboutit à la peur d'être pris au piège et étranglé à son retour.

LA CRAINTE D'UNE SÉPARATION REVÉCUE DANS L'ANALYSE

Je rattachai l'avenue plantée d'arbres et la trouée aux poils pubiens de sa femme. B... ajouta que ce dernier point lui rappelait une autre de ses difficultés sexuelles : il avait l'impression que les poils pubiens

Un intermède important dans la cure analytique : les vacances.
(Gravure pour le Livre d'Amour par K. del Greenaway, fin XIXᵉ siècle.)

de Pat étaient comme un tapis-brosse qu'il devait traverser; il le sentait rude et blessant. A présent, pensait-il, c'était trop tard, Pat approchait de la ménopause, son sexe se desséchait et il était furieux de l'avoir délaissée si longtemps : il avait beaucoup perdu. Je montrai à B... la confusion entre les poils pubiens, le vagin et la sexualité qui se dessèche en lui, qui devient dure, et une analyste qui prend des vacances, le laissant sentir que le sein s'est desséché à l'intérieur et l'a abandonné, et qu'il est désormais trop tard. Nous pouvons voir ici se rejoindre les angoisses orales et génitales d'une part, les réalités internes et externes d'autre part (Gillespie, 1964 [1]).

B... continua à évoquer le fait qu'il lui était impossible de faire connaître son mariage et avait peur de m'en parler, comme si je me mettrais en colère et l'exclurais, comme s'il n'aurait pas dû faire passer le mariage avant l'analyse; presque comme s'il avait dû épouser l'analyste. Il apparaît clairement qu'il avait projeté sur moi ses propres sentiments infantiles d'abandon, réveillés par les vacances et me ressentait comme une personne qui observe, exclut et exige.

J'ai rapporté ce matériel pour montrer d'abord l'émergence sous une forme clivée et projetée des pulsions sadiques infantiles de B..., particulièrement les pulsions orales réveillées par les vacances; puis comment, dans la mesure où elles sont projetées sur ses objets, l'objet est ressenti comme dur, étouffant et tendant un piège, la projection conduisant à une confusion entre la sexualité orale et la sexualité génitale : une sorte de vagin denté. Deuxièmement, le corps de la femme et le mariage en tant que tel sont utilisés comme quelque chose où le patient peut se projeter pour éviter la séparation et la dépendance; cela augmente aussi la crainte d'être pris au piège et est lié à l'utilisation du fétiche. Troisièmement, j'ai indiqué comment ses objets internes, en particulier ici le sein desséché et détruit, sont projetés sur la femme qui est alors ressentie comme ne fonctionnant pas et irréparable, « ménopausée » (Pat avait alors 38 ans). Cette séance apporta un soulagement mais, phénomène constant chez B..., le soulagement et la sensation d'être compris stimulèrent inconsciemment des sentiments d'envie et il ne put tolérer que le bienfait se maintînt; il répondit en s'opposant et en se repliant le lendemain, avec le retour d'un ancien symptôme oral : se ronger les ongles.

---

1. *Cf.* chapitre 1 (2e partie) du présent volume (N.d.E.)

UNE DESTRUCTIVITÉ
SOUS LE MASQUE DE LA PASSIVITÉ

J'observerai à présent plus en détail le comportement de B... dans l'analyse et la façon dont il rapportait son matériel, en particulier à cette période-là. Mais d'abord un autre point. Après le mariage et les vacances d'été, c'est-à-dire après trois ans d'analyse, B... et sa femme cessèrent plus ou moins d'avoir des rapports sexuels. J'ai parlé de la passivité extrême de B... durant ses séances et je voudrais approfondir cela. Habituellement, après ce qui m'apparaissait être une interprétation bénéfique, il entrait dans un silence lourd, souvent marqué par une respiration profonde; puis il en émergeait lentement, avec des remarques prolixes et plutôt banales, si bien que le tout était monotone et verbeux; ou bien le silence se prolongeait comme si c'était à moi de faire le pas suivant. Il y avait, associé à cela, une réaction thérapeutique négative. Une bonne séance était habituellement suivie d'une séance vide, plutôt silencieuse ou d'une série de séances donnant l'impression qu'aucun progrès n'avait été fait ou que rien ne subsistait de la séance positive. Le patient n'avait pas conscience qu'il avait réellement progressé pendant la séance. Il était clair que, de cette façon, mon travail restait stérile, les idées et les relations entre les séances étaient perdues, de même qu'avec sa femme, très désireuse d'avoir des enfants, il était impossible de concevoir tant qu'ils n'avaient pas de relations sexuelles. Quand, dans la séance, mon travail et le contact avec les éléments infantiles du patient étaient effacés, mon bébé, le sein nourricier analytique et la créativité l'étaient également. Cela provenait de son envie de ce qui était momentanément vécu en moi-même et qui était oblitéré; son envie était alors de nouveau abolie. (Klein, 1957.) Quand j'assistais à ces séances silencieuses ou prolixes, je percevais aussi qu'un autre processus plus actif se poursuivait. C'était comme si B... faisait intrusion dans la séance, le divan me représentant comme un objet mortel qui paralysait et détruisait toute vie et tout mouvement. Au fur et à mesure que nous clarifiions ceci, mon patient commença à ressentir par moments quelques frissons de satisfaction cruelle quand le silence mortel se poursuivait.

Cela me permit d'entrer plus avant en contact avec sa destructivité déguisée en passivité. A présent, je chercherai à montrer qu'un sado-masochisme plus actif commença aussi d'apparaître, lui aussi masqué par la passivité et pourtant exprimé par elle. Je rapporterai un fragment de matériel, bien qu'il ne soit pas nécessairement convaincant, à moins que je ne parvienne à rendre convenablement compte de la tonalité du transfert.

UN FÉTICHE
QUI PRÉSERVE DE TOUT CONTACT

Un lundi, B... raconta un rêve important dans lequel il semblait s'intéresser à ses difficultés sexuelles, ou plutôt à sa passivité et à son apathie sexuelles. Le mardi, la séance débuta par une intellectualisation massive du sujet de la veille; B... « tournait autour du pot » et je sentis que nous n'étions pas en contact. Il continua à parler de ses problèmes avec Pat, de ce qu'il avait pensé de leurs difficultés sexuelles, qui étaient dues, selon lui, à la peur, etc. La nuit précédente, étendu auprès d'elle, il la caressait; elle lui dit : « Si tu continues, j'aurai envie de faire l'amour »; mais ce fut tout, et il s'arrêta. Je lui montrai que cette passivité apparente se prolongeait dans la séance. Il supposait, semblait-il, que je voulais le voir progresser dans l'analyse et utiliser cette séance pour avancer dans la compréhension de lui-même et dans sa sexualité; tout se passait comme s'il me caressait verbalement, de la même façon qu'il caressait Pat, essayant ainsi de m'exciter et de me frustrer, pour me faire désirer quelque chose puis me le refuser; ceci faisait partie intégrante de son excitation sexuelle et continuait sur le divan. Pendant un moment il sembla envisager cela, puis il se calma et recommença à intellectualiser. Fantasmatiquement, il rapprocha aussi ses sensations sexuelles de la tentative d'ouvrir de force un cloporte, ce qui me semblait une excellente description des difficultés que j'avais eues pour lui faire accepter quoi que ce soit, bien que j'aie pris garde de ne rien forcer. Je pouvais alors lui montrer que, le plus paisiblement du monde, nous nous étions enfermés dans une relation sado-masochiste dans laquelle je devais être excitée et torturée; il lui était bien plus difficile de renoncer à cette satisfaction et d'avoir un rapport réel avec son matériel analytique et avec moi en tant que femme et analyste, que de se retirer dans son lourd silence, dans ses paroles et ses théories, dont je crois qu'elles sont utilisées en fait comme le caoutchouc fétiche dans lequel il peut se préserver de tout contact.

Ce type de comportement devint répétitif à l'excès et nous y travaillâmes constamment; nous pûmes voir comment la tentative visant à exciter et à frustrer, effectuée en silence – en fait, une sexualisation perverse de sa relation à moi –, avait pour but d'en détruire la compréhension, l'équilibre et la force. Je commençais à démêler son histoire. Je le savais : B... avait pensé de son père qu'il était perturbé et présentait de sauvages déchaînements de colère, ce que je supposais être gratifiant aussi bien qu'alarmant, car il y avait consciemment réfléchi. Cependant – et je le sentis bientôt – ce n'était pas seulement la force du père qui était sapée, le père en tant que partenaire de la mère, mais, à un niveau d'objet partiel, la force chez la femme, qui était en quelque sorte détruite par la sexualisation, au lieu de pouvoir fonctionner tranquillement et fermement.

LES FIGURES PARENTALES CHEZ UN FÉTICHISTE

Derrière la destruction de la force du père par érotisation, il y a, me semble-t-il, une attaque contre les parents vus comme figure primitive combinée et contre la force de la femme, support du mamelon, en tant que partie vigoureuse du sein. Ici, je vous rappellerai d'abord le très ancien rêve sur Hitler, la cervelle d'une femme attaquée, comme le sein analytique, par le domestique avec un objet ressemblant à une trompe ; puis le rêve de l'homme étranglé pour avoir fait quelque chose de mal, sexuellement parlant, avec la tante, prototype de la femme masculine. Rétrospectivement, je pense que ce comportement sexuel condamnable avec la tante représente précisément la destruction de la force chez la femme, de ses qualités masculines, par projection de l'excitation sexuelle sur elle et, plus profondément, sur sa qualité nourricière, le sein. Pour clarifier cela, je rapporterai une séance au cours de laquelle B... raconta un rêve assez court : B... était dans la cuisine de la vieille maison qu'il habite avec sa femme. Il embrassait Pat avec fougue et, sachant sa mère dehors, il bloquait la porte avec une table afin qu'elle ne puisse pas entrer. Il avait de plus l'impression que si sa mère arrivait, elle pourrait être impliquée dans l'excitation ou la sexualité.

Dans ce rêve, B... excite une femme, Pat, gardant ainsi la vraie mère hors de la cuisine, s'attendant à ce qu'elle soit excitée. La question qui se pose est : comment réalisait-il cela fantasmatiquement dans le transfert ? Il semble que ce soit par l'utilisation ou l'abus de communication verbale, de mots ou de non-mots, de silence, en guise de source d'excitation. J'ai bénéficié d'un abondant matériel pour lui montrer que les mots étaient vus comme une extension de sa langue, qu'il pensait frotter contre l'analyste en tant que sein, espérant l'exciter (moi), plutôt que d'utiliser les interprétations (le mamelon) et prendre leurs contenus. Vous vous souvenez du premier rêve dont j'ai parlé, le rêve du canard avec sa langue splendide, vivement colorée. Je me représente un bébé qui frotte avec fougue sa bouche de sa langue, créant de façon omnipotente l'illusion que la langue est véritablement le mamelon. Les paroles de B... sont réellement des interprétations, et cette excitation masturbatoire est également projetée sur ses objets. Dans cette situation, il clive donc le mamelon : une partie est identifiée à sa langue,

*Une forme déguisée du sadisme
consiste à frustrer le partenaire sexuel.*

l'autre est laissée hors de moi, qui suis frustrée. Je ne reste pas sans mamelon, mais j'en possède un qu'il essaie d'exciter et de frustrer, ce qui est exprimé dans l'image de la mère laissée hors de la cuisine, ou celle de la femme phallique, cruelle et excitée par des fantasmes de fustigation du type fétichiste.

APPARITION DU SURMOI ET PREMIERS SENTIMENTS DE CULPABILITÉ

Quand le clivage et l'identification projective diminuèrent et que l'agressivité et le sadisme commencèrent à être plus intégrés, la culpabilité et l'inquiétude apparurent. La culpabilité était maintenant liée aux attaques habituelles de B... contre le travail analytique actuel et la compréhension même. Cela prenait le sens d'attaques non seulement contre mes qualités, mais aussi contre son propre esprit et sa sincérité; le processus de sexualisation pouvait alors être perçu comme pervertissant son monde interne, son Surmoi et, par là, son aptitude à ressentir de la culpabilité. J'essaierai d'illustrer ce processus et la façon dont B... tenta à nouveau de m'y impliquer, en exposant un matériel datant à peu près de la même période.

Cette séance est encore une de celles où tout semble dépendre de la façon dont B... rapporte son matériel. C'était un lundi : il commença par raconter son week-end : ils purent faire la grasse matinée car Pat ne travaillait pas, mais comme il y eut un appel téléphonique du peintre, ils ne purent avoir de rapports sexuels, tout comme s'il s'était lui-même arrangé pour cela, etc.

Ce genre de remarque contient une espèce de pseudo-compréhension, B... sachant à demi qu'il n'avait en fait pas organisé lui-même cette absence de rapports sexuels, mais qu'il entrait dans un processus visant à me faire répéter une interprétation ou un énoncé sur cette absence. Je ne dis rien; il raconta un rêve.

Rêve : B... regardait sa mère, qui se trouvait en compagnie d'un homme et d'un singe – ou d'un primate – dans une sorte de chambre à air tenue au bout d'un bras, tout comme certaines attractions foraines. B... devait être au même niveau, car il avait l'impression de les regarder à travers une vitre.

Je pense que cette pseudo-compréhension me poussant à faire une fausse interprétation constitue en fait une façon de singer un apport de matériel. B... est ce singe qui joue le rôle de se porter et de me porter – la mère et l'homme ensemble –, mais il le fait par jeu et s'amuse à cette fête foraine; c'est une analyse pour se divertir, une analyse où je ne peux aller apparemment nulle part. Durant cette séance, il comprit cela à différentes reprises, entra en contact pour ensuite se retirer de nouveau, puis me raconta qu'il avait été voir, la semaine précédente, une pièce de théâtre qui l'avait énormément perturbé. Il rapporta qu'un policier y questionnait un prisonnier; celui-ci s'accrocha à ses genoux et le policier le repoussa du pied. La notion de policier et de prisonnier nous fait faire un pas supplémentaire, par exemple dans la compréhension de son monde interne et du rapport entre un analyste-parent sévère intériorisé et un patient-enfant culpabilisé, entre un aspect de son Surmoi et de son Moi; ce rapport interne étant identique à celui qui agit encore extérieurement. Cela conduit à un type de masochisme moral dans lequel une culpabilité harcelante très puissante est mise en échec par la relation au Surmoi et aux objets sur lesquels il la projette; elle est érotisée dans une relation sado-masochiste, la fustigation et l'excitation prenant ainsi la place de la culpabilité intérieure. (Freud, 1924.)

DES MOTS QUI PROTÈGENT
COMME UN FÉTICHE

Mais ce matériel illustre encore un autre aspect lié au clivage et à la perversion; c'est la façon dont B... clive une partie de lui-même et observe ce qui se passe dans la séance entre cette partie de lui-même et moi. Mais l'observation à travers la vitre est une sorte de voyeurisme dont le but est de pervertir, singer et tourner en dérision. Cela, mon patient commençait à le savoir.

En effet, l'une des façons dont, par certains côtés, il me protège de sa raillerie destructrice et voyeuriste, consiste à mettre en échec mes interprétations et par là sa moquerie à l'aide de son parler prolixe, si bien que le langage intervient, entre lui et moi, défensivement, comme un morceau de caoutchouc. Mais il empêche aussi tout contact réel, toute chaleur et compréhension mutuelle.

LOCALISER LA PERVERSION
DANS LE TRANSFERT

En résumé, j'ai essayé de contribuer au traitement des perversions en rapportant le matériel de l'analyse d'un patient fétichiste du caoutchouc. J'ai tenté de montrer comment, derrière un comportement apparemment passif, il était possible de découvrir la mise en acte d'un comportement sado-masochiste et une érotisation cachée du transfert;

puis, à partir de cela, de déterminer quelques aspects importants de la psychopathologie du patient. J'ai particulièrement insisté sur le clivage et l'identification projective de l'excitation sexuelle dont le but n'était pas seulement de débarrasser le patient de cette excitation trop mêlée de sadisme, mais précisément de détruire le calme et la force de son objet, en tant que sein nourricier analytique. Cela était associé à une passivité extrême dans sa personnalité et à une impuissance relative dans sa vie sexuelle. Sa perversion affectait ses relations avec les objets internes et externes, de même que son sens de la vérité et de la culpabilité; aussi, il ne put être aidé de façon satisfaisante que lorsque les principaux aspects de sa perversion furent localisés dans le transfert.

Betty Joseph [2]
Traduit de l'anglais
par R. Dorey et Y. Assedo

---

2. « A clinical contribution to the analysis of a perversion » (1969). Paru intégralement dans *International Journal of Psychoanalysis*, vol. 52, 1971, p. 441-450.

Étymologiquement, per-vertere *indique un retournement ou un renversement.
(Helmut Berger dans* les Damnés, *de Luchino Visconti).*

Chapitre IV

Essai sur la perversion
(première partie)

C'est un véritable essai sur la perversion que Joyce McDougall nous invite à découvrir ici et dans le chapitre suivant. Nous avons voulu clore ce volume sur cette étude particulièrement approfondie, dans la mesure où elle reprend et précise, dans un style remarquable, un certain nombre de problèmes que nous avons jusqu'ici abordés.

Afin de définir la place et la fonction qu'occupe dans l'économie psychique la sexualité perverse, Joyce McDougall la met en rapport avec deux problématiques : celle de la sexualité œdipienne et celle de la sexualité archaïque.

Pour parler de la perversion en ce qu'elle peut avoir de spécifique dans sa structure et dans son économie psychiques, il faut savoir d'abord de *qui* on parle. Qu'en est-il de celui que nous nommons *pervers*? Qu'est-ce qu'un « pervers »? On peut me répondre que tout le monde le sait : c'est quelqu'un qui a une sexualité perverse. Est-ce alors quelqu'un qui ne fait pas l'amour comme « tout le monde »? La nuance péjorative que comporte le mot « pervers » nous en dit plus long sur celui qui parle que sur celui qui la pratique, cette sexualité qui n'est pas celle de tout un chacun. Même si le sujet dit pervers fait des « trucs » que tout le monde ne fait pas – avec un miroir, un fouet, des matières fécales, un objet du même sexe, ou tout autre objet qui peut paraître inapproprié au but supposé –, ce sujet « pervers » ne fait pas que cela, il n'est pas que cela. On ne peut définir un être par un acte, même s'il s'agit d'un acte-symptôme, car ce même symptôme peut renvoyer à des structures différentes. Dirait-on de quelqu'un qui n'arrive pas à trouver le sommeil la nuit : « Bah, c'est un insomniaque », comme si cela le définissait? Il faut aussi nous rappeler que de se centrer *uniquement sur sa perversion* est une démarche forcément artificielle qui nous oblige à laisser dans l'ombre tout le reste de la personnalité.

UN TERME INADÉQUAT

Or, si je récuse le terme de « pervers » comme étant une information partielle et partiale en ce qui concerne un autre être, je trouve nécessaire, en revanche, de définir ce que nous entendons par « perversion ». Mais là encore la nuance péjorative apparaît. Étymologiquement, *pervertere* indique tout simplement un mouvement de retournement et de renversement; pourtant, n'importe quel dictionnaire nous informe qu'il s'agit toujours d'un détournement vers le « mal ». Il est mal de ne pas faire l'amour comme tout le monde. Un effort pour échapper à ce jugement de valeur implicite se discerne chez les analystes qui usent couramment du terme de *déviation* sexuelle; mais, à son tour, cela présente l'inconvénient de suggérer une contre-vérité clinique, car ce mot implique qu'une perversion n'est rien d'autre qu'une route différente (dé-via) pour atteindre le même but que la sexualité dite normale [1]. Si le but supposé des relations hétérosexuelles est l'orgasme, cela veut-il dire qu'une perversion sexuelle qui aboutit à l'orgasme ne diffère en rien d'autres relations sexuelles, sauf en ceci qu'elle emprunte un chemin plus compliqué? Rien ne distinguerait alors les perversions des jeux amoureux. Même s'il existe des points communs, cela nous conduirait à une conception simpliste de l'agir pervers. En fait, la sexualité perverse n'est qu'une manifestation d'un état où s'entremêlent dépression, angoisse, inhibitions et symptômes psychosomatiques. Elle n'est pas une simple déviation mais une organisation complexe qui doit répondre à des exigences multiples, ce qui la dote d'une compulsivité particulière.

Quelles sont ces exigences? Quelle peut être la signification inconsciente d'un acte où l'angoisse et la souffrance sont rarement absentes? Qu'est-ce qui peut prédisposer un sujet à ce genre d'inventions? Quel est, enfin, le rôle de la perversion sexuelle dans l'économie libidinale et dans l'économie narcissique de celui qui en est l'auteur? Ce sont les questions que je voudrais explorer plus avant en partant des concepts freudiens fondamentaux.

---

1. Voir à ce propos l'excellent article de Robert Stoller (chap. VII, 1ère partie du présent volume). *Cf.* aussi Robert Stoller, *La Perversion* (Payot, 1975).

LA CONCEPTION DE FREUD

Pour Freud, il y a perversion quand il y a changement d'objet (homosexualité, pédophilie); de zones (évitement des organes génitaux) ou de buts (recherches de la douleur); ou encore quand l'orgasme est subordonné à des conditions impérieuses et externes (fétichisme, voyeurisme, etc.). Et tout cela est mis en rapport avec ce qui, pour Freud, définissait la sexualité dite normale, c'est-à-dire (je cite) « une relation soumise à l'organisation génitale avec une personne du sexe opposé ». Évidemment, cette question d'une sexualité « normale » est épineuse et il nous est loisible de mettre en cause la justesse de la définition freudienne. Dans un ouvrage récent, intitulé *Les Structures sexuelles de la vie psychique* [2], Donald Meltzer relève chez Freud une « attitude normative » en remarquant qu'il donnait une valeur quelque peu exclusive à l'hétérosexualité *génitale,* comme s'il s'agissait du seul aspect de la sexualité infantile qui méritait la survie à l'âge adulte. Meltzer souligne en revanche que la sexualité adulte, non névrotique et non perverse, est néanmoins profondément *polymorphe*. Même si Freud préconisait malgré lui des normes sexuelles, il a néanmoins écrit que « la disposition à la perversion n'est pas quelque chose de rare et de particulier, mais une partie de la constitution dite normale ». *(Trois Essais.)*

Bref, les premières formulations de Freud tendent à présenter la perversion comme une simple vicissitude de la pulsion, avec fixation ou régression à un stade libidinal antérieur. L'achèvement de la deuxième topique [3] a produit un remaniement de la théorie de la sexualité lié, parmi d'autres, au concept du « Surmoi en tant qu'héritier de l'Œdipe ». Mais c'est surtout le cas de l'*Homme aux loups* qui a amené Freud à explorer plus avant la théorie de la perversion. Il est devenu manifeste que la réponse à l'énigme des perversions était à chercher dans la situation de l'enfant face à la scène primitive [4]; plus question d'un supposé fonctionnement génital bloqué à un stade primitif. Dans les articles ultérieurs (« On bat un enfant », « Le problème économique du masochisme », « Le fétichisme », « Le clivage du Moi »...), il est devenu de plus en plus évident qu'une perversion sexuelle ne saurait être conçue comme un simple fragment de la sexualité qui aurait réussi à

---

2. Payot, 1977.

3. C'est-à-dire de la deuxième théorie freudienne des systèmes qui composent notre appareil psychique, le Ça, le Moi et le Surmoi. Voir, à ce propos, *Le Ça, le Moi, le Surmoi : la personnalité et ses instances,* dans la même collection. (N.d.É.)

4. Rapport sexuel entre les parents, réellement observé ou fantasmé (N.d.É.)

échapper au refoulement. Du coup, la célèbre formule selon laquelle la névrose serait le négatif de la perversion se révélait insuffisante.

UNE SOLUTION DÉTOURNÉE

Néanmoins, il est clair que pour Freud la perversion comme la névrose s'édifiaient à partir de l'impossibilité de résoudre le complexe d'Œdipe. Effectivement, l'expérience clinique ne fait que confirmer, depuis un demi-siècle, que la « solution » perverse de la sexualité humaine est bel et bien une tentative (mais parmi d'autres visées) pour contourner l'angoisse de castration et maintenir, sous le couvert de l'acte, les liens incestueux de la sexualité infantile. Or, la problématique œdipienne est centrée de façon privilégiée sur le rôle du père. La mère primitive, en tant que mère-sein, mère-univers, ne figure pas. Bien que la théorie de la libido donne toute son importance à la relation précoce mère-*infans,* Freud n'a pas interrogé la problématique de la *sexualité archaïque.* En plus, il avait tendance, me semble-t-il, à idéaliser la première relation. On se souvient que si l'objet du désir de l'homme était bien la femme, l'objet du désir de la femme, quant à Freud, était son *enfant mâle.* Du reste, Freud paraît n'avoir jamais soupçonné que la relation mère-nourrisson puisse mal se passer, puisse être autre chose que le prototype du paradis. Bien qu'il reconnaisse que « l'objet naît dans la haine », il n'y a pas pour lui de mauvaise mère, ni dans l'esprit de l'enfant ni dans la réalité historique de la psyché maternelle. Cependant, si le paradis peut fort bien trouver ses racines fantasmatiques dans la relation de l'enfant-au-sein, l'enfer peut aussi y trouver là ses origines. Cette idéalisation de la maternité sert à oblitérer la mère sexuée, la mère en tant que femme, apte à désirer bien d'autres choses que son seul enfant (mâle ou femelle). Et, qui plus est, la maternité érigée en idéal sert à masquer la haine et l'envie destructrices dont le petit de l'homme est inéluctablement porteur envers la mère-sein. La mère interne, idéalisée et intacte dans l'inconscient, joue un rôle essentiel dans l'imaginaire de tous ceux qui créent des perversions. Ainsi, j'espère pouvoir montrer que *les deux problématiques – celle de la sexualité œdipienne et celle de la sexualité archaïque – doivent être contenues et contournées dans la solution perverse de la sexualité humaine. Cette sexualité aura pour fonction le maintien non seulement de l'homéostase libidinale mais aussi de l'homéostase narcissique. L'importance et l'étendue de l'agir pervers dans la vie du sujet qui l'a créé seront étroitement liées à la fragilité de son économie pyschique et au poids que doit porter cet acte érotique.*

LA PERVERSION EN TOILE DE FOND

Une dernière observation sur la position de Freud. Celle-ci m'a été inspirée par la réflexion de Laplanche et Pontalis dans leur *Vocabulaire* [5], à savoir que la conception freudienne pose la sexualité humaine comme « pervertie » dans son fond, et cela dans la perspective du concept d'*étayage,* c'est-à-dire le gain de plaisir que l'enfant tire de l'accomplissement d'autres fonctions, notamment des pulsions d'autoconservation [6]. Si, pour le nourrisson, le *lait* est toujours l'*objet du besoin,* c'est bien le *sein* qui devient l'*objet primitif de la pulsion sexuelle.* La bouche remplit dès lors une double fonction – à la fois en tant qu'organe de la fonction alimentaire et organe sexuel. Je voudrais souligner ici le prolongement important de la théorie freudienne en ce qui concerne les prototypes de la sexualité humaine, à savoir l'importance accordée à l'*autoérotisme* [7]. Dans l'optique de Freud, ce n'est donc pas la *succion* qui fondera le modèle de la sexualité à venir mais le *suçotement,* ce qui met l'accent sur l'autonomie de l'enfant par rapport à l'alimentation, et surtout par rapport à l'objet sexuel primitif. Évidemment, ce détournement, cette « déviation » normale, peut être entravé par l'attitude maternelle, surtout si, dans un deuxième temps, les rituels de miction et de défécation sont également désinvestis de toute valeur libidinale et autoérotique. Cette notion a toute sa pertinence pour notre interrogation de la perversion en ce qui concerne ses liens primitifs avec l'autoérotisme génital. L'observation clinique nous amène à constater que *l'enfant destiné à une solution perverse de la sexualité a rarement connu dans l'enfance la masturbation normale.* Celle-ci est toujours manuelle, et cela depuis les premiers mois de la vie. Or, chez certains patients, un hiatus entre la main et le sexe semble avoir été institué bien précocement; ainsi, l'enfant risque de se trouver très tôt dans sa vie conduit à *inventer d'autres façons de faire vivre érotiquement son corps.* La recherche de Spitz concernant ce qu'il appelle le « genital play » des nourrissons est fort instructive. Quand il y a perturbation dans la relation précoce à la mère, le jeu avec les organes génitaux est remplacé par des balancements du corps, des violents coups de tête, ou des jeux avec les excréments. Voilà un champ de recherche inexploré en ce qui concerne les racines précoces de la

---

5. J. Laplanche et J.-B. Pontalis, *Vocabulaire de la psychanalyse,* P.U.F., 1976.
6. Pulsions liées aux besoins corporels dont dépend la conservation de la vie. (N.d.E.)
7. Voir à ce propos : J. Laplanche, *Vie et mort en psychanalyse,* Flammarion, 1970.

perversion sexuelle. On peut déjà parler de la *masturbation* « pervertie » ou « déviée » *de son but normal,* qui est la recherche du plaisir génital. Ainsi, *la « déviation » primaire qui fonde la sexualité humaine peut être entravée dès ses débuts chez certains enfants qui, de ce fait, risquent de se trouver acculés à inventer une néo-sexualité afin de pouvoir garder intactes les limites du corps, de pouvoir posséder un corps érogène, et enfin, de pouvoir protéger ce corps contre le retournement sadique primitif où l'autoérotisme se voit transformé en autoagressivité. Un des triomphes de la sexualité perverse serait alors l'érotisation de cette pulsion mortifère.*

LE SCÉNARIO PERVERS
ET LE RÔLE DE L'AUTRE

Celui qui a créé une perversion a réussi en quelque sorte à réinventer la sexualité humaine; à travers les changements de buts et d'objets, il construit une *nouvelle scène primitive* [8]. Cette néo-réalité sexuelle n'est nullement gratuite; l'acte qui en est le support dans le réel est souvent imprégné d'une forte angoisse et est ressenti par le sujet comme étant doté d'une puissance compulsive qui dépasse toute volonté de sa part pour le freiner. Malgré le fait que l'angoisse et la compulsivité sont à leur tour érotisées, le sujet a toujours l'impression de n'avoir ni maîtrise ni choix en ce qui concerne son expression sexuelle. C'est « comme si on m'avait jeté un sort », m'a dit un patient fétichiste; « je crois que je suis née ainsi », m'a confié une patiente homosexuelle. Il n'a pas le choix, c'est vrai. Tout au plus, il se félicite de l'avoir faite, cette découverte érotique miraculeuse. Il lui arrive parfois de se convaincre, en fonction de l'urgence qui a contribué à faire naître cette invention, qu'il détient le vrai secret de la jouissance sexuelle, de croire que les autres, trop timorés pour la suivre, l'envient d'avoir trouvé cette solution commode, solution dont lui-même a écrit les règles du jeu, ainsi que le rôle du partenaire – car rien n'est laissé au hasard dans cette création. De plus, les règles sont immuables, et le moindre changement dans la situation ou dans la réponse attendue de l'autre risque de déclencher une angoisse insoutenable. Cette fragilité va de pair avec la tendance à attribuer au *socius* une parcelle de la réalité interne du sujet lui-même, projection qui marque la pensée psychotique. « Il est impudique de vendre des fouets dans les quincailleries; cela incite les gens à la lubricité », disait un jeune homme qui payait des prostituées

---

8. Voir à ce propos J. McDougall, *Plaidoyer pour une certaine anormalité,* Gallimard, 1978, chap. II.

« Inventer une néo-sexualité afin de garder intactes les limites de son corps... »
(Dessin d'André Masson, 1971, coll. part.).

pour le fouetter. « Tous les hommes sont des homosexuels », soulignait un pédéraste, « mais ils ont peur de l'admettre. » En fait, les auteurs de la néo-sexualité guettent le moindre signe qui confirmera leur scénario intime. C'est aussi grâce à cette vigilance qu'ils trouvent avec une sûreté étonnante les partenaires aptes à désirer le rôle du figurant dans ce théâtre érotique personnel.

UN JEU AUTOUR
DU COMPLEXE DE CASTRATION

Quant à l'intrigue qui s'y joue, elle est toujours bâtie autour du *thème de la castration :* castration paternelle ou maternelle, castration narcissique, castration sous forme prégénitale, castration primaire où le corps en entier, voire la vie même, se trouvent menacés. Mais, dans l'acte pervers, il s'agit toujours d'une *castration ludique,* dans laquelle le thème principal est soigneusement caché par le désaveu : on ne châtre pas l'autre, on le répare; on ne se châtre pas, on se complète. S'il

275

n'en est pas ainsi, nous ne sommes plus dans le registre de la perversion mais dans celui de la psychose. Que l'intrigue demande l'acte de fouetter, de lacérer, d'étrangler (le corps, le sexe), de faire perdre à soi-même ou à l'autre le contrôle (des sphincters, de l'orgasme), de se soumettre à des humiliations ou de les faire subir à l'autre, le sens caché est immuable. Ainsi, l'angoisse de castration est, à tous les niveaux, maîtrisée de façon illusoire.

Force nous est de présumer que ces inventions « hors sillon » représentent la meilleure solution que l'enfant a pu trouver face aux conflits et aux contradictions que lui a apportés son enfance : c'est-à-dire dans le discours des parents concernant la sexualité, et à l'intérieur du couple qu'ils formaient aux yeux de l'enfant. Dans le déroulement de l'analyse, maints détails apparemment bizarres dans le rituel érotique révèlent leur racine historique et pathétique, surtout quand la mortification narcissique se joint dans un deuxième temps à l'angoisse de castration. Voici deux exemples.

TRIOMPHER DE L'HUMILIATION AUTREFOIS SUBIE

Un homme, chercheur compulsif tous les soirs de partenaires homosexuels, n'était psychiquement et érotiquement satisfait qu'au moment où il avait sur son sexe les traces de matière fécale du partenaire. Un autre se fouettait devant la glace, et l'acmé de sa jouissance coïncidait avec la vue des marques de fouet sur ses fesses. A quoi renvoient ces scénarios? D'où tirent-ils leur pouvoir érotique? Il s'agit de pièces de théâtre lacunaires, dont l'auteur lui-même a perdu le sens originel. Or celui-ci peut être partiellement reconstitué à l'intérieur de l'expérience analytique. L'homme qui devait voir les traces de matière fécale pour parvenir à l'acmé de sa jouissance raconta un souvenir infantile dans lequel il était obligé de sortir dans les jardins publics, portant une culotte maculée et nouée autour de la tête. Une cousine, une bonne et d'autres enfants auraient participé joyeusement à l'humiliation du petit garçon encoprétique [9]. La mère, exigeante à l'excès sur le contrôle de ses matières, lui administrait très souvent des lavements. Cette relation intime à la mère, bien qu'érotisée dans l'inconscient du petit garçon, était vécue comme une castration phallique. Sa réponse – salir sa culotte plutôt que de subir la castration maternelle – était à son tour source d'une castration narcissique, la mortification prenant le pas sur

---

9. L'encoprésie est l'incontinence des selles. (N. de l'Éd.)

l'érotisation. Ainsi, dans son jeu sexuel d'aujourd'hui, c'est bien l'humiliation, la déchéance de jadis, qui est devenue la cause de son désir et de sa jouissance. Ce qui faisait horreur à la mère est pour lui sexualisé; mais, comble de triomphe, c'est la matière fécale de l'*autre* qui sera rendue visible; en prenant la place de sa mère, il fait subir à l'autre, sous la couverture du jeu érotique, la castration et l'humiliation qui étaient autrefois les siennes.

Le patient qui se fouettait devant la glace s'habillait pour cette scène de vêtements féminins. Il racontait comment, petit garçon, il était toujours vêtu d'habits d'allure délicate et féminine, ses cheveux tombant jusqu'aux épaules. Le support fantasmatique de son acte était un scénario dans lequel une petite fille devait être fustigée publiquement par une femme âgée. L'intense humiliation supposée de la fillette était le sommet de son excitation à lui. Elle, c'était lui-même, et tout le monde était témoin de sa castration et de son humiliation. Ainsi, il triomphait sur le désir supposé de sa mère en faisant de sa castration la condition même de la jouissance sexuelle.

LE PARTENAIRE SEXUEL : UN PARATONNERRE CONTRE L'ANGOISSE

Bien entendu, dans ces deux histoires érotiques, d'autres thèmes venaient se greffer autour de l'intrigue ou y déterminaient un certain nombre d'éléments. En particulier, l'acte magique était censé contenir non seulement l'angoisse de castration et la mortification narcissique, mais aussi la rage inépuisable de l'enfant floué par la mère complice. Il fallait que cette violence fût également rendue ludique et érotique. Ces visées destructrices peuvent difficilement être dites dans l'analyse car elles ont subi des transformations profondes. Refoulés ou désavoués, forclos de la psyché, ces fantasmes visent les objets parentaux, objets clivés, éparpillés, abîmés dans le monde interne des représentations psychiques. Des fragments ne viennent dans le discours analytique qu'à travers leur déguisement par le processus primaire [10], et dans le scénario érotique qu'à travers la distribution de fragments de rôle, également déguisés comme dans un rêve. Nous voyons déjà se dessiner le rôle du partenaire dans l'agir pervers : c'est lui qui va incarner non seulement les images idéalisées pourvues de tout ce que le sujet croit

---

10. L'une des deux règles de fonctionnement qui caractérisent l'appareil psychique. Ce processus relève du système inconscient, alors que le processus secondaire appartient au préconscient-conscient. L'énergie y est dite « libre » et met en œuvre les processus de déplacement et de condensation. Voir *Le Ça, le Moi, le Surmoi : la personnalité et ses instances,* dans la même collection. (N.d.E.)

VOTRE MAIN, MISS MARSCH

être manquant chez lui, mais aussi de tout ce que le sujet ne veut pas assumer : parties de soi valorisées ou dangereuses, destinées ainsi à être ou récupérées ou maîtrisées. C'est donc le renversement d'un conflit intrapsychique qui est visé, mais la solution est recherchée à l'extérieur. L'autre, de par sa participation, de par sa jouissance, va fournir la preuve que la castration ne fait pas de mal; que la différence des sexes n'est pas la cause du désir sexuel, et que la scène primitive est telle que l'auteur du scénario l'a créée. Il y a résolution magique de la tension interne, ce qui fait de la recherche compulsive des partenaires un « besoin » urgent. C'est donc le rôle de l'*autre* que de permettre de contourner l'angoisse phallique-œdipienne. Mais il y a aussi les angoisses plus primitives signalées ci-dessus, d'avoir attaqué, voire détruit, les objets internes. Ainsi s'ajoute au besoin de châtrer l'autre ou de se compléter soi-même, la visée de *réparation,* celle-ci faisant office de restitution aux objets primordiaux, et appartenant au registre de la sexualité archaïque. Un autre élément qui joue un rôle éminent dans maint agir pervers est lié à cette couche profonde : le danger des affects archaïques, sadiques et destructeurs a nécessité le maintien d'un *état de mort intérieure* afin de protéger et le Moi et le monde interne. Dès lors, l'agir pervers et la participation du partenaire doivent *contrecarrer le sentiment de vide,* celui-ci étant davantage craint que l'excitation interne avec l'angoisse de castration et de morcellement qui l'accompagne de façon exacerbée. En somme, l'*autre doit servir de paratonnerre contre l'angoisse névrotique aussi bien que contre les angoisses psychotiques.*

UNE TOUTE-PUISSANCE CONQUISE GRACE AUX ARMES DU PÈRE

Je vais rapporter deux rêves qui illustrent de façon pittoresque ces deux problématiques. Le premier montre comment le partenaire sera le support apte à résoudre magiquement la dimension œdipienne, névrotique, ainsi qu'à maintenir en équilibre l'économie psychique narcissique du sujet. Un homme de trente-cinq ans est venu en analyse pour des problèmes professionnels mais aussi pour une certaine anxiété concernant sa pratique homosexuelle. Celle-ci demandait un partenaire prêt à maltraiter et à injurier le patient pendant que celui-ci pratiquait

Certaines formes d'éducation laissent une empreinte indélébile
◄ *qui marquera les relations ultérieures. (Illustration de A· Marie pour* les Quatre filles du docteur Marsch, *XIXᵉ siècle.)*

sur lui une fellation. Au moment du rêve, dans la cinquième année de l'analyse, l'analysant était en grande partie libéré de sa chasse à l'homme. Il s'était même fiancé avec une jeune fille devenue aujourd'hui sa femme. Mais, au moment des crises [11], ses souhaits-et-craintes homosexuels reprenaient le dessus; maintenant, cependant, il en parlait et en rêvait au lieu de passer à l'acte. Le rêve se situe juste avant les vacances, et aussi à un de ces moments où les journaux parlaient d'hostilités israélo-arabes. Le patient est juif et a fait une série de rêves et de rêveries où les Arabes tenaient le rôle du père castrateur.

« J'essaie de garer ma voiture; il y a une place "chouette", juste de la largeur qu'il me faut. A ce moment, un conducteur arabe surgit de je ne sais où, et prend ma place. Fou furieux, je saute vers lui, mais il tire son couteau. Je suis paniqué. Or, à ce moment-là je remarque que son couteau est très beau; sa forme m'intéresse. Je lui dis que je l'admire et je commence à le caresser doucement. L'Arabe devient souriant et me tend le couteau. Je le saisis avidement et lui demande aussi la petite bourse qu'il porte à la ceinture. Il me la donne également; elle est en deux parties, exactement comme le porte-monnaie de ma fiancée. D'un coup, l'Arabe tombe dans le canal plein de boue et crie très fort. Mais il est emporté par le courant. Je l'écoute avec mépris et je me dis : "Bof, de toute façon, je savais qu'il allait mourir. Et moi, je suis riche à présent; je peux partir en voyage, où je veux, sans peur." C'était comme si, avec le couteau et la bourse, je n'avais plus besoin de rien. »

LA RELATION A L'AUTRE : UNE DIMENSION MEURTRIÈRE

Toute la problématique au niveau œdipien, névrotique, y est, surtout dans sa version homosexuelle. La signification latente du rêve est claire : le fils incestueux cherche à stationner dans le lieu du père-Arabe. Tous deux contestent à l'autre le droit à la possession du lieu maternel. Mais le père, comme il se doit, est mieux armé que lui (ce qui n'était pas évident dans la réalité historique de cet analysant) et il menace le fils avec sa puissance phallique, qui représente en même temps une arme pour châtrer. Face à l'interdiction et aux menaces paternelles, le fils trouve une solution magique (à l'heure actuelle c'est

---

11. En fait, bien que le « choix » pervers ait des racines profondes dans la préhistoire du sujet, on peut se demander si la construction perverse ne commence pas toujours « en crise », c'est-à-dire comme un rêve éveillé qui surgit aux moments de tension débordante et de vécu affectif douloureux, révélant alors le pouvoir de cette représentation de détourner l'attention du conflit insoutenable et pénible. N'est-il pas possible que par la suite l'enchaînement des éléments : crise affective insoutenable - scénario - décharge de la tension restent soudés ensemble?

une solution onirique, mais elle était autrefois *sa* solution érotique), il se détourne du lieu originel du désir – de garer *sa* voiture dans la place « chouette » – pour se centrer exclusivement sur le couteau du père, contestateur de ses droits. Il le caresse et arrive ainsi à séduire l'autre, à détourner son attention de ce qui est en cause, et à faire en sorte qu'il sourie, qu'il crie et qu'il tombe, emporté par le courant érotique, dans la « boue » où il va mourir. Ainsi, il maîtrise érotiquement le persécuteur interne, comme dans son jeu sexuel où le persécuteur était ludiquement projeté sur le partenaire. Sous le couvert d'une réparation de l'autre (car, consciemment, cet analysant considérait sa fellation comme un acte de bienfaisance), nous voyons à travers le rêve que *c'est lui qui se trouve réparé* aux dépens de l'autre. Il se libère donc de l'analyste (en réalité, c'est ce dernier qui part en vacances) pour voyager, se dégageant ainsi d'une mère abandonnante et châtrante; il se libère également de sa fiancée qui « tient la bourse », signe de la possession et de la puissance fertile du père. Muni de l'arme du père et de la précieuse bourse, il peut faire maintenant ce qu'il veut.

Ce patient avait souvent vanté ses conquêtes homosexuelles du passé et le plaisir érotique de « faire tomber » le partenaire, ce qui voulait dire, il en convenait, maîtriser leur jouissance et ainsi les châtrer symboliquement, ce qui lui donnait l'impression pendant un court moment d'être plus « viril ». Or, le détail du rêve dans lequel il assume tranquillement la mort du partenaire l'a inquiété, et cette visée meurtrière allait être élaborée dans l'analyse durant une année entière. Vous avez peut-être repéré la métaphore qui exprime ce désir dans le rêve – le père-Arabe meurt par expulsion *anale,* – métaphore riche en significations. « Tomber dans la boue », c'est tomber dans la « sexualité », « emporté » par l'anus-vagin; c'est tomber également dans la honte, car le thème de l'humiliation, thème fréquent dans la sexualité perverse, est toujours associé à l'érotisme anal et, également, à la maîtrise des fonctions corporelles. Tous ces éléments se relient évidemment à la castration (dans ses versants œdipien, narcissique et prégénital). Mais pour cet analysant comme pour d'autres, c'est la découverte de la dimension meurtrière dans sa relation affective aux partenaires (comme aux imagos [12] parentales) qui a produit un changement radical dans son économie libidinale. C'est à partir de l'élaboration assidue de ses affects de haine pour les hommes, et, parallèlement, de son image haineuse de lui-même, qu'il lui était possible d'assumer tout son sadisme infantile, de comprendre que cela faisait partie de la sexualité primitive qui n'avait jamais pu être élaborée chez lui, mais seulement maintenue

12. Représentations inconscientes. (N.d.E.)

clivée du reste de son économie libidinale, ce qui provoquait une culpabilité également archaïque le poussant compulsivement à rechercher la punition. Bref, cela avait affaire avec tout ce qui est inclus dans le concept de *position* dépressive [13]. C'est à partir de cette phase de l'analyse que le côté compulsif de l'agir sexuel de ce patient disparut.

LA MÈRE OU LA MORT

J'en arrive au rêve suivant, qui touche plus directement à la question pressante de la réparation de l'autre ou du déni d'un état de mort intérieure, état d'amortissement, de paralysie qui est en deçà de la dépression, plus proche des angoisses psychotiques de la relation primitive que de la problématique œdipienne. La patiente, homosexuelle, est arrivée, en sept ans d'analyse, à résoudre un côté persécutif de son caractère et, également, à modifier des idées quasi délirantes concernant son propre corps. Le résultat se manifestait dans une plus grande stabilité dans son travail et par ailleurs dans ses relations amoureuses. Condamnée dans le passé à chercher sans cesse des partenaires multiples, elle a pu, enfin, vivre plusieurs années avec la même amie. Comme maints homosexuels des deux sexes, la patiente se désintéressait totalement de son plaisir sexuel personnel, ou plutôt elle disait que le seul plaisir érotique qu'elle connaissait, c'était le plaisir donné aux partenaires. Comme s'il n'y avait qu'un sexe pour deux. Le rêve se situe au moment de la perte de son amie.

« Je suis sur le flanc d'une vallée sèche; moi aussi je suis desséchée, comme assoiffée. De l'autre côté je vois Béatrice, mais elle s'est enfermée dans sa maison. Furieuse de la voir si loin, je pars à sa recherche et je m'engage de force dans la vallée sèche. C'est rempli de crottes de chien, mais au fur et à mesure que j'avance, il y a des herbes et des plantes qui poussent et de l'eau qui coule. Tout devient verdoyant. Je me trouve dans le sous-sol de la maison de Béatrice, et là encore il y a des arbres, des plantes et des fruits. J'essaie d'attraper un fruit mais il se dérobe et je pleure de rage... » J'interromps ici le récit du rêve pour souligner le fantasme qui a pu être élaboré par la patiente, à savoir qu'elle aura toujours pour mission d'apporter à l'autre la verdure, l'eau, la vie... et qu'elle ne goûtera jamais les fruits de son amour érotique. C'est elle qui a soif, mais c'est à l'autre qu'elle va apporter

---

13. Mode de relation d'objet qui s'instaure après la position paranoïde, c'est-à-dire, selon Melanie Klein, vers le quatrième mois de la vie. Elle est entre autres caractérisée par l'angoisse de perdre et de détruire la mère, vue comme objet total, du fait du sadisme. *Cf. Le Ça, le Moi, le Surmoi, op. cit.* (N.d.E.)

la nourriture dont elle se prive. Évidemment, tout cela est contenu dans son acte d'amour; en plus, ses bien-aimées étaient des filles « cassées », comme elle le disait, pleines de problèmes psychologiques qu'elle s'évertuait à résoudre pour elles. Il fallait qu'elle répare; autrement, elle était envahie de sentiments d'être nuisible, dangereuse, mortifère. A ces moments-là, dans la réalité, elle avait tendance à avoir de graves accidents et à flirter avec la mort. Or, dans la suite du rêve elle *tue son amie* à coup de revolver. Si elle ne peut plus être l'agent de la réparation, si elle ne peut plus faire à l'autre le don de sa vie, elle n'a plus d'identité, plus d'existence qui vaille. Il en était ainsi avec sa mère quand elle était petite. Cette mère déprimée n'a jamais pu donner à sa fille la moindre liberté. Bébé, elle ne pouvait dormir que dans les bras de sa mère; plus tard, elle n'avait pas le droit de fermer la porte de sa chambre, la mère abusive l'avait à l'œil à l'aide d'un miroir fixé dans la chambre des parents, etc. Mais c'est de Béatrice, substitut de l'imago mortifère, qu'elle dira : « Avec elle tout est angoisse et lutte pour l'empêcher de me détruire; pourtant, sans elle je n'existe pas. C'est elle – ou la mort. » C'est la relation de la Mère-sein, Mère-univers, mère à qui l'*enfant* doit apporter la vie, afin de trouver un sens à sa propre vie, afin de pouvoir survivre. Un sexe pour deux, un corps pour deux, voire même une vie pour deux.

Pour ces patients, le suicide n'est pas une vaine menace, sous-tendu qu'il est par le fantasme de meurtre dans l'inconscient; meurtre qui lui-même renvoie toujours, en fin de compte, à l'horreur du vide et à la mort psychique du sujet. Devant cette horreur, qui est peut-être le prototype de ce qui deviendra l'angoisse de castration, l'individu prendra n'importe quel chemin pour y échapper. A moins de faire un passage à l'acte psychotique (c'est-à-dire de tuer l'autre qui lui enlève le sens de sa propre vie – mais ce dénouement est plutôt rare), il choisira toujours sa propre mort.

UNE JOUISSANCE SUPRÊME : LE DON DE LA VIE

Avant de quitter le thème du rôle de l'autre, l'autre en tant que contenant et support de projections multiples, je voudrais faire remarquer que certains novateurs sexuels *préfèrent jouer seul* leur théâtre érotique. Il y a plusieurs raisons à cela. Parfois, personne ne désire jouer le rôle requis pour satisfaire les exigences en cause; ou bien il s'agit d'une visée mégalomane à jouer tous les rôles, à être les deux sexes à la fois, à être affranchi de toute dépendance à l'autre. Parallèlement, cette visée narcissique ne supportera pas le moindre changement, le

*La terreur devant l'attirance mortifère
est le ressort du film d'Alfred Hitchcock,* Psychose.

moindre écart entre le désir du scénariste et le désir de l'autre. Mais il peut y avoir aussi une peur mortelle de la rencontre avec l'autre, ce qui concerne le soubassement psychotique plutôt que le versant névrotique de la structure perverse [14]. Il s'agit là de l'angoisse devant les pulsions destructrices ainsi que de l'angoisse du néant dans lequel le *Je* risque de se dissoudre.

Un exemple m'a été fourni par un collègue. Un patient fétichiste réalisait depuis toujours dans la plus stricte solitude un scénario dans lequel une femme devait administrer, de force, un lavement d'eau brûlante à une jeune fille [15]. Avec les accessoires de scène, le patient se donnait ce lavement douloureux en se traitant de « sadique » parce qu'il faisait « cela » à une jeune fille! Un jour il céda à la tentation de réaliser avec une vraie partenaire ce drame érotique, peaufiné depuis vingt ans. Après des recherches appropriées, il téléphona à l'adresse indiquée; une voix rauque de femme lui assura qu'elle saurait appliquer « avec méthode et sévérité la punition requise », sur quoi le patient perdit le souvenir de ce qu'il fit alors. Il revint à lui une heure plus tard comme s'il se réveillait d'un cauchemar. Tout ce dont il se souvient, ce sont des phrases dites au téléphone et de sa sortie précipitée de la cabine où, en outre, il avait laissé l'appareil décroché! Il dit simplement : « J'avais rendez-vous avec ma mort. »

Certaines créations littéraires ont pu mettre en lumière cette dimension de la perversion sexuelle qu'est la terreur devant l'*attirance mortifère :* telle la pièce de Tennessee Williams, *Soudain l'été dernier,* dans laquelle un homosexuel fonce vers la fin qui l'attend, être mangé par une bande de garçons affamés Le roman de Truman Capote, *Autres chambres, autres voix,* traite essentiellement du même thème. On pense aussi à l'œuvre de Sade où la mort se faufile toujours à l'horizon de la jouissance perverse. *Tout se passe comme si le sujet ne pouvait se faire reconnaître en tant qu'objet du désir de l'Autre qu'en se soumettant à une loi inexorable qui lui demandera pour cela le don de sa vie.*

JOYCE McDOUGALL [16]

---

14. Je ne me réfère pas ici à l'*utilisation psychotique de la relation sexuelle,* dans laquelle le sujet cherche et accepte n'importe quelle relation érotique pourvu qu'elle lui apporte une délimitation de son espace psychique; à travers les limites corporelles il retrouve alors la confirmation de son état d'*existant.*

15. Un fragment de cette analyse a fourni la base à l'article de Sidney Stewart, « Quelques aspects théoriques du fétichisme », *in La Sexualité perverse,* Payot, 1972.

16. « La sexualité perverse et l'économie psychique », première partie (inédit).

Le fouet, substitut du pénis dangereux.
(Luxure, *par Clovis Trouille, 1959.*)

Chapitre V

Essai sur la perversion
(seconde partie)

Nous présentons ici la seconde partie de l'étude que Joyce McDougall a réalisée pour cet ouvrage. Si l'auteur sait parfaitement faire ressentir ce que l'acte pervers essaie de tenir à l'écart – la douleur psychique sous-jacente et la dépression non élaborée –, elle montre également comment la construction érotique perverse érige une barrière contre l'effritement de l'image du corps, assurant aussi le maintien du sentiment d'identité.

De nombreux travaux analytiques ont décrit les images parentales chez ceux qui ont innové en matière de sexualité. Il m'est arrivé aussi d'écrire [1] que ces portraits familiaux sont si ressemblants qu'on croirait volontiers qu'il s'agit des enfants d'une même famille : mère adorée et hautement idéalisée, souvent décrite comme complice de son fils ou de sa fille pour exclure le père, et parfois même comme ayant favorisé la sexualité déviante de son rejeton.

Le père est représenté comme absent, faible, soumis à la loi maternelle, ou bien doté de traits de caractère qui font de lui un être méprisé, une image à dénigrer. Consciemment, l'enfant ne veut ni lui ressembler ni être aimé de lui. Dans le discours analytique, on repère également les contreparties clivées de ces mêmes images : la mère sorcière, châtrée-châtrante; le père divinisé, phallus impeccable et inchâtrable. L'évitement de l'Œdipe, la tromperie de la castration, le refus de rendre symbolique la différence des sexes et des générations, ou de faire du phallus le signifiant du désir, le désaveu de la scène primitive, tout cela se dessine nettement avec les personnages internes et le drame conflictuel entre eux qui perdure dans l'inconscient.

---

1. Joyce McDougall, *Plaidoyer pour une certaine anormalité*, Gallimard, 1978, chap. I et II.

DES DÉSIRS BISEXUELS
DERRIÈRE LA PERVERSION

Or, le couple parental – mère adorée, père méprisé – n'est pas l'apanage seulement de ceux qui réinventent la sexualité humaine. Cette nouvelle sexualité et cette nouvelle scène primitive, dotées d'un indice de vérité pour le Je du sujet, ne s'expliquent pas non plus uniquement en fonction des frustrations devant l'Œdipe, ou du besoin de protéger des investissements libidinaux et narcissiques. Il est souvent dit que derrière toute perversion se cachent des désirs bisexuels; ces souhaits d'être et d'avoir les organes et privilèges des deux sexes existent également chez les amoureux hétérosexuels et constituent même une dimension importante de leur relation. Chez les névrosés, ces même souhaits sont une source fertile de symptômes. Chez les sujets « pervers », il serait plus exact de dire que *cette bipolarité dans les identifications sexuelles est angoissante et interdite.* Ceux-ci n'ont pas pu s'identifier ni à l'un ni à l'autre sexe. A la place, il y a une identification factice, plus proche d'une caricature que d'une identité (caricature de la féminité chez les travestis, ou du père « viril » dans les pratiques sado-masochistes, etc.). S'il existe donc un « en-moins » à ce niveau, il y a aussi un « en-plus » dans ce que les enfants destinés à une sexualité perverse ont entendu et compris. Il y a toujours *une recherche de sens, rendue urgente pour combler un discours lacunaire,* le discours parental concernant le sexe et le corps, les siens et ceux du sexe opposé, discours, enfin, sur la sexualité des parents eux-mêmes.

La parole maternelle est rappelée ou interprétée comme hostile à l'endroit du père, de son sexe, du monde des hommes en général. S'il est souvent vrai que le désir pervers vise une identification à la mère dans son désir opposé de *recevoir* le pénis (dans les relations homosexuelles ou à travers les substituts en forme de fouet, de bock à lavement, de lacets, etc.) il est tout aussi vrai qu'en même temps se produit une *identification profonde à l'attitude castratrice de la mère* envers les hommes, le père, le pénis.

L'ENFANT PERVERS :
UNE DISTORSION DE L'ŒDIPE...

Et pour ceux qui deviennent homosexuels, en particulier, il y a une deuxième identification à ce qui a été entendu dans le discours maternel concernant ceux qui sont pourvus du sexe opposé à celui de l'enfant.

Pour le garçon, ce discours proclame que les filles sont dangereuses, captatrices, sales, rusées; à la fille, il est dit que les hommes n'ont qu'une idée en tête, abuser d'elle, la violenter, la salir, voire même l'entraîner dans des histoires de viols sadiques qui se terminent par la mort. Les relations hétérosexuelles présentées sous ces couleurs – qui les désirerait? Qui plus est, ce dénigrement de l'homme et cette haine de la féminité laissent supposer que le seul objet d'amour valable, c'est la mère elle-même. Son savoir sur le sexe est reçu comme une vérité absolue, surtout quand le père se montre également complice de par sa dérobade ou la tendance fréquente à tenir ses enfants à distance, ou par sa moquerie en ce qui concerne la sexualité de l'enfant et sa valeur en tant qu'homme ou en tant que femme à venir. La dépression qui vient au jour dans l'analyse de tous ces patients est en partie liée à cette non-reconnaissance de la part du père de leur identité sexuelle, donc de leur valeur intrinsèque en tant que sujet.

... QUI CRÉE UNE ILLUSION DE TOUTE-PUISSANCE

La structure œdipienne, maquette pour tout enfant de la sexualité humaine et de ses prolongements, modèle qui plus tard ordonnera les échanges interhumains dans tous les domaines, est manifestement distordue chez les enfants qui nous occupent ici, de par les dires parentaux et dans la mesure où ceux-ci s'écartent du discours culturel. Dès lors, les points de repères identificatoires en ce qui concerne les valeurs sexuelles, ainsi que la place de l'enfant dans l'ordre familial, sont rendus incohérents. Il serait assez exact de dire que les enfants sont les prisonniers des désirs et des craintes inconscients de leurs parents. Mais tous les prisonniers ne veulent pas s'évader! L'enfant incestueux veut croire que c'est lui, que c'est elle, l'objet destiné à combler la mère; il veut croire qu'il est soutenu dans son désir de châtrer le père, de posséder magiquement la puissance phallique. L'écroulement tardif de ses illusions précipite chez lui la cristallisation de son scénario sexuel, avec les objets déjà prêts à être privilégiés comme « cause » du désir. L'enfant répudie alors le mythe œdipien avec son fondement universel qui prend pour inéluctable la différence des sexes et sa signification, et pour immuables les interdictions qui visent la différence des générations. Il échappe ainsi aux apories qui se présentent à lui en se créant une mythologie privée, à son usage exclusif et dont *lui seul établira les lois*. Au discours a-sensé il arrive à donner un sens.

UN PÉNIS DANGEREUX

La découverte de sa sexualité est certes un triomphe sur les parents réels; mais le sujet ainsi libéré aura toujours affaire à ses objets internes. Dans sa réalité psychique, la guerre continue, ainsi que l'image endommagée du phallus symbolique dans l'inconscient. Le phallus, symbole de puissance, de fertilité, de vie, devait renvoyer pour les deux sexes à la complétude narcissique, au signifiant originaire dq désir. A la place, il y a une image morcelée, les différents morceaux étant chargés de significations mystérieuses et dangereuses. Il faut souligner néanmoins *leur valeur structurante;* si cette place était *vacante,* nous aurions affaire à la confusion psychotique, avec le risque de projections sans fin dans la représentation du corps-sexe maternel, abyssal, sans phallus paternel pour limiter sa surpuissance.

Dans la structure perverse, le pénis, désinvesti de sa valeur phallique symbolique, se divise en pénis sadique-et-persécuteur et en pénis idéalisé-et-inatteignable, dont l'un doit être évité et l'autre récupéré dans un ailleurs mal défini. Le fantasme d'être un homme châtré, assimilé dans l'inconscient à une image aliénante de la féminité, est facilement accessible aux analysants des deux sexes; mais derrière ce fantasme s'en cache un autre, plus menaçant pour le sujet, c'est-à-dire la *conviction d'être muni d'un mauvais pénis interne* – avec la visée de destruction pour soi comme pour les autres. Il importe de reconnaître la force qu'exerce cette représentation. Ce fantasme est d'abord le support de la représentation endommagée du père; mais, dans ses prolongements, le fantasme menace le sujet lui-même; celui-ci se trouve alors obligé de chercher quelque part à l'extérieur du pénis idéalement « bon », celui d'un autre homme, ou un pénis-fétiche à ajouter au sien afin de le transformer en pénis efficace qui permettra la réalisation de l'acte sexuel. Une autre manifestation de ce pénis « mauvais » est le surgissement des craintes hypocondriaques. Un fragment d'analyse d'un patient névrosé qui souffrait de fantasmes homosexuels obsédants illustre ce genre de problématique dans l'imaginaire. Le patient avait en outre une longue histoire de troubles dorsaux, d'origine psychique et somatique. Un soir, il rêva qu'un médecin lui ouvrait le dos pour trouver la source de ses douleurs; et là il découvrit un pénis énorme, en putréfaction, qu'il put extraire du dos de l'analysant. L'espoir que l'analyste lui enlève ce pénis dangereux est manifeste. (A la suite de l'élaboration en analyse

« Le phallus, symbole de puissance, de fertilité, de vie, devait renvoyer pour les deux sexes à la complétude narcissique. »
(Garçon nouveau-né présenté au dieu Priape, gravure du XVIᵉ siècle.)

de ce matériel, les problèmes homosexuels se sont modifiés, et les troubles dorsaux ont aussi disparu!)

Un aspect de l'entrave que présente l'image du pénis dangereux, mais cette fois-ci menaçant pour l'autre, m'a été fourni par un patient fétichiste qui trouvait érotique à l'extrême le fait de fouetter férocement ses partenaires (elles aussi désiraient cette jouissance en fonction d'un fantasme complémentaire), cependant qu'il devenait hautement angoissé au moment de les pénétrer avec son pénis réel, par crainte de leur faire mal.

Dans les exemples cités, il s'agit d'un pénis aux qualités fécales et sadiques anales. Pour la fille, ce même fantasme inconscient détient sur l'image du corps tout entier – son apparence ou son fonctionnement –, déclenchant des angoisses hypocondriaques, ainsi que des idées qui confinent parfois au délire.

Le seul espoir pour le sujet dont le monde interne présente une telle représentation est de transformer ses qualités nuisibles et effrayantes en qualités érotiques, bonnes et réparatrices : réparation de soi, réparation de l'autre. Mais cette réparation est maniaque et illusoire. Un acte réel ne saurait atteindre un dommage fantasmatique. Ainsi, le fétiche qui répare le sujet, en même temps qu'il protège le partenaire, devient de plus en plus un objet précieux et obsédant; l'acte de fellation continuelle qui apaise les persécuteurs internes devient de plus en plus compulsif; le coït anal, les lavements brûlants, supposés débarrasser le sujet de ce pénis dangereux se font de plus en plus urgents et nécessaires... et ainsi de suite, car l'aliénation du sexe propre continue. Beaucoup de ces analysants craignent d'être obligés de passer leur vie entière dans la poursuite de leur drame érotique inexorable.

LE FANTASME DE LA MÈRE EMPOISONNÉE

Avant de quitter ces considérations sur le monde interne et ses objets dynamiques, il faut souligner un autre fantasme, également inquiétant : celui de la mère empoisonnée par le pénis paternel avec ses qualités fécales et urinaires; la mère est vue comme *abîmée* par les relations sexuelles. Dans ce contexte, tout élan désirant de la part de l'enfant envers elle, son corps, son sexe, devient catastrophique. Le fantasme de la mère abîmée est surdéterminé par la projection sur cette représentation du sadisme anal et oral de l'enfant lui-même. Pour des raisons diverses, ses pulsions archaïques, matériau brut de l'amour, n'ont pas été rendues créatrices dans la relation précoce à la mère. Peut-être s'est-il agi de mères incapables, comme le dit Bion, de *contenir* les projections féroces de leurs bébés et de les transformer en fantasmes constructifs. Quoi qu'il en soit, l'enfant est souvent envahi d'une compulsion impérieuse à rester près de la mère réelle, à la protéger contre toute attaque, à se montrer fidèle à elle, comme à ses jugements, ses goûts, ses préjugés, ses idéaux. Seule la création de sa néo-sexualité peut le sortir de l'impasse, et seulement à condition que celle-ci se révèle capable de mettre en scène tous les conflits en cause, toutes les réparations à effectuer, afin de ne pas avoir à tout jamais à faire face au contenu réel de ces conflits dynamiques, de ne pas avoir à tout jamais à souffrir des angoisses incontrôlables et inavouables.

Nous pourrions comprendre alors la puissance dynamique dont est chargé le modèle excentrique de la relation sexuelle dans les perversions; mais cette néo-sexualité doit aussi se maintenir face au poids de la réalité externe et du discours culturel qui s'y opposent. Bref, cette invention doit emporter la *certitude* en ce qui concerne le corps sexué et les objets ou actes qui seront tenus comme cause du plaisir et du désir. Certes, le concept du *clivage dans le Moi* nous aide à théoriser cette problématique, à expliquer en quelque sorte comment un sujet peut garder intacte sa « psychose focale » (le terme est de Phyllis Greenacre), alors que lui-même, par ailleurs, n'est nullement psychotique. Mais il reste bien des obscurités dans cette structure.

LES RACINES PRÉCOCES DE LA PERVERSION

Pour mieux comprendre le pôle psychotisant de la sexualité perverse et ses racines précoces, il faut aller au-delà du discours lacunaire et contradictoire des parents et essayer de reconstruire, à travers nos observations cliniques, la relation de l'*infans,* avant l'acquisition de la parole, à son vécu corporel. La première « différence » est la différence entre deux corps. Cela nous renvoie à la *voix* maternelle et à la façon de la mère de bercer, de nourrir, de caresser son bébé – renvoie donc à tout ce qui se passe *entre la mère et le corps de son enfant.* Dans ce premier engagement sensuel à deux, la première esquisse d'une identité sexuelle à venir est en train de se forger. Les représentations des parties du corps et du fonctionnement des zones érogènes s'épanouissent en relation étroite avec le corps de l'Autre. Ainsi, peu à peu, le corps biologique devient un *corps psychique érogène.* Si, dans un premier temps, la psyché de l'*infans* hallucine que les objets du besoin et du plaisir sont par lui engendrés, cette mégalomanie primaire cède rapidement la place à la reconnaissance d'un « ailleurs ». Dès ce moment, l'enfant devient un petit chercheur infatigable, en quête constante d'un savoir sur les conditions et les objets qui lui apportent du plaisir ou du déplaisir. Sa psyché fonctionne désormais suivant le raisonnement propre au processus primaire, dont le postulat, comme le dit Piera Aulagnier [2], se résume à ceci : que tout pouvoir, loin d'être auto-engendré, est entièrement entre les mains d'une Autre, et que cette Autre seule peut décider si le petit sujet va éprouver plaisir et jouissance, ou, au contraire, déplaisir et douleur. Tout ce qui lui arrive est en fonction de son désir à elle. Nous voyons déjà pressenti à ce stade le noyau de ce qui, remanié par la pensée psychotique, pourrait devenir la « machine à influencer » de la théorie sexuelle psychotique, de l'appareil hors de toute maîtrise du sujet qui lui procure des sensations sexuelles ou cruelles [3]. C'est aussi une esquisse de la croyance maintenue par le clivage dans l'acte pervers : on m'a jeté un sort; ce n'est pas moi qui me fais cela; à ce moment je suis un autre; je suis comme programmé d'avance, etc. C'est l'Autre qui en est responsable. Le sujet lui-même, du coup, n'est pas responsable, et ne saurait en être coupable.

LE DÉSIR MATERNEL EN QUESTION

Pour tout enfant au stade précoce de la vie psychique, la psyché répondra à ce que la mère, consciemment ou inconsciemment, désire pour lui. La présence de ce que Piera Aulagnier appelle « l'ombre parlée » projetée sur le corps de l'*infans* est une constante du comportement maternel. « A ce corps, soigné, dorloté, nourri, [la mère] demande de confirmer son identité à l'ombre... Cette ombre, ce fragment de son propre discours, représente pour le Je de la mère ce que le corps de l'enfant, sur une autre scène, représente pour son désir inconscient... un être, un avoir, un devenir sont souhaités pour l'*infans* [4]. » Ainsi, ce que toute mère désire pour son enfant va inéluctablement devenir ce que l'enfant demande et attend d'elle.

Il est évident qu'une mère, à son insu, peut faire de son petit enfant et de son corps une appropriation indue. Je pense par exemple à une patiente qui donnait à ses trois enfants, dès l'âge le plus tendre, des lavements fréquents; or, la raison inconsciente de ces soins corporels était un fantasme de se débarrasser, elle, d'un sentiment d'être sale.

---

2. Piera Aulagnier, *La Violence de l'interprétation*, P.U.F., 1976.
3. Voir *Les Psychoses : la perte de la réalité*, dans la même collection (chap. IV : « Schizophrénie et appareil à influencer », par V. Tausk). (N.d.E.)
4. *Op. cit.*

L'enfant peut aussi venir prendre la place d'un objet contre-phobique en face des angoisses maternelles, ou en tant qu'objet de stimulation pour parer la dépression. Robert Stoller [5], au cours de sa recherche exhaustive sur l'identité du genre et l'identité sexuelle, a émis l'hypothèse que les mères des déviants sexuels ont pu utiliser l'enfant en tant qu'objet transitionnel. Et, bien entendu, c'est la mère qui va donner à l'enfant les noms des parties du corps et des zones érogènes; c'est encore elle qui lui permet de nommer ses états affectifs et, en fin de compte, de savoir quelles pensées sont *licites* ainsi que celles qu'elle décrète *impensables*. Les problèmes de la mère peuvent alors communiquer à l'enfant une image fragile, désérotisée, aliénante ou mutilée de son propre corps. Quoi qu'il en soit de cette histoire précoce et perdue dans la nuit des temps, je crois que pour maint enfant, *la construction érotique perverse fonctionne comme une barrière contre l'effritement de la représentation corporelle en tant qu'entité, et contre la fragmentation du sentiment d'identité.* Celle-ci évite aussi l'écueil d'un vécu corporel et d'une sexualité psychotique, sexualité qui, dans l'imaginaire du sujet, sera détachée du corps propre et entièrement manipulée par une puissance étrangère. A la place, la création perverse avance une idée « délirante » concernant la cause du plaisir sexuel, mais c'est un délire bien délimité, dont le sujet a la maîtrise et sur lequel son Je adulte peut garder un doute.

DES PERVERSIONS AUTOÉROTIQUES LIÉES A LA MÈRE

La question de l'évolution de l'autoérotisme chez l'enfant est liée à l'Œdipe précoce et à la sexualité maternelle. Celui-ci dépend étroitement des souhaits de la mère permettant à son enfant de se détacher du corps maternel et de prendre en lui son image; cet acte psychique l'aidera à supporter la séparation d'avec elle, et, en son absence, à se refermer autoérotiquement sur lui-même, mais avec, comme support, l'ébauche d'un objet introjecté. Le vrai autoérotisme primitif selon Freud, c'est le suçotement, donc une création, hallucinatoire, de l'enfant lui-même. Je crois, avec Melanie Klein, qu'un tel investissement libidinal n'est possible que s'il existe, chez le nourrisson, une *image ou une trace de l'Autre,* aussi fragmentaire soit-elle. A l'appui de cette hypothèse, viennent les recherches de René Spitz, et celles qui

5. Robert Stoller, *Sex and gender,* New York, Science House, 1968.

relèvent du champ psychosomatique. Celles-ci nous montrent que certaines mères ne permettent aucune introjection précoce de leur image, ne supportent aucun substitut d'elles-mêmes auprès de leur enfant; ce sont les mères qui offrent leur corps à la place d'un espace dans lequel l'enfant peut trouver ses premiers substituts autoérotiques et constituer un certain capital narcissique; cette situation risque de créer une des maladies « psychosomatiques » de la première enfance [6] – les nourrissons insomniaques qui ne peuvent dormir que dans les bras maternels. D'autres empêchant par des contraintes physiques toute manifestation de l'autoérotisme normal (peut-être en fonction d'une angoisse concernant la maîtrise de leurs propres pulsions sexuelles), peuvent également déclencher chez le petit enfant la maladie « psychosomatique » de mérycisme, sorte de perversion autoérotique précoce, et qui peut mettre en danger la vie de l'enfant.

COMBLER UN VIDE INTÉRIEUR

Mes observations cliniques m'ont amenée à constater la fréquence des maladies psychosomatiques chez des patients qui maintiennent par ailleurs une sexualité perverse. Chez des patients qui « somatisent » de façon prédominante face aux conflits psychiques, j'ai relevé la même carence dans l'activité masturbatoire normale que celle qui se révèle chez les déviants sexuels [7]. Il y a chez les deux des histoires de balancements de corps sans fin, d'insomnies précoces, d'allergies respiratoires et cutanées qui, toutes, témoignent d'une perturbation dans l'investissement du corps et dans la formation des liens narcissiques qui réunissent soma et psyché, main et sexe. Si l'enfant, malgré ces coupures entre le corps et l'esprit et entre la main et le sexe, lutte néanmoins pour rejoindre ses organes génitaux, *force lui est d'inventer d'autres mouvements et d'autres zones d'excitation* : rétention des urines, jeux avec les matières fécales, frottement incessant du corps, recherche de la douleur, cognements de tête – afin de rendre vivant le corps, ses fonctions et ses limites, dans l'absence de l'objet. Il y a peu de doute que chez ceux qui deviennent des novateurs érotiques, *l'autoérotisme infantile normal est déjà dévié bien avant la crise œdipienne*. La distance qui s'est installée entre le sujet et son sexe est en soi une mesure de la distance qui existe entre la représentation narcissique de lui-même

6. Voir la contribution de Michel Fain *in L'Enfant et son corps* (L. Kreisler, M. Fain et M. Soulé), P.U.F., 1974.
7. Joyce McDougall, *op. cit.*, chap. VIII : « Le psychosoma et le processus psychanalytique ».

et la représentation de son identité sexuelle. Dans un sens, nous pourrions dire que la recherche érogène et autoérotique de ces jeunes enfants est destinée à leur apporter la conviction de leur état de vivants, et de *leur capacité d'exister séparés de l'Autre*. Certains mots témoins de cette quête reviennent souvent dans le discours des analysants sur leur agir pervers : « C'est le seul moment où j'ai la preuve que j'existe », disait un analysant en parlant de sa pratique fétichiste; et un autre, exhibitionniste, de noter « Je me sens réel, vivant, et après, je peux rentrer chez moi tranquille. » Les homosexuels qui « draguent » des heures durant tiennent des propos semblables. Ainsi, sur des plans différents, le sujet cherche compulsivement, dans le monde externe, un objet apte à remplacer le *manque dans son monde interne* : objet phallique-narcissique pour éluder l'affrontement de l'angoisse de castration, ainsi que l'objet maternel primaire, afin d'éviter l'état de mort intérieure, ou l'éveil des pulsions destructrices.

UN THÉATRE ÉROTIQUE FIGÉ

La sexualité perverse, nous l'avons vu, n'est ni une simple régression ni une « déviation » de la pulsion sexuelle. C'est une néo-réalité qui est le fruit du travail psychique de l'enfant aux prises avec les problèmes inconscients des deux parents. Ces problèmes sont de deux ordres : au premier plan se trouvent des conflits sexuels non résolus, et en filigrane se profilent des conflits plus profonds d'ordre narcissique.

La découverte du jeu érotique représente pour l'enfant un défi aux imagos parentales et une mesure de libération de leur entrave. En sortant des ténèbres du discours parental sur le sexe et le corps, l'enfant réussit à créer un *scénario érotique qui donne sens au désir, qui lui permet d'exister sexuellement, éventuellement, d'avoir accès à des relations érotiques avec autrui*. Mais ce n'est pas tout, car cet agir sexuel sera appelé à remplir d'autres fonctions. Non seulement il doit détourner l'angoisse de castration, mais il risque aussi d'être appelé à servir pour amortir l'angoisse suscitée par des pulsions sadiques et pour décharger la frustration déclenchée par toute la gamme des blessures narcissiques dont l'homme est la cible.

On comprend alors que cette invention infantile à fonctions multiples est solidement construite et sera à peine modifiée dans les années à venir. Le jeu secret de l'enfance devient pour le sujet adolescent *sa* sexualité; bien que cette sexualité soit frappée au coin d'une vérité inéluctable pour lui, c'est aussi le moment où le sujet reconnaît également son aliénation par rapport à la sexualité des autres. Ainsi, c'est le début d'une recherche sans relâche des partenaires aptes à pouvoir tenir leur rôle dans le théâtre érotique; pour d'autres, au contraire, c'est la découverte qu'ils sont condamnés à l'autarcie érotique, et à assumer, à partir de ce moment, la solitude ainsi imposée.

Comment situer structuralement et économiquement cette organisation complexe afin de mieux comprendre sa fonction vitale pour le Je conscient du sujet qui l'a créée?

L'« AGIR » ÉROTISÉ, MARQUE DE LA PERVERSION

Si, du point de vue structural la sexualité perverse est le « positif » de la névrose, elle est tout aussi bien le « négatif » de la psychose. En effet, cette organisation partage les caractéristiques et les défenses des deux. L'acte pervers se rapproche du rêve, voire des rêveries des névrosés, mais c'est un rêve agi. En même temps, comme dans la psychose, il représente une récupération de soi par la construction d'une néo-réalité. C'est un « mini-délire ». Ce qui distingue la perversion des symptômes névrotiques et psychotiques, c'est d'abord sa dimension de l'*agir* à la place de l'élaboration psychique; ensuite, le fait que cet agir soit ouvertement *érotisé*. Tout comme la construction d'une névrose ou d'un délire, la création d'une perversion sexuelle représente une tentative d'autoguérison de conflits internes. Quels sont les conflits en cause? Et qu'est-ce qui donne à cet agir son côté compulsif, inexorable pour le sujet?

Schématiquement, nous pourrions dire que la névrose témoigne d'une défense ratée contre les pulsions libidinales et que la psychose témoigne d'une défense ratée contre les pulsions sadiques. L'une lutte pour la sexualité, l'autre pour la vie. Si la première est marquée par une tentative de composition avec l'angoisse de castration, la deuxième est dominée par la crainte de l'éclatement du Moi, avec risques de passages à l'acte violents ou d'impulsions suicidaires. La construction d'une perversion représente un effort pour parer aux dangers des deux côtés... et toujours au moyen de l'acte. L'angoisse de castration, ainsi que les angoisses de morcellement et de mort doivent être rendues ludiques, tel un défi aux deux; et ce jeu doit être érotisé. Pour prouver que tout ce qui suscite l'angoisse de castration est inopérant, il y a *exigence de jouissance;* pour prouver que tout ce qui suscite la violence sadique n'est pas dangereux, il y a *exigence de réparation.* C'est dire que l'acte doit soutenir ces illusions fondamentales.

ŒDIPE CONTOURNÉ

Les implications économiques peuvent se résumer ainsi : *celui qui a réussi à créer une néo-réalité sexuelle et à la mettre en acte a trouvé une façon contournée de résoudre la problématique œdipienne en évitant l'élaboration de l'angoisse de castration, et a trouvé en même temps une façon contournée de résoudre la problématique de l'altérité et de la mégalomanie infantile en évitant l'élaboration de la position dépressive.*

Il est évident alors que la structure perverse est appelée à porter un poids considérable, d'autant plus que l'élaboration psychique est éludée; les représentations et la douleur mentales constamment mobilisées doivent être aussitôt déchargées à travers l'acte magique. Cet agir fébrile et répétitif fait partie de ce que j'appelle les *actes-symptômes*, néologisme qui désigne toute organisation psychique qui tend à résoudre par la mise en acte dans le monde externe un conflit interne. Cette exigence d'agir renvoie à des manques symboliques ainsi qu'à une carence dans l'élaboration fantasmatique.

Le concept freudien de *agieren* est traduit en français par le mot anglais *acting-out* ou, parfois, par l'expression *passage à l'acte*. Bien que Freud l'ait principalement utilisé pour décrire un agir à l'intérieur de la relation analytique (où *acting-out* s'opposerait à l'élaboration des émois transférentiels), l'essence du concept est celle-ci : la mise en acte des pulsions, des fantasmes et des désirs afin d'éviter les représentations et les affects pénibles qui y sont associés. Le mot « out » contient deux notions économiques fondamentales : à savoir un déplacement à l'extérieur de quelque chose qui appartient à l'intérieur, et, également, l'achèvement d'un acte qui aura pour effet d'épuiser ou de vider la tension psychique accumulée. J'ajouterai à cela que cet *acting-out* évitera ainsi la douleur psychique (angoisse ou dépression) risquant, autrement, de surgir et de déborder la faculté du sujet à la métaboliser. *Agir à la place de ressentir, de contenir, de réfléchir.*

Bien évidemment, cette extériorisation des conflits qui n'ont pas été capables, pour diverses raisons, d'élaboration psychique, n'est pas réservée à la seule perversion. Nous trouvons ces mêmes mécanismes à l'œuvre dans le maintien de l'homéostase psychique chez les *névrosés de caractère*, ceux qui se trouvent soumis à la compulsion de répéter sans cesse les mêmes drames et déceptions avec leur entourage, utilisant les autres (ceux qui s'y prêtent, comme dans les perversions) en tant que figurants pour un scénario interne, méconnu du metteur en scène; lui, la plupart du temps, attribue aux autres la responsabilité

*La boulimie : une façon de protéger un équilibre fragile
du fait des conflits libidinaux. (Andrée Féréol
et Philippe Noiret, dans la Grande Bouffe de Marco Ferreri.)*

de la souffrance qui en découle. L'érotisation y est toujours, mais totalement inconsciente.

LA SEXUALITÉ PERVERSE : UN CONTREPOIDS A LA PHOBIE

Ce que l'on pourrait appeler des addictions sont apparentées à ce même équilibre économique face aux conflits libidinaux et narcissiques : l'éthylisme, la boulimie, la dépendance aux drogues, etc. Il nous serait loisible de suggérer que les névrosés de caractère utilisent les *autres* comme une drogue et que les déviants sexuels utilisent leur sexualité, leur pouvoir orgastique ou celui d'un autre en tant que drogue aussi. De ce point de vue, je suis tentée de parler de *sexualité addictive* pour souligner son côté compulsif et archaïque : c'est-à-dire *sa dimension contraphobique.* Il est intéressant de noter à ce propos que dans le cours de l'analyse, au fur et à mesure que ces différents agirs compulsifs se modifient, nous voyons surgir chez les analysants des *phobies intenses;* c'est un tournant décisif et délicat, et qui mérite des interprétations intensives. Mais c'est là un chapitre qui déborde notre sujet actuel.

J'ouvre ici encore une parenthèse pour faire remarquer que la sexualité en tant qu'addiction comprend également l'*hétérosexualité non perverse* qui, elle aussi, peut être imprégnée de compulsivité, afin de fuir des états psychiques pénibles, et où le partenaire n'existe pas en tant qu'objet mais en tant que drogue, ou en tant qu'objet renfermant une partie dangereuse du sujet, et qui sert à la maîtriser érotiquement.

Derrière toute cette organisation *addictive* nous trouvons la mère archaïque, *la mère-drogue,* celle qui n'a pas pu être intériorisée de façon stable dans le monde interne de l'enfant. Cette faille fondamentale risque de produire des désastres psychiques en chaîne. Le sujet encourt le danger d'être obligé de chercher sans relâche à faire jouer à un objet du monde externe le rôle de l'objet interne manquant ou endommagé, manque symbolique, mais aussi manque dans l'imaginaire, car une interdiction implicite de *fantasmer librement est comprise dans cette problématique. Le fonctionnement psychique est soumis à la crainte de la toute-puissance du désir et de la pensée.* C'est dire aussi que, dans un deuxième temps, l'*évolution des phénomènes transitionnels a subi une distorsion pathologique,* d'où une incapacité à jouer avec les fantasmes afin de pouvoir opérer une autorégulation des tensions psychiques et des affects douloureux. Un achoppement dans la tentative vitale *de rendre l'absence significative.*

UN UNIVERS SUSPENDU
ENTRE FANTASME, DÉLIRE ET MORT

Situé entre la névrose et la psychose, ce mode de fonctionnement est également suspendu entre *le fantasme et le délire.* Les fantasmes qui sous-tendent l'agir pervers sont issus de la créativité précoce. L'enfant a découvert cette théorie sexuelle pour répondre à deux visées fondamentales : l'évitement des interdictions œdipiennes avec leur reconnaissance de la signification de la différence entre les sexes et les générations; et l'évitement des angoisses primitives liées aux pulsions destructrices ainsi qu'à leur corollaire, un état de mort intérieure. Mais cette création fantasmatique, presque trop réussie pour contourner toutes les menaces en cause, est maintenant pétrifiée à vie (ou doit-on dire « pétrifiée à mort »?). A partir du moment où surgit l'une des pressions externes et internes qui menacent continuellement d'ébranler cet édifice, la mise en acte devient inévitable. Face à l'impossibilité pour le sujet d'élaborer mentalement sa douloureuse problématique, celui-ci verse dans ce qui est l'opposition radicale à toute élaboration : l'agir. Et c'est ici que commence l'hémorragie psychique que seule la manipulation du réel peut provisoirement arrêter. Délirer, c'est croire à la réalité objective de ses fantasmes; comme Freud l'a démontré dans son étude sur le cas Schreber, c'est une tentative de guérison, l'espoir de reconstruire un monde dans lequel, malgré l'effondrement interne, on peut à nouveau vivre. Or la difficulté, du point de vue économique, qui nous préoccupe ici, c'est que le délire ne remplit pas la fonction du fantasme. Jacques Cain, dans un article récent[8], résume ainsi ce qui lie et sépare fantasme et délire : « Le fantasme dont les liens avec l'activité narcissique sont évidents se suffit le plus souvent à lui-même; alors que le délire implique l'accès au réel manipulé. En somme, *il y a toujours dans le réel quelque facticité; alors que le fantasme, ne s'appliquant pas directement à l'objet, ne peut le détériorer.* » (C'est moi qui souligne.) « ... La persistance du fantasme correspond à son impossibilité de s'épuiser dans le réel (tandis que le délire) arrive à trouver dans le réel une réalisation... c'est de répétition qu'il s'agit. Ainsi, si le fantasme a toujours à voir avec le principe de plaisir, le délire a toujours à voir avec la mort. »

Nous voyons combien peut être fragile la marge entre les actes-symptômes et certaines psychoses. Clivage et projection, désaveu et

---

8. Jacques Cain, « Fantasme, délire et mythe », in *La Psychanalyse à l'université,* 1978.

forclusion, tous se joignent pour doter l'acte d'une toute-puissance magique – aux dépens de la pensée et de la vie fantasmatique. En fin de compte, il est plus facile d'agir que de se représenter ses désirs, que de faire face à ses angoisses et à ses persécuteurs internes.

LA SEXUALITÉ PERVERSE : A LA FOIS FUITE ET AUTOGUÉRISON

Nous voyons enfin que la sexualité perverse est *une* manifestation seulement d'un état psychique complexe où se dévoilent également des états dépressifs, des états d'angoisse mal structurés, des symptômes psychosomatiques et des inhibitions diverses. Il s'agit d'une sexualité-drogue utilisée autant pour fuir ces états psychiques pénibles, et pour réparer des trous dans le sentiment d'identité, que pour servir de chemin à la réalisation des désirs instinctuels. Cette tentative d'autoguérison a l'avantage de permettre au sujet un contact érotique avec lui-même ainsi qu'avec autrui, tout en lui permettant en même temps d'éviter un débordement affectif apte à le précipiter dans des actes de violence ou d'autodestruction. Si la sexualité perverse a la fonction d'une addiction, *ses aspects non sexuels, qu'est la mise en scène de l'énigme du désir et de l'altérité, ressemblent à un acte créateur.* Tant que la dimension de réparation y est, quoique maniaque et illusoire, la sexualité perverse, faisant l'économie d'une solution psychotique à certains des conflits en cause, remplit sa fonction et Éros triomphe de la mort.

Joyce McDougall [9]

---

9. « La sexualité perverse et l'économie psychique », seconde partie (inédit).

BIBLIOGRAPHIE

Liste des abrévations :

- Int. J. of Psa : International Journal of Psychoanalysis.
- RFPsa : Revue française de psychanalyse.
- JAPA : Journal of the American Psychoanalytic Association.
- Psychoanal. Review : The Psychoanalytic Review.
- Psychoanal. Quarterly : The Psychoanalytic Quarterly.
- Int. J. Sexology : International Journal of Sexology.
- British J. of Deliquency : The British Journal of Deliquency.
- Ann. méd. psych. : Les Annales médico-psychologiques.
- Psych. Study of the Child : Psychoanalytic Study of the Child.
- British Med. J. : The British Medical Journal.

ABRAHAM (K.), « The Psychological relations between sexuality and alcoholism », *Int. J. of Psa*, 1926, vol. 7; « A short study of the development of the libido », in *Selected Papers on Psychoanalysis*, London, Hogarth, 1927.

ALEXANDER (F.), *The Psychoanalysis of the Total Personality*, Nervous and mental disease Pub., 1929.

ARLOW (J. A.), « Les perversions caractérielles », *RFPsa*, 1972, vol. 36.

Les perversions : les chemins de traverse

BAK (R.C.), « Fetishism », *JAPA*, 1953, vol. 1; *Aggression and Perversion in Perversions : Psychodynamics and Thérapy*, éd. Lorand and Balint, 1956.

BERGERET (J.), « Toxicomanie, auto-érotomanie et auto-thanatisme, *RFPsa*, 1977, vol. 41.

BERGLER (E.), « Eight prerequisites for the psychoanalytic treatment of homosexuality » – *Psychoanal. Review*, 1944, vol. 32.

BERNSTEIN (B.), « The role of narcissism in moral masochism », *Psychoanal. Quarterly*, 1957, vol. 3.

BIEBER (I.), *Homosexuality : a Psychoanalytic Study*, New-York, Norton, 1962.

BONAPARTE (M.), « L'épilepsie et le sado-masochisme dans la vie et l'œuvre de Dostoïevsky », *RFPsa*, 1962, vol. 26.

BOURDIER (P.), « Début de psychanalyse d'un scatophile », *RFPsa*, 1968, vol. 32.

BOUVET (M.), « Importance de l'aspect homosexuel du transfert dans le traitement de quatre cas de névrose obsessionnelle ». *RFPsa*, 1948, vol. 12.

BURGER (M.), « L'organisation orale chez une hystérique cleptomane », *RFPsa*, 1962, vol. 26.

BYCHOWSKY (G.), « Pharmacothymia », in *psychothérapy of psychosis*, New-York, Grune and Shatton, 1952; « The Ego and the objetc of the homosexual », *Int. J. of Psa*, 1961, vol. 42.

CHAZAUD (J.), « Contribution à la théorie psychanalytique de la paranoïa », *FRPsa*, 1966, vol. 30.

CLARIDGE (G.), *Les drogues et le comportement humain*, Payot, 1969.

DEUTSCH (H.), « Homosexuality in Women », *Int. J. of Psa*, 1933, vol. 14.

DUDLEY (G.A.), « A rare case of female fetishism », *Int. J. Sexology*, 1954, vol. 8.

EDDISON (H.W.), « The love object in mania », *Int. J. of Psa*, 1934, vol. 15.

FAIN (M.) et MARTY (P.), « Aspects fonctionnels et rôle structurant de l'investissement homosexuel au cours des traitements psychanalytiques chez l'adulte », *RFPsa*, 1959, vol. 23; « Analyse du masochisme inadapté », *RFPsa*, 1968, vol. 32.

FAIRFIELD (L.), « Notes on Prostitution », *British J. of deliquency*, 1953, vol. 9.

FENICHEL (O.), *la Théorie psychanalytique des névroses*, PUF, 1953.

FINKELSTEIN (J.), « A propos de quelques conduites masochiques », *RFPsa*, 1962, vol. 26.

FRETET (J.), *les Causes affectives de l'érotomanie, principalement chez l'homme*, Alcan, 1937. « L'érotomie homoxexuelle masculine », *Ann. méd-psych*. 1937, vol. 3.

FREUD (A.), « Certain types and stages of social maladjustment », in *Searchlights on delinquency*, London, Imago Publishing Co, 1949.

FREUD (S.), *Trois Essais sur la théorie de la sexualité*, 1905, Gallimard; « Caractère et érotisme anal », 1908, in *Névrose, psychose et perversion*, P.U.F.; « Remarques psychanalytique sur l'autobiographie d'un cas de paranoïa (le Président Schreber), 1911, in *Cinq psychanalyses*, P.U.F.; « Les pulsions et leur destin », 1913, in *Métapsychologie*, Gallimard; « Un cas de paranoïa contredisant la théorie psychanalytique », 1915, in *Névrose, psychose et perversion*, P.U.F.; « Sur la transformation des pulsions, particulièrement celles de l'érotisme anal », 1916, in *la Vie sexuelle*, P.U.T.; « Deuil et mélancolie », 1917, in *Métapsychologie*, Gallimard; « A propos de quelques mécanismes névrotiques dans la jalousie, la paranoïa et l'homosexua-

lité », 1922, in *Névrose, psychose et perversion*, P.U.F.; « Psychogenèse d'un cas d'homosexualité féminine », 1920, in *Névrose, psychose et perversion*, P.U.F.; « Le problème économique du masochisme », 1924, *ibid.*
FRIEDLANDER (K.), *la Délinquance juvénile*, P.U.F., 1951.

GILLESPIE (W. H.), « Notes on the analysis of sexual perversions », *Int. J. of Psa*, 1952, vol. 33; « Homosexualité », *RFPsa*, 1965, vol. 29.
GLATT (M.), « Alcoholism, crime and juvenile deliquency », *British J. of deliquency*, 1958, vol. 9.
GLOVER (E.), « The relation of perversion – formation to the developpement of reality sense », *IJPA*, 1933, vol. 14.
GREENACRE (P.), « Certain relationships between fetichism and the foulty developpment of the body image », *Psych. Study of the child*, 1953, vol. 8; « Further considérations regarding fetishism », *ibid.*, 1955, vo. vol. 10; « L'objet transitionnel et le fétiche, essentiellement du point de vue du rôle de l'illusion », *RFPsa*, 197 vol. 42.
GREENSON (R. G.), « Homosexualité et identité sexuelle », *RFPsa*, 1965, vol. 29.
GRUNBERGER (B.), « Esquisse d'une théorie psychodynamique du masochisme », *RFPsa*, 1954, vol. 2-3. « Essai sur le fétichisme », *RFPsa*, 1976, vol. 40.

HALL (J. G.), « The prostitute and the law », *British J. of deliquency*, 1958, vol. 9.
HARTMANN (H.), « Cocainismus und Homosexualitat », *zentralblatt Neur. Psych.*, 1925, vol. 95.
HEMPHILL (R.E.), LEITCH (A.) et STUART (J. R.), « A factual study of Homosexuality », *British Med. J.*, 1958.

JULIUSBURGER (O.), « Zur Psychologie der sogennanten Dipsomanie », *Zentralblatt für Psa und Psychotherapie*, 1912, vol. 2.

KATAN (M.), « Fétichisme, dissociation du Moi et dénégation », RFPsa, 1967, vol. 31.
KAUFMAN (M. R.), « Projection, heterosexualand homosexual », *Psychoanal. Qaurterly*, 1934, vol. 3.
KERSTENBERG (J.), « A propos de la relation érotomaniaque », *RFPsa*, 1961, vol. 26.
KESTEMBERG (E.), « La relation fétichique à l'objet », *RFPsa*, 1978, vol. 42.
KOLB (L.) and JOHNSON (A.), « Etiology and Therapy of overt Homosexuality », *Psychoanal. Quaterly*, 1955, vol. 24.

LAFITTE (F.), « Homosexuality and the law », *British J. of deliquency*, 1958, vol. 9.
LEBOVICI (S.) et KREISLER (L.), « L'homosexualité chez l'enfant et l'adolescent » in *la Psychiatrie de l'enfant*, 1965, vol. 8. fasc. 1.
LEWIN (L.), *Phantastica*, Petite Bibliothèque Payot, n° 164.
LUQUET (C. J.), « le Mouvement masochique dans l'évolution féminine », *RFPsa*, 1953, vol. 23; « Réflexions sur le transfert homosexuel dans le cas particulier d'un homme analysé par une femme », *RFPsa*, 1962, vol. 26.

McDOUGALL (J.), « Considérations sur la relation d'objet dans l'homosexualité féminine », in *Recherches psychanalytiques nouvelles sur la sexualité féminine*, Payot,

1964; « Introduction à un colloque sur l'homosexualité féminine », *RFPsa*, 1965, vol. 29.

MALLET (J.), « De l'homosexualité psychotique », *RFPsa*, 1964, vol. 28.

MELTZER (D.), « La sexualité perverse infantile », in *les Structures sexuelles de la vie psychique*, Payot, 1977; « Les origines du jouet fétichiste des perversions sexuelles », « Révision structurale de la théorie des perversions et des addictions », *ibid.;* « La perversion du transfert », *ibid.;* « L'approche clinique des perversions », *ibid.*

MIJOLLA (A. de) et SHENTOUB (S.A.), « Repères théoriques et place de l'alcoolisme dans l'œuvre de Freud », *RFPsa*, 1972, vol. 36.

MILLER (E.), « Deliquent Traits in normal persons », *British J. of deliquency*, 1960, vol. 10.

NACHT (S.), *le Masochisme*, Payot, 1948.

NACHT (S.), DIATKINE (R.) et FAVREAU (J.), « Le Moi dans la relation perverse », *RFPsa*, 1956, vol. 4.

PARKIN (A.), « On fetishism », *Int. J. of Psa*, 1963, vol. 44.

PAYNE (S.M.), « Some observations on the ego development of the fetishist », *Int. J. of Psa*, 1939, vol. 20.

RAPPAPORT (E. A.), « Zoophily and zoroasty », *Psychoanal. Quaterly*, 1968, vol. 37.

RIGGAL (R.), « Homosexuality and Alcoholism », *Psychoanal. Review*, 1923, vol. 10.

ROBBINS B., « Significance of nutritional disturbances », in *Development of Alcoholism*, Psychoanalytic Review, 1953, vol. 22.

ROSENFELD (H.), « Remarks on the relation of male homosexuality to paranoïa, paranoid anxiety and narcissism », *Int. J. of Psa*, 1949, vol. 30; « De la Toxicomanie », *RFPsa*, 1961, vol. 25.

SACHS (H.), « Zur Genese der Perversionen », *Int. Zeitschrift für Psychoanal*, 1923, vol. 9.

SAUL (L.) et BECK (A.), « Psychodynamics of male homosexuality », *Int. J. of Psa*, 1961, vol. 42.

SIMMEL (E.), « Alcoholism and Addiction », *Yearbook of Psycho-analysis*, 1949, vol. 5.

SLATER (E.), *Birth order and maternel age of homosexuals*, Lancet, 1962.

SOCARIDES (C.), « Theoretical and clinical aspects of overt female homosexuality », *JAPA*, 1962, vol. 10; *l'Homosexualité*, Payot, 1970.

SPERCING (O.), « Psychodynamics of group perversions », *Psychoanal. Quarterly*, 1956, vol. 25.

STEIN (C.), « Inversion sado-masochique du complexe d'Œdipe », *RFPsa*, 1960, vol. 24.

TAUSK (V.), « Zur psychologie des Alkoholischen Beschaftigungsdelirs », *Int. Zeitschrift für Psychoanal.*, 1915, vol. 3.

WEISS (E.), « The delusion of being poisoned in connection with processes of introjection and projection », *Int. Zeitschrift für Psychoanal*, 1926, vol. 12.

WEISSMAN (P.), « Structural considerations in overt male bisexuality », *Int. J. of Psa*, 1962, vol. 43.

WESTWOOD (G.), *Society anal the homosexual,* Gollancz, Londres, 1952.

WIDEMAN (G. H.), « Quelques remarques sur l'étiologie de l'homosexualité », *RFPsa,* 1965, vol. 29.

WILSON (H. G.), « Juvenile deliquancy in problem families in Cardiff », *British J. of deliquency,* 1958, vol. 9.

WINNICOTT (D. W.), « La tendance antisociale » in *De la pédiatrie à la psychanalyse,* Payot, 1969.

WOODWARD (M.), « The diagnosis and treatment of homosexual offenders », *British J. of Deliquency,* 1958, vol. 9.

WULFF (M.), « Fétichisme et choix d'objet dans la première enfance », *RFPsa,* 1978, vol. 42.

ZAVITZIANOS (G.), « Le fétichisme et l'exhibitionnisme chez la femme et leurs rapports avec la psychothérapie et la kleptomanie », *RFPsa,* 1962, vol. 36; « Problems of technique in the analysis of a juvenil delinquent », *Int. J. of Psa,* 1967, vol. 48.

ORIGINE DES TEXTES

La Société d'Exploitation des Éditions Tchou remercie les éditeurs qui lui ont permis la reproduction de textes de leur fonds.

PRÉFACE

Professeur Roger Dorey

PREMIÈRE PARTIE

Psychanalyse et perversions

I. *Les racines infantiles.*

R. Dorey : « La problématique perverse masculine ». Essai psychanalytique sur la perte de l'objet. Thèse de doctorat ès lettres. Université de Paris X-Nanterre, 1975.

S. Freud : *Introduction à la psychanalyse,* 1917, Payot, coll. « Petite Bibliothèque », p. 292-299, 301-304.

II. *L'image des parents.*

Minutes de la Société psychanalytique de Vienne, t. II, Gallimard, coll. « Connaissance de l'Inconscient », p. 333-341.

S. Freud : *Un souvenir d'enfance de Léonard de Vinci,* 1910, Gallimard, coll. « Idées », p. 49-64.

Les perversions : les chemins de traverse

DEUXIÈME PARTIE

La perversion : une vue d'ensemble

II. *L'identification à la mère.*

P. GREENACRE : « Perversions : general considerations regarding their genetic and dynamic background ». *In The Psycho-analytic studies of the child,* 33, 1968, p. 47-62 (traduit de l'américain par R. Dorey et Y. Assedo).

III. *Psychanalyse d'un fétichiste.*

B. JOSEPH : « A clinical contribution to the analysis of a perversion », 1969. *International Journal of Psychoanalysis,* 52, 1971, p. 441-450 (traduit de l'anglais par R. Dorey et Y. Assedo).

IV. *Essai sur la perversion.*

J. McDOUGALL : « La sexualité perverse et l'économie psychique », 1979, première partie. Inédit.

V. *Essai sur la perversion.*

J. McDOUGALL : « La sexualité perverse et l'économie psychique », 1979, seconde partie. Inédit.

ORIGINE DES ILLUSTRATIONS

L'impression de ce livre
a été réalisée sur les presses
de l'Imprimerie Maury S.A.
45330 Malesherbes
le 27 mai 1980

Dépôt légal : 2ᵉ trimestre 1980 – Nᵒ d'imprimeur : B 80/8144
Nᵒ d'éditeur : 7478

ISBN : 2-221-50092-X